趙尺子著

趙尺子先生全集

第九冊 大漠風雲

文史哲出版社印行

國家圖書館出版品預行編目資料

趙尺子先生全集 第九冊：大漠風雲/ 趙尺子著. -- 初版 -- 臺北市：文史哲, 民 108.06
頁； 公分
ISBN 978-986-314-473-1（平裝）

1. 論叢

078　　108008747

趙尺子先生全集 第九冊

大漠風雲

著者：趙尺子
出版者：文史哲出版社
http:// www.lapen.com.tw
e-mail：lapen@ms74.hinet.net
登記證字號：行政院新聞局版臺業字五三三七號
發行人：彭正雄
發行所：文史哲出版社
印刷者：文史哲出版社
臺北市羅斯福路一段七十二巷四號
郵政劃撥帳號：一六一八〇一七五
電話886-2-23511028・傳真886-2-23965656

九冊 定價新臺幣三〇〇〇元

民國一〇八年（2019）六月初版

ISBN 978-986-314-473-1　　08982

趙尺子先生全集　總目

大漢風

趙之寺著

一、序幕

——你將來要做個什麼樣的人？

先嚴坐在舊砲臺的大榆樹蔭下，揮着扇子，這樣考問我的志願。時間是乙丑年的盛夏。

——我覺得司馬相如是值得崇拜的。

他默然一會，呷了一口香茗，然後微微地嘆息一聲，說：

——他不過是一個文人罷了。——而且琴挑文君，犢鼻雜作，在今天看來，就是用新思潮評論，也說不上是正經的人物。

當他提到文君的時候，我覺到耳根上有一股熱氣，直昇面頰，知道我是在赧顏了。勉强鎮定了一下，用力煽動扇子，讓扇面在臉上左右加速洗盪，隱蔽着心中的不安。我說：

——我所崇拜的是司馬相如的通西夷，橋孫水。至於琴挑文君，那不過是相如青年時代的戀愛方式，我看他比起張君瑞來，風雅多了。

父親聽我說到相如通西夷這一點時，發出爽朗的笑聲，接下去說：

——那一段的司馬相如，確是不錯，值得拜崇的。

——你的「司馬相如文集」，整理得快要畢業了麼？

老人顏色愉悅，業已消失了方才對於相如的氣惱，也就是說他好像不再堅持相如是位不「正經」的人物了。我便有意地把話頭引到玉如小姐的身上去，測探老人對玉如和我之間的問題有沒有新的看法。我說：

——整理工夫在半月以前就完成了，呈給李老師看過，他說要謄一個清本。我交給周玉如去抄了。

我想老人如果不反對玉如替我清抄司馬相如文集，

那麼我和玉如的事仍有希望；他如聽到玉如的名字仍然避之若浼，則我倆的來往終有被他斷絕的一天。

——她抄這本書是不合適的：那麼許多古字，她不會抄得準確的。還是叫鄭師爺替你抄罷。

這個答覆，出乎我意料之外：他只說玉如不識古字，抄寫不準；并沒有根本反對由她抄寫：這表示他現在還沒有斷[redacted]玉如和我往來的意思，心下不免欣喜。但他馬上接着說：

——你是親自交給她的？還是楊媽送給她的？

——楊媽送去的。我回答說。

——喊楊媽去要回來——交給鄭師爺！

聲音凝重，態度莊嚴，像平日指揮[redacted]作戰樣子地下達了命令。然後站起身來，走下砲臺，過到指揮部去了。我大約有半小時木然地坐在垛口上，不知何以為計。現在我知道老人依然反對玉如和我往來，按照語氣態度來看，其反對的堅決還是毫無動搖。文集稿本只有一份，倘叫楊媽向玉如索回來，該多麼使玉如傷心？不錯，整理司馬相如文集是國文研究所李序倫師交給我的作業；而實際上是玉如在用一種無形的鞭策，像車夫御馬般地驅使着我，日夜加工，才能在四個月短短的期間完成了這部埋沒在史記和文選等大部頭書中的千古雄文，可以單行問世了。我倆雖然不能時常見面，而且向來在人前不交一語，但由於楊媽的經手傳遞，她按照我的意見，由司馬相如傳和文選裏抄出正文，我在正文後面加註，再交由她雙行小楷抄成底稿，而我們的愛情不覺不由地就在這每行每字中交流着，凝結着了。現在全部完成了，所寫的「司馬相如新傳」[redacted]萬多字也已竣事，她告訴我要一筆不苟一字不差地手抄兩部，各存一本，直到天荒地老不可遺失。我怎好叫楊媽再索回來？而且鄭師爺只是指揮部的一個司書，怎能代抄我們愛情結晶的作品？但是父命又怎能拒抗？怎敢拒抗？

想着想着，我忽然失神，從兩丈多高的砲臺垛口上跌了下去，掉入牆外的玫瑰花叢。雖然未曾直接觸地摔成重傷，但被玫瑰花刺扎得滿身滿面地流着鮮血，鄉裏沒有醫生，無法消毒包紮，道路不安，土匪劫道，就誤半天才由民團護送到城裏的醫院，有幾處傷口業經發炎了。雙親來院看過了，妻也來看過了，全用冷肅的面孔看着我，至少父親的心裏似乎在說：都是你這不「正經」的人應得的報應！我也只得反側病床，忍耐痛苦，期待着病勢的好轉，同時切盼玉如能在我養病期間，加緊謄寫，早日抄清，等我出院以後再叫楊媽把抄本送給鄭師爺抄寫，便把抗命的行爲掩飾過去了。

幸得發炎並不嚴重，三天以後便全部收口了。神甫大夫囑我帶些藥品，回鄉靜養；我卻百般推延，不肯出院，睡在床上，滿口呼痛，想讓時間來解決抄稿問題。

第七天的下午，玉如忽然降臨到我的病榻了。當護士小姐在床邊輕輕地告訴我說：

——[illegible]先生醒醒，你的妹妹看你來了！

我在朦朧中感到萬分的奇怪，我那裏有什麼妹妹？隨後玉如出現在門外，我就明白這是怎麼一回事了。首先是感激，馬上卻變爲恐懼：這若被我倆的雙親和鄉中親友曉得了，在我只不過是挨罵挨打而已，而在她以待字的閨女私自探望一個有婦之夫，這該怎樣了得？因之我不知向她說什麼話才好。護士小姐似乎沒有發覺這中間的祕密，離開了病房。我請她坐下來。從她的眼中，我發現了她的嬌羞，也發現了她的勇敢。她告訴我，對雙親說是進城來看姑媽，昨天到的，在姑媽家住了一宿，上午串了兩家親戚，現在才抽身來到醫院。然後她說：

——楊媽前天來把文集要回去了！

我當然知道這是父親的命令，並意味到事態仍在惡化。我說：

——你可以不給她呀！

她很理智地說：

——我一定得給她，因爲她說這是老太爺叫她來要的；少爺並不知道。老人家的意思，我們不該違抗；說你不知道，我更完全相信，因爲你不會不叫我抄，何況你已受傷住在醫院？不過，我可以用新抄的一本，照抄一本，只把原稿交給楊媽了。

我聽說有了新抄本，詢問她說：

——不到十幾天，你就新抄了一本？

——是的，我抄了幾個整天整夜。知道你趺跤以後，便決定進城來看你，想當面交給你一本，就日夜趕工。不想到沒有等抄好第二本，楊媽就把原稿要回去了。

接着，她把新抄本從手巾包裹解了出來，送到我的身邊。是宣紙硃格的工筆本，不單大字正文左右成行，就是小字註文也是異常整潔。這時她站在我的左方，乃是我們相識三年，往來五月，第一次在光明的長晝，聲息相聞。依照古老的戀愛方式，我們在這寂靜無人花木扶疏的佳境，應該把握時機，作着一對戀人必須要作的動作；不過，我們相對注視良久，又分別坐在各人的原位上了。良久，她說：

——我們的事，我的爹媽也已經知道了；但我相信他倆不會反對，而且也反對不了。不過我再三想來，還是等你到了北京以後，我也設法到北京去，那時再對我的爹媽公開說明。只是你那樁重要的提議，我仍然是不表贊同，因爲那麼做，便太對不起你的夫人了。

我想了想，答道：

——好！我在北京等着你。——不過，我必須離婚，才能結婚，決不會讓你將來「薄命憐卿甘做妾」，這一點我們萬萬不能讓步。

她考慮了一會，說：

——不可能！你的老太爺永遠不會答應你和夫人離婚的。萬一老人家答應了，我也會一輩子被老人家看不起的。你也是如此。做妾不做妾，在我看來是沒有關係的！

正在問題沒有談完的時候，突然望見父親從走廊上向病房走來。父親兩次來到醫院，都在上午，因爲他經常是八點鐘離鄉，騎馬進城，一小時才到，約爲十點以前。何以今天忽然下午到來？何以正當玉如前來探望的時候，你偏不前不後也趕在一起？這種尷尬的局面應該怎樣對付呢？眞使我手足無措，大汗淋頭了！玉如却很安詳地說：

——你不要慌！總之是被撞上了！由我去接大伯。說着她走出房門，我跟在後面。她笑着向老人行禮，老人沒有答禮。面龐雖然變得更爲嚴肅，却沒有怒容，走進房來。玉如遞上香煙，點上火柴，他也妥然接受了。玉如侍立一旁。這種名爲「裝煙」的風俗，在我的家鄉是媳婦對公婆的禮節，女人向來不給外親近鄰「裝煙」的。老人說：

——這兩天，你的病况怎樣？

——好得多了。

——我知道你早就好了！就是爲了等待與她，你才又住下去了。是不是？

這眞是寃枉，但我也有口難辯，不知怎樣對答。玉如接着父親「是不是」的問話，含笑答道：

——大伯，不是的。你來看楷哥，楷哥事先也是不知道的。

父親似乎並沒有考慮聽她的話，只面對着我說：

——跟我出院！

一面也招呼「來人」，「算帳」，「捆行李」，便把我倆帶出醫院來了。回憶起父親當時的傲岸，和玉如的恭順大方，始終帶着微笑，使我感到十萬分的歉意和慚愧。

父親偕着我倆走上東門甕城一家他經常照顧的回回酒樓，喊了幾個小菜，預付了飯費，便走下酒樓，對我說：

——你們吃飯，我有一個應酬。兩小時以後，我來接你們。

他走了幾步又回頭對我倆說：

——這是你們相識以來第一次的同席；但必須也是第末次的同席！你們要聽我的話，對於任何人都有好處！

當我倆重上酒樓時，誰也沒有心情再吃飯吃菜了，相對癡坐了半晌。玉如哀婉地說：

——「末次的同席」，我知道的；但這對於我，業已感激萬分了！老太爺總算還沒有罵我，並給我們一個「末次」的機會。楷哥！司馬文君的命運，我們恐怕是沒有了！

英勇的玉如低下頭去，掏出她的手帕；我也流下淚來。但立刻我們都自覺地必須裝出笑容，免得被樓上別座的客人看着生疑。在三十多年以前的古老都市裏，很少青年男女在酒樓上吃飯，何況還哭哭涕涕？我們只好把眼淚咽到肚子去了。

——不！我從進入中學以後，絕對不再相信什麼叫作「命運」了！我們向司馬相如所介紹，我們要走司馬相如的道路！暑假以後，我一定到北京去，你隨後就來，會齊以後，我們到黃埔去革命，報上說那裏男女兼收呢。

她睜大着眼睛，意思似乎在問什麼叫「到黃埔去革命」？我知道這都是她不會聽過的名詞。遂為他說明黃埔是一個軍事學校，招收男女青年去當兵、革命就是反抗舊社會，例如父母包辦婚姻就是舊社會的罪惡等等。她問：

——女人也可以當兵？

——怎麼不能？我不是給你「木蘭詞」讀過了麼？

——那是詩呀！是真事麼？

——怎不是真的？還有梁紅玉，擂鼓助戰，那不也是當兵麼？

——那是小說呀！也是真事麼？

——怎不是真的？——我想司馬相如當中郎將通西夷的時候，文君也應該是當了兵的。

——真的？——我有文君的命麼？

——又是「命」！

——難怪你寫的「司馬相如新傳」說了不少當兵打仗的話，你又說「文君當在軍中，她是一位突破舊社會的牢籠而萬分英勇的女人！」你怎知道文君當在軍中？

——那當然是我的推測，因為文君既然有着「夜奔」的勇氣，也應該有打仗的勇氣；而且她和司馬相如既然有着無畏的愛情，也應該有夫唱婦隨的愛情。

——我沒有文君的命！

——你怎樣老是「命」呀「命」呀的？

她又在揩眼淚了。這時父親走上樓來，我倆起身相迎。父親看一看桌上菜肴未動，甚至筷子也規規矩矩地擺着，不禁太息了一聲。隨後說：

——喚弟你回姑媽家去，對任何人也不要談起到醫院探病和在璧城吃飯。——還有，你要忘記你們同席這一回事，對於你，這是有好處的。知道了麼？

——知道！大伯！

她轉過身去，又在揩眼淚了。（序幕未完）

我把抄本交給玉如。

回到鄉下父親積極爲我布置晉京的事，并把楊媽打發回娘家去住了一個多月；寨門永閉，我和玉如便沒法通信了。不過每晚九點正她準時在院中焚香，當我從黑暗中看到第三枝香插入爐中以後，立即鳴槍一響：這是我倆之間約定的唯一交通方法了。

一個天容如墨的深夜，家家戶戶在爲打龍而大開着院門，長工走裏走外，亂亂紛紛，家丁在寨外警戒，沒人管事。父親巡視了幾番，看我正在埋頭讀書，便回到砲臺上去休息了；於是我便溜出寨門，看玉如去辭行。當她第三枝香插上以後，似乎在等候我的槍聲，而我已走到她的身邊，進入她的寢室，她隨後跟着閂上了房門。

——不出十天，我就要走了。這是五十元錢，作你去北京的路費。

她摸索着我的手接下了錢，我的手把她擁入懷抱，接着是彼此平生第一次的接吻。我們以前雖然有過單獨會面的機會，而且有着超過接吻的機會；但我不想在和一位小姐結婚以前，就侵害她處女的貞潔，這應是一個讀書的人起碼的道德。今宵，是一個人不知鬼不覺的良宵，懷中人是一位毫無拒抗意思的佳人，但我們仍然必須作到接吻而止！我自己招喚着自己：做人！做人！我們彼此握着手站下來。她喘息着說：

——第二本也抄完好久了，用頭髮釘的書皮，我摸來給你。

我把它接過揣入懷中。

——北京見罷！你先到北京，把通信地址寄來！九月初我也一定走。

這是一個最大的問題：我倆不能公開郵信，又沒有任何人可以轉寄而不被聲張出去。爲了這個問題，浪費了我倆今夜的寶貴時間。最後討論出辦法來了：我在家信裏向[redacted]如[redacted]的弟弟[redacted]借兩本書；隨後寄還時把北京地址寫在書的裏面。一個小時以後我又溜回家來，問明父親不會再下砲臺，這顆忐忑的心才安放下來了。

到北京以後，我寫信借來[redacted]如的書，看了一遍，寫好通信處，寄回家去[redacted]轉還[redacted]，進入九月，便天天到東車站去接十一點半的快[redacted]，一直接了四個多月，玉如毫無蹤影。熬到寒假，返回家鄉，才知道玉如已在九月下旬被她父母強迫嫁給[redacted]縣的一個閻家了！這是楊媽說的。談到玉如臨嫁的情形，楊媽只[redacted]她和父母大鬧多時，並吞服了一次雅片，上喜轎時一直哭了七十里路。我一個寒假仍然被關在寨中，不能出門一步。

八年以後，我指揮着獨立第四師攻[redacted]縣，[redacted]日之內完成了殲滅城內日軍的任務，然後[redacted]依照預定的計劃向[redacted]縣南部游擊；這固然是一個軍事計劃，實際上卻正是探視玉如的計劃。現在我可虔誠無隱地祝告安息在六張犂公墓中我所欽敬的朱霽青將軍說了：當年我在軍事會議中所以堅持由[redacted]第四師擔任[redacted]縣南門攻[redacted]和南境游擊，不惜和將軍爭得面紅耳赤，私心裏是要帶兵去會見我的愛人，請您諒解一個部下的不恭。

獨立第四師進入[redacted]河流域肅清僞軍後，我把師部設在潘家莊，立即實施戒嚴，命令所有二十歲到[redacted]十五歲的農民全部出莊構築工事；這樣全莊各戶就只留下婦女老弱了。農民集合後，我一一點名，看到閻某，是一位身體强壯，心性篤厚的青年。下午，我命令把師部移入閻家的三合小院。閻家只有婆媳和一個四五歲的女孩在家，名爲「小鴻」。玉如怛怛怯怯地爲我這位[redacted]司令燒着晚飯，正眼也不敢瞅這一司令一眼。天色黑了，我手令衛兵全部在大門以外偵崗。這時我才解下長毛的皮帽[redacted]第一次說話：

——文君！你的司馬相如來了！

她沒有聽懂我的話，只稍稍抬頭看我一眼，當然也沒有認出我是誰，照舊擺設着碗筷。我走進她兩步，她趕忙後退幾步，全身顫動，站立不穩。我又說：

——玉如，你的楷哥來了！

這時她才仔細看看我的面目，眼睛瞪得大大的，約有幾分鐘呆若木雞，隨後靠着門框，流下淚來。我也不禁熱淚盈眶。她說：

——我當這位「司令」是誰呢？原來是你！你們吓壞我了！

我說：

——眞眞對不起！現在不必害怕了。這八年裏我天天想來看你。細想起來，看你又只是害你，因爲在你的環境裏不能接見和家庭久無來往的生人。這一次，我在攻[illegible]縣[illegible]以後，特意帶了兵來，把全莊農民都打咐出去挖戰壕了，你家閤先生也得後半夜才能回家。我仍然愛你，仍然對你毫無非分的意思，我們談一會好麼？請你坐下好麼？

她落坐下來，我們保持一桌之隔的距離。她說：

——這些年你幹着什麼？

——念了七年書，當了一年兵。

——你不是兵。——兵們不是把你喊作「司令」麼？

——「司令」就是兵頭。——我們不談這些，我問你那本「司馬相如文集」你還保留着麼？——我的一本始終保存在北京呢！

——有的。

——請你拿出來，我要在那上邊[illegible]個[illegible]字。

——就要看麼？

——是。

她起身到北房裏去，迅速地找來抄本。我聽到她大聲而愉快地對她婆母說：[illegible]司令要借本書看！」此書完好如新。接到手後，我再三吻了它，寫下下列的文句：

——軍次潘莊，借房東武書聊遣寒夜。此為二千年前文人從軍籌邊定國之書；著者註者抄者均為有心人，工力真情直透紙背。後之覽者應知凡屬不朽之作，其中必蘊有天荒地老海枯石爛而永不復變之真情。[redacted]中華民國二十一年十月十九日

[redacted]寫畢又吻它三次，交還玉如。她這時只在低泣，一燈如豆，四無人聲。我對她說：

——請到門口大聲喊一句「傳令兵」！

——我不敢喊！——你又為什麼要喊兵來？我有許多話要對你說。

——我要傳令兵請你先生回來。

——不！這不方便。——我跟你當兵去好不好！

——不行！我永久愛你；但我不能毀滅你的家庭。方才我聽[redacted]喊着「小鴻」，我能猜出它是我的化身，我也知道你仍在愛我：這樣我們就永遠同在了。

——好！我去喊兵！——他們不會打我罷？

——豈有此理！我的兵是不敢動人一根毫毛的！

一會傳令兵進來，我命令他傳令到東北山崗上去請房東閻先生回來。我預計時間往返需要[redacted]十分鐘。然後我對她說：

——我們還可以談半個小時，現在你說你要對我說的話罷！

——這些年來，我給你寫了一百多封信，等一會我找出來給你。信上沒有寫着的話，現在說罷：你為什麼不把弟弟的書寄還給我？讓我到偌大的北京城上那裏去找你？

——啊？書是寄還了，通信處也寫上了，老太爺復信明明告訴我交給[redacted]了！你沒有看到？

——真的？那是被老人家沒收了！這樣……

……這樣……害苦了我！不！不該怨恨老人家

這是我的命運喲！

她幾乎哭出聲來了。一邊請她不要哭，以免閻先生回來看出不便，一方我推測玉如所以匆匆被逼出嫁，毛病畢竟出在通信處上了。大約先嚴收到書時仔細檢查，發現了我的通信處，因而判定玉如會跑到北京去找我，便把書給沒收了；或者也許會和玉如的父母說明，兩家共同防止。我眞不禁怨恨起父親來了。

勸了許久，她擦了一把臉，問起一聯串的問題：

——你要在這裏住多久？

——天明就走。日本鬼子在天明之前就要打到這裏來了。

——你什麼時候再來？

——日本鬼子走了之後，我們再來。

——日本鬼子什麼時候能走？

——明天午飯以前。

——你午後能來？

——大約能來。

她想了一想，又問我說：

——二十五號以後，你能不能來？

我這時心裏暗想，她這樣詳細詢問我來往的時間，竟爲了何事？她是漢奸要出賣我？但立刻我便自我否定了這一想法。她想我再來時跟我當兵？這我已謝絕了她。她想二十五號以後送我一件紀念品？這個可能性最大。我問她道：

——二十五號我若來了，你要請我吃飯？送我一件東西？

她的眼中又閃動着英勇的光輝，說：

——不是吃飯，也不是送東西……

以下欲說又止，好久，她低低地說：

——我……我要你爲我們生個小楷！

「——然後她突然前進了幾步，雙膝跪在地下，兩手伏在我的身上，痛哭起來。同時說明「小鴻」正是爲了常常叫喚着我的名字；「小楷」應當由我製造，她已想了多年，幷有四年不和閻某同床了。我想吻她；但畢竟抬起頭來，一面說：

「——閻先生來了。」

「——她霍然起立，向房門張望。當然閻先生並沒有來，她也大步走向北房去了。這時恰好閻某被引了進來，表情非常恐懼。我站起身說：

「——閻老弟，請坐！方才和弟妹談起，才

「——知道我們兩家還是姨親，論起來你的母親是我

「——的姨母。一會我就要出發了，來不及拜候姨母

「——了，請你代爲轉達。打擾你家半天半夜，我覺

「——得十分抱歉。我們是東北國民救國軍，總監部

「——設在熱河。如果日本鬼子鬧得太凶，家裏不能

「——安身，你可以到熱河缸窰嶺去找趙司令，誰都

「——認識我的。」

這位誠樸的農民只會咧着嘴笑，不發一言。讓他坐下，也不肯落座。這時正南方傳來情況：日軍業經進到上雉臺。我命令本師向大淩西岸方向分路前進，二十日上午五點離開潘家莊。十點，日本軍焚燒了本師師部昨天上午進駐的一棟巨宅，向錦縣退去。他們却不知道我駐在閻家。我原定下午仍回潘莊一帶，至少對日軍游擊一週；但由於玉如提出那樣一種不應也不忍拒絕的要求，只有臨時變更戰略，從大淩河上流繞回松嶺山脈的總監部去了。

這一天我在日記上寫着：

「——八年輾轉舊中郎，重吻文君手澤香。

爲報玉人[illegible]意，赤車駟馬走遐疆。

（序幕完）

土默特的幼苗

獨立第四師是一支由東土默特（do東lona tu多mi萬t多，義為東部萬人，以下均為蒙語蒙文）蒙古健兒所編成的部隊。師長蒙名柏蔭德根（bai^n dagan或bëindégén），漢姓寶，名恩溥；我以熱河政治特派員兼這一師的副師長。一個文人，何以要帶着兵打起仗來？這就必須追述日本在九一八侵佔東北這段痛史了。

根據近六年來的研究：日本人是公元前二百年以前的齊、楚兩國的殖民，由琅邪陸續浮海，繞道南韓移往扶桑（braha 扶桑 sbadi，義為木星即東方）。齊、楚、匈奴（si匈na奴，義為山）都是夏~~[illegible]~~人，從古以來就說阿爾泰語（a阿la爾ta泰n ü語gē講，義為黃金語）。夏人被殷人滅亡以後，夏桀王率部移到湖北，其遺民後來變為周朝的楚；桀王又由湖北移到山東，其遺民後來變為周朝的齊；桀王之子「妻桀之衆妾，避往北野」，自稱為北夏~~[illegible]~~即北假，西漢時代還住在陰山一帶。先是，戰國的趙國呼北夏為匈奴，更早，春秋的齊國罵她為山戎（si山na hu胡、匪、la虜gai賊、寇，義為山賊）。匈奴是sina一詞的譯音，sina就是山，戎字的阿爾泰原語為hulagai就是胡、匪、戎、虜、寇、賊，胡虜則是hula的譯音。國史上所載的胡（hu），如秦築長城禦胡和「五胡亂華」的胡，都是hulagai的第一聲，北方稱為胡匪。日本白鳥庫吉說胡字為hu夫mu民n之hu的譯音，並不正確。

當年夏朝的王室貴族雖然播遷，而一般平民卻仍留住中原，成為殷朝的百姓：這因為夏、殷本是一個民族，桀王和湯王的戰爭只是內亂。不久，殷朝把所說的阿爾泰語的全部複音都造成方塊形的單字，這就是甲骨文，譬如把dolona（東）第一聲的do造成東字，batu（北）第一聲的ba造成北字，emünē（南）第三聲的nē造成南字，barasi（西）第四聲的si造成西字，tumit（萬）的第一聲tu造成多字，第二聲mi造成萬字，hitar（夏）第二聲的hi造成夏字，第二聲的ta造成大字，alatan（黃金）第一聲的a造成阿字，第二聲的la造成鏐字，第三聲的ta造成鎏字……并且單個地使用起來，譬如看見黃金就不再說alatan，而說鏐，或說鎏，兩字都指黃金了。這樣使用之後，自然便把阿爾泰語語法淘汰，成爲殷語語法了。而避到北方去的夏人——北夏即山戎却保守阿爾泰語，直到今天，人也分別自名或被名爲無終(左傳)即今之滿洲（鮮卑），貌胡（周書）即今之蒙古，蒙古人而說阿拉伯語的則名爲回回。在湖北的楚和山東的齊，因爲和殷周相近，也逐漸地把複音改成簡單了，但語法未變，直到漢高祖時代。

就在春秋戰國時代，即公元前二百年時候，齊人徐福一次大舉移去齊、楚七萬武裝，逐走土人，統治三島，成爲今天的日本。論證據麼？衞挺生博士提出八個；我補充一個，這就是從古以來日本都說着較匈奴語爲簡的齊、楚語。我們若能平心靜氣地使用科學的語文比較法，將日本語和匈奴語——阿爾泰語仔細比較，則日本人之爲中國夏人的苗裔也就是中國的移民，乃是毫無疑問的史實。他們自稱大和民族，實即大夏民族。

齊、楚人多量移殖日本大約八百年之後，到了隋煬帝大業四年，遣使入貢，并派遣學生淸安等來隋留學。以後直到唐朝，使者和僧侶不斷來華，學懂了唐朝的官話(殷、周語文)，也學懂了吳地（楚之後裔）的方言（夏朝的語言）。我想當時必會引起這些留學生大大的驚異，這便是何以日本語幾乎百分之百和唐吳讀音相同？讀音相同，當然說明了華語和日語是一種語言了；但何以兩者的語法又不相同？他們獲得華日同語的結論後，就把日語逐個認出華字，并分別註上唐音和吳音。有人說日語日文裏的華字都是由這些留學生照抄過去的「外來語」，不單日本人不信，就是我也不信的。唯有語法不同，這是當時日本學生所沒法解答的，只好用日語語法寫華字，造成卡那，這就成爲唐朝以後的日文了。我會假定，如果隋唐時代日本學生會有留學東突厥和鮮卑的，他們也會發現日語讀音和京突厥語及鮮卑語即阿爾泰語相同，而語法尤其一致，則他們早經自覺着是從大陸上去的移民了。——一爲二次大戰中，他們佔領了馬來亞，較易地學會了馬來語，大爲奇異，認爲日本人的祖國是馬來亞。其實馬來語出自錫金，錫金語出自西藏，西藏語正是楚國語。西藏人正是秦朝滅楚以前由楚國大將莊蹻率領西去的楚國人。

近約百年來中日之間的不幸關係，就發生在這種詞彙雖同而語法不同的地方，這也就是說：日本人在說着齊楚年間的古中國語——阿爾泰語；而中國人則說着殷周秦漢以來的新中國語——阿爾泰語的簡化語；因此，表面上打着「同文同種」的官腔，暗地裏日本人則下定主意要吞併中國，明治制成了「大陸政策」，昭和也接受了田中義一的奏章，「欲征服世界，必先吞併支那；欲征服支那，必先吞併滿蒙」：於是發生甲午之役……和九一八之役，眞是我幼年所唱而由日本教官所編的歌曲所謂「同種自相殘」了。

九一八以前，我根本不懂上說的歷史，才從日本留學歸來，在瀋陽擔任三個報刊的記者，一個高中的教員，不久又在北平兼任一所大學的講師，職業得意，賺着花不完的錢。但我知道：我的故鄉不久會被日本人吞併下去的。除了抵抗，就是逃避，以外沒有任何一着。當時我已是六齡的同志，過去空談革命，毫無成果，在這大難臨頭的前夕，我必須有所抉擇：結果，選定抵抗一着，毅然負擔起本黨給我的任務：瀋陽市黨部委員兼書記，以記者身份爲掩護，用那些花不完的錢來鼓吹革命，發動「

關外新文化運動」。這時，所謂「中村事件」、「萬寶山事件」、「朝鮮排華事件」，都被日本軍人製造出來，接着就是「九一八事變」。

九一八，日軍和漢奸淩印清、張學成等內外夾攻，佔領了遼寧省省城瀋陽市，同時也佔領了長春等地。誠然像幣原外相所說，九一八是日本「吞下了一顆炸彈」，從此爆發了第二次世界大戰，戰火綿亙了十四年，死亡了三千萬人口（包括雙方交戰國在內），日本一度亡國，德義各亡國一次，連帶着中國大陸也亡於蘇聯了。直到今天，世界的人類還在吃着九一八日本人所種植的苦果！當時，國民政府完成北伐不過三年，外有外患，那就是俄國人在中國國內行將導演「國家內的國家」（詞見「中國之命運」）僞「中華蘇維埃共和國」，企圖嗾使僞「中華蘇維埃共和國」來顛覆中華民國；內有內亂，那就是改編的軍閥隊伍時有蠢動；因之我們沒有能力出兵抵抗日本在東北的侵略。而東北軍張學良部約三十萬人，早於上年閻馮叛變時入關討逆，駐在東北的不過六七個旅，也沒有力量和日本關東、朝鮮聯軍對抗。所以整個的東北，不到三個半月，就都被日本所佔領了。

在九一八的兩天之後，就是民國二十年九月二十一日，本黨東北革命領導人錢公來先生，在陶然里寓所裏召開幹部會議。陶然里在瀋陽城的西關，是本黨從同盟會、中華革命黨到中國國民黨時期中革命同志祕密集會的地方，距文會書院（英籍牧師所辦的神學院）不遠。錢先生從加入同盟會到民國十六七年，表面上是文會書院的教授，實際上是在祕密組織東北的革命；民二到民五討袁時代，由總理特派的中華革命軍東北軍總司令是居正（覺生）先生，東北軍的主力是第一師，第一師的師長是朱霽青先生（見居覺生先生全集九頁）。當時錢先生類似後方辦事處長，潛伏在文會書院，為第一師運兵購械（日本槍）。居先生奉命南調後，由朱先生代理東北軍總司令，總統續任參謀長。直到民六，東北軍被段祺瑞繳械，朱霽青先生坐獄到民國十一年，當時，　總理將東北革命領導責任交給錢先生，他仍住在陶然里。十四年奉命成立奉、吉、黑各省臨時黨部，我於十五年任奉天臨時省黨部委員（北方執行部所派），負責遼西民軍（青運、兵運）工作。到十六年北伐軍克復南京、上海的時候，東北各臨時省黨部早經把工作佈置停妥，只等北伐軍一出山海關，東北同志就可以發動罷課、罷教、罷工、罷市、罷戰，打倒地方軍閥，完成全國統一。十七年，錢先生被張學良逮捕；但省縣黨部和各種組織幸未破獲。年底，東北問題政治解決，張學良服從中央，懸掛青天白日滿地紅的國旗，就任國民革命軍副總司令兼東北保安長官，並當選第三屆中央委員，成立遼寧省黨部，張學良自兼主任，吉林省黨部由吉林省政府主席張作相兼主委，黑龍江省黨部由黑龍江省政府主席萬福麟兼主委。但三省省黨部有名無實：只有幾位委員、幹事，辦理東北文官荐任以上武官少校以上入黨等事而已。（中央所頒黨證幾大柳條包，至二十五年春發到東北黨務辦事處，七七事變時焚燬。）縣以下黨部則一概不設，主要是防備朱、錢兩先生所領導的同志認真革起命來，那還了得？東北易幟後，錢先生被釋出獄，東北同志自動拒絕前往官辦黨部報到，各就本業潛伏起來，等候東北真正革命的時機。十八年，東北抗俄，各縣紛紛成立抗俄後援會，錢先生密令同志掌握抗俄後援會，而把此會變質為東北革命的縣市黨部。直到九一八，這種有實無名的革命組織普及東北三省，抗俄後援會的會員才是本黨真正革命的同志。

陶然里會議是東北省、市級幹部會議。遼（奉）、吉、黑三省高級幹部二十餘人均祕密出席。該里位置西距日本軍大本營六和旅館不到一公里，東距土肥原特務機關（青年會）不到半公里，街上遍布日軍，搜檢行人，時加逮捕。但這會議在前遼寧臨時省黨部委員李光忱、劉國仁等嚴密布置之下，於二十一日上午開會。記得當時出席者，除主席錢先生之外，計韓靜遠（省級，第三高中教員），孟文仲（省級，律師）、孟廣厚（省級、中學教員）、李光忱（省級，中學教員，殉難），劉國仁（省級，中學教員）、韓韜（省級，中學教員），以上代表遼寧；韋仲遠（省級）、王育文（省級，殉難），以上代表吉林；……等等。主要決議記得三點：甲、省縣同志各回本縣，領導民間武力，配合國軍，共同抗日；乙、由李光忱、韓韜等祕密準備交通，接運東北工商學界領袖，前往北平，組成抗日團體，由此團體指導民間武力；丙、各市縣抗俄後援會（事實上的縣黨部）停止反軍閥革命，祕密發展組織，潛伏城內，準備和國軍、民間武力協同抗日，內應外合。

會議在十一點安全結束，各同志分頭返縣。李、韓等同志雇到三部汽車，插上文會書院的英國旗，把各省在瀋的工商教育領袖，運到皇姑屯車站，護送上車；再去接運其他人士，一直忙了兩天半，大部均告脫險。李光忱返黑山縣組織高鵬振（綽號「梯子」）部綠林武力；韓韜護送錢先生赴平。」——筆者是在二十四日下午搶上最後一次北寧路的貨車，攀登車頂，瞞過日軍駐站的檢查，幸免日機臨空的掃射，於當晚重返故鄉。當夜就召集縣級幹部會議，傳達省級指示；會中幷決議：組織遼西農民抗日自衛軍。

日軍在九月底業已完成遼、吉、黑三省要地（遼河以東）的佔領，在黑龍江省遭遇到黑省騎兵馬占山和阮崇毅等旅的抵抗，嫩江橋一役，馬占山旅長成為中華民族的抗日英雄。當時，日本關東軍是佔領東北的主力（朝鮮軍是支援），它的特務機關長是土肥原賢二大佐（上校），在九一八次晨便由瀋陽日本站（南滿路車站）進駐城內基督教青年會，二十日召集漢奸于冲漢、趙欣伯等，幷脅迫遼寧省政府主席臧式毅等，組成偽「東北自治促進會」。于冲漢，遼陽縣人，青年時係一賭棍。日俄戰爭時，受日軍雇傭，嘯集流氓，組織別動隊，在俄軍後方從事諜報、游擊、破壞（鐵軌、電線）工作。戰後，在張作霖政權下成爲巨商兼巨紳，當然是一個漢奸了。趙欣伯大約也是遼陽人，日本帝國大學法學博士，爲中國籍法學博士第一人。返國後，組織「法學會」，任馮庸大學教授。本黨有一個同志曾在「法學會」裏掩護，早經報告過趙欣伯勾結日本。這個同志後來誤入「聯共」，三十六年任僞「安東省主席」。土肥原就唆使這些漢奸，提出「打倒軍閥」、「反張（學良）革命」、「東北自治」等口號，企圖在東北建立一個傀儡政權；由這僞政權和日軍簽訂條約，承認張作霖張學良父子所不肯答應給日本的「滿蒙五路」、「政治協和」（親日）等等賣國條款；然後日本撤兵。這是土肥原的原定計劃，從歷史的角度看來，這比土肥原後來的計劃——建立[redacted]僞「滿洲國」，大體上是比較溫和的。

大約在十月下旬或十一月初，俄國大力培植的僞「中國共產黨」將在江西瑞金召開僞「中華全國蘇維埃第一次代表大會」以樹立僞「中華蘇維埃共和國」的報導，到達關東軍的手中。我何所根據以推測上述情報係於十月底或十一月初到達關東軍的呢？這是二十一年在北平遇到前達爾罕旗統領經北平綏靖公署主任張學良委爲蒙邊騎兵第一路中將司令的李海山將軍所提供的線索。九一八當時，李將軍因公住在瀋陽。事變發生，道路阻隔，他無法返防。約在十月底或十一初，某一天他被土肥原用車接去，送到日本站大和旅館，去見川島浪速。川島是日本特務第二代，即頭山滿的徒弟，又是土肥原的老師。頭山滿乃黑龍會首領。所謂黑龍會，以黑龍江爲中軸，南包滿洲（東三省），西括蒙古（東蒙），北合東部鮮卑利亞（Siberia，舊譯「西伯利亞」），日本企圖在這地區內建立一個「大陸日本」或稱「大陸帝國」。黑龍會就爲這一侵略目的而產生。川島、土肥原和以後我將提到的許多日本特務，都屬於黑龍會之下而爲它工作。川島大約在九一八次日就由大連去到瀋陽。土肥原搞「東北自治」的時候，他的老師川島負責蒙籍人士的組織工作。這因爲川島自光緒中葉就已擔任京師警官學堂的顧問，後又升任清朝中央政府財政大臣善耆的顧問；民國成立後，川島挾帶善耆遷居大連，掛起僞「宗社黨」的招牌，喊着「反民(國)復清（朝）」的口號，企圖在東北——這所謂「滿洲發祥之地」建立僞「後清帝國」，因此川島多識滿蒙籍要員。川島導演僞「後淸帝國」五年，到民國五年被吳俊陞（後任黑龍江督軍）打平，在戰場上槍殺了僞「後淸帝國」的僞「鎭國公」亦卽僞「蒙古獨立軍總司令」巴布扎佈。時僞「宗社黨」首領善耆已死，臨終將六小姐金璧輝託付川島，拜川島爲義父，改姓川島，起名芳子，這就是三十五年在北平伏法的川島芳子了。——川島浪速以「光緒皇帝乾兄弟 宣統皇帝管事的」不倫不類的名片，偕着川島芳子接見李海山將軍，勸他回旗擁護達爾罕王「共同建國」。川島幷爲李將軍講說：「俄國就將在江西建國了，幫助中國共產黨建立一個國家；日本這次出兵滿蒙，也和俄國幫助中國共產黨一樣，要幫着滿洲人和蒙古人共同建國。。」川島芳子並以蒙古婦人的姿態，向李將軍做了一套狐媚的工夫，如云：「我是滿洲女人，嫁爲蒙古婦人，我們滿蒙原是一家」云云等語。我就由李將軍和川島父女晤對的時日，以推定僞「中華蘇維埃共和國」成立消息到達關東軍手中的大致時間，相信許是不會錯的。

當俄國建立僞「中華蘇維埃共和國」的情報到達土肥原和他老師川島的手裏時，依情報工作經驗說來，這應給土肥原很大的啓示和刺激。他會想到：俄國既然決定在中華民國之內扶植「國家內的國家」以顛覆中國；我們日本又何必不可在旣經佔領的滿洲之內照樣也搞它一個「國家內的國家」，還要什麼「東北自治」？我想這應是土肥原變改原定計劃——「自治」，而進入更毒辣計劃——「建國」的基本原因。於是土肥原在僞「中華蘇維埃共和國」傀儡毛澤東粉墨登場的第二天，卽民國二十年十一月八日，發動了「天津事變」，盜走淸朝廢帝溥儀，運往東北，積極布置僞「滿洲國」。

在這期間，錦縣本黨同志所組織的遼西農民抗日自衛軍，除了城內商團在漢奸縣長谷金聲和漢奸團總趙香圃把持之下，不受改編，其餘四鄉都已組成團部，武力約計可達一萬員名。東鄉由王國藩任團總，他是我的表兄；南鄉由劉建勛任團總，他是石××同志的姨夫；西鄉由宋景純任團總，他是我的表叔；北鄉由先嚴任團總。他們都是本黨的同志。先嚴是朱霽青（時名諸愚）先生奉 總理委派任奉天同盟會籌備處時期加盟的同志，藍天蔚、施從雲、王金銘和朱先生等於宣統末葉發動灤州革命的時候，先嚴也是參加者之一。

我們的遼西農民抗日自衛軍和東北軍十九旅旅長牛元峯少將保持極密切的友誼，牛少將允許戰爭起來爲本軍補給，這由我聯絡完成；也和砲八旅旅長劉翰東少將保持超友誼的聯繫，這由田樹森同志負責；并接受了上述經本黨護運赴平成立東北民衆反日救國會的特務部部長高紀毅（任旃）透過遼寧省警務處處長黃警鐘、督察長熊飛（正平）所發的委任，統一番號爲東北義勇軍。在遼西方面，我記得的是：王顯庭同志係第一路司令，殷開山同志係第二路司令，耿繼周同志係第四路司令，郭抱一同志係第二十九路司令，我是第三十路司令。東北義勇軍在二十年年底共爲三十路，約爲十二萬人（編制數），由熊飛指揮。

十二月中旬，日軍越過遼河，佔領打虎山，東北軍二十旅常經武不抵抗而退；側擊日軍者只有前方的義勇軍各路。他們在沒有補給（尤其子彈）的狀況下，用自已的槍，打自已的彈，縱然犧牲了自已的性命，也抵擋不住正規的日軍啊！十二月月底，日軍渡過大淩河，分爲左右兩翼，左翼由北寧路，右翼由白雲山李羊峪，夾擊錦縣。十九旅、二十旅、砲八旅和熊飛指揮的騎警隊，全部奉張學良的命令，撤入山海關，把錦縣、義縣、錦西、興城、綏中五縣的抗日任務，交給東北義勇軍，熊飛給我一個「手令」：「奉諭：錦縣縣長由[redacted]代理，東北義勇軍第某某某等路統由該員指揮，抵抗敵軍，勿許撤退。切切此令！」不支援，無補給，尤其無交通；加以縣長谷金聲、維持會長費輔（或福）臣、趙香圃等漢奸，於十九旅和熊飛離城後，立即關起城門，并頒發「通緝令」，懸賞緝拿反日分子[redacted]、田樹森、李毅夫和各路義勇軍司令及遼西農民抗日自衞軍各團團總：因此我們只有打進城去，才能執行代理縣長任務并補給（只有米和馬草，不談子彈）各路義勇軍的一途了。

二十一年元月一日，我們在西關召開一次會議。依照當時我們的實力，槍兵約兩萬名以上，四分之一可用；城內商團只有三百人，毫無鬥志，并有我們的內應，東門和北門隨時可由我們的同志從內面打開，攻佔縣城，殺盡漢奸，是綽有餘裕的。但不出一天，日軍就到，我們還是不能守城，仍得撤退。我和田同志尤其擔心發生搶掠。結果決定放棄攻城；集合的各路義勇軍經北關，過小嶺子，向松嶺山脈撤退；沒有集中的各路，例如遼西農民抗日自衛軍也就是東北義勇軍第三十路之一、二、三團，則就地潛伏，聽候命令。田樹森等同志隨同第四路耿繼周部退往松嶺山脈，代我指揮；我則返鄉集合北鄉第四團，隨後也退往該地：建立游擊區，聯繫國軍，補充子彈，再行「以農村包圍城市」。未暴露身份的同志則仍潛伏縣城，擔任情報工作。會後，我便下鄉返家。

第二日，就是元月二日夜間，先嚴率領我和官兵七百餘員名（第四團的三分之一），經三才寺、星星屯、大網戶屯，進駐大茂堡西溝。當我們登上本村後面的北山的時候，夜黑風冷，山下就是富有屯。日軍右翼正由汽車載運，車燈通明，長約十里，從富有屯經過，和我們恰好遭遇在交叉路上。當時我們如果側擊過去，一定會把日軍攪得亂七八糟。先嚴否定了我的建議，命令隊伍藏在山上，等候日軍過去，我軍才向西北前進。三日天明到達目的地。從元月三日起，我們封鎖山口，構築工事，並將七百餘員官兵編成七個連，暫取守勢。并疏通大茂堡到□縣□龍臺一帶的「牛馬會」，請予借路，以便退入松嶺山脈，和田樹森同志代為指揮的各路義勇軍會合。「牛馬會」是一種半自衛半通匪（土匪）的民間武力，首領是馬子丹。子丹後來接受朱霽青先生改編，任獨立第八師師長，我們曾并肩作戰，成為好友；但在前半年我向他借道時，他卻答復得好：「可以借道；但須留下槍馬！」因此我們處在進退維谷的境地：前進是日軍，我們打不過；後退是「牛馬會」，我們得繳槍！只好困守大茂堡到梯子溝一帶。開頭是吃我家的存糧，不到元月底便已吃光；只好向百姓借糧，不到幾天，防地裏的存糧也已吃光；二月以後，輪流派隊下山，在北寧路錦朝線上扒路劫車，搶奪日軍的軍糧，所得很少，而犧牲很大，每連都有五七名的死亡，子彈也多消耗：這是先嚴和民團首領們作戰（打土匪）二十年也沒有遭受到的損失。二月半開始，我用代理縣長的名義發出佈告，派員向防地外徵糧。開頭還不錯，每天足供食用；幾天之後，日軍守備隊和僞「縣長」谷逆金聲會銜佈告：「凡向土匪繳糧者，殺無赦！」百姓便不敢送糧了。同時日機不斷來炸，日軍則把山口完全封閉，使我們的抗日游擊隊不能下山。

到了二月下旬，我們連粥也吃不飽了。這時梯子溝西南百里位置，傳來兩天一夜的砲聲。派員往探，知道田同志所領導的義勇軍，會同蒙古兵和綽號「亮山」的綠林會反攻錦西縣，並殲滅日軍三百餘名；但已被日軍擊退。這也就是說，我和田同志之間雖只相隔百里，却也不能會師了。先嚴於是召集[redacted]首領會議，決定遣散，各歸本村；步槍作價八十元，手槍作價一百元，馬匹作價八十元，發給借據，如有國家那一天，請求國家償還；陣亡的四十餘名，也請由國家撫卹（這兩點，勝利後[redacted]辦而不通）。大飲一場，痛哭一頓，吃光了四十餘匹坐馬，我們的遼西農民抗日自衛軍不到三個月就煙消火滅了！我們把一千多枝槍用蜂蠟封好，祕密藏入一個山洞。我先化裝搭北寧車轉南滿車，取道大連，登輪赴平；先嚴在山上隱居七個月，於冬天也到了北平。

先嚴到達北平的月份，正是獨立第四師攻入口縣的二十一年十月了。先是，我於抵平後，找到東北民衆反日救國會，把高崇民、王化一、熊飛這般狐鬼大罵一頓，痛斥他們誤國誤軍（義勇軍）并借義勇軍的名義在後方斂財，例如他們發表「記者司令[illegible]，代理錦縣縣長，指揮義勇軍，苦守縣城，犧牲慘重，殲滅日軍數千名」云云，這是當時平津各報的重要新聞。天知道，那有這回子事！不過利用我的名字，掩飾不抵抗和置義軍於死地的虛僞宣傳而已！朋友翻出舊報給我看，好像有我這樣一位「記者司令」，引以爲榮；我只有告訴他們說這是反日救國會的鬼話，我們幾乎餓死在大茂堡。

大約在二十年十一月，中央就密令朱霽青將軍來到天津，組織東北國民救國軍。錢公來、陶希聖、孟文仲、邵丹甫諸位先生是後方四委員，為救國軍籌款購械。我到北平後，錢先生命我馬上到天津去見朱先生，派我為熱河政治特派員，田樹森同志為熱河軍事特派員，先行整理松嶺山脈的游擊區。我乃於三月一號或三月六號，經山海關，進入敵區，在連山下車，徒步走到錢先生介紹的綠林魏仙舫的家，住了一宿。次日由魏伴送，徒步走到[illegible]綠林紳士李義忱的家，又住了一夜。又次日由李陪同，徒步進入杜里馬營子（dulima h[illegible]iyan），也就是田同志的表兄家—柏蔭德根的家。連山下車的當日，正是傀儡溥儀在日本特務土肥原編導之下，歌衫舞扇鑼鼓登場的一天，滿街掛着偽「五色旗」。從那一天起，俄造的偽「中華蘇維埃共和國」毛奸澤東，和日造的偽「滿洲國」溥奸儀，一在長春，一據瑞金，唱起對台大劇，以中國人的名義，以偽「王道主義」和偽「共產主義」的催眠術，麻醉中國人民，替日俄兩國執行吞併中國，奴役中國的任務！當時我對偽「滿洲國」痛恨之至，和魏舫仙喝了一夜酒。不過，到我懂得毛澤東也是漢奸，和溥儀并無軒輊，那已是七年以後的事了。

在杜里馬營子會到田同志，他已全家由錦縣遷到營子。知道他於偕同義勇軍登上松嶺後，兩度組織對錦西縣的反攻，確曾殲滅日軍騎兵三百多名，這是綠林好漢「亮山」和劉春珊兄弟兩人的戰果。反攻的目的是去迎接我并搜集糧食。

在杜里馬營子住了半月，遍訪左右百里的民團首領和綠林好漢，我和田同志商定改編這些武力和義勇軍為四個獨立師，計第四師柏蔭德根、第八師馬子丹（蒙古籍）、第九師劉存起（漢籍）即「亮山」（時劉春珊在第一次抗日戰役中陣亡，否則應由他任師長）、第十六師王澤民（蒙古籍）另編一個獨立營，由趙寶玉擔任。這些番號不相聯接，是為了和日軍耍戲法，孫武子所謂「示」也。然後偕田同志返津，報告朱先生，領下白綾蓋印的委任狀，縫在夾褲裏（這是朱大姐的設計，不知她還記得否？）再赴杜里馬營子。坐上山海關到連山一段火車，沿途數遭日軍搜查，倘被搜出委任狀，會立給槍兵刺死。我唯有默背　總理遺囑，像老嫗念佛一樣，藉以安定一顆跳躍的心，却是滿有效力的呢。

六月，朱[redacted]偕祕書長邵丹甫、祕書處長韓靜遠、副官處長張靜潭、參謀徐大同、祕書李毅夫等出關，到達杜里馬營子，點驗四、九兩師和獨立營；轉往[redacted]龍台，點驗第八師，並親自指揮該師攻擊[redacted]縣。不久，朱[redacted]返津，九月，他携帶迫擊砲六門、子彈[redacted]十萬發、手榴彈三[redacted]枚，再度出關，親自指揮第四、第八、第九和騎一師，由大馬廠出發，克復[redacted]縣：這就是序幕裏所敍述的那一戰役了。

柏師長、馬師長、劉師長、池師長[redacted]、汪師長(元平)、趙營長均率部參加。柏師卽第四師是右翼主力，攻擊南門；劉師卽第九師是左翼主力，攻擊西門；馬師卽第八師伴攻朝陽寺，扒斷鐵路，截斷朝陽來援的敵軍；池、汪兩師伴攻擊七里河子至錦縣，扒斷鐵路，截擊錦縣來援的敵軍；趙寶玉營和王景明營作總預備隊，由朱[redacted]率領伴攻火車站。右翼總指揮是戰韜少將，副總指揮由我擔任；左翼總指揮是[redacted]參謀長孫兆蔭中將。戰線從北面朝陽寺到南面錦縣約一百華里；我軍聲勢雖大，番號雖多，實際不過四千多人，用在攻擊目標——[redacted]縣者不足一千五百員名。拂曉攻擊，事先由朱子良同志約定的僞保安大隊鄭大隊長，於接到田同志電話後，打開南門，迎接柏師長和田同志率領第四師劉震東、王震兩團入城巷戰，我率第十二團李沐唐防範南門至七里河子來援之敵；第九師乘勢攻入西門。朱[redacted]旋卽率領幕僚和我們入城，出席羣衆大會，當場槍決日軍十名及僞縣長一人。此役計殲滅日軍二百餘員名(兩個連及三輛坦克部隊)，俘虜日軍和日人四十餘名。我方陣亡營長王景明、營附王景有兄弟和傷亡官兵五十餘員名。九點以後，日軍分別由錦縣及朝陽來援，日機臨空轟炸。我軍於開會并運輸戰利品後，十二點開始撤退，依預定計劃：遊擊[redacted]天，我卽率領師部和李沐唐團向東南進入潘莊一帶，并探望玉如；柏師長則率劉、王兩團及趙寶玉營會同劉師，隨同朱先生及各位幕僚返回根據地，馬、池、汪三師也於游擊後返防。

朱先生等候我返抵大馬廠後，把總監部移往蕭家店，開始統編及整訓，并命我回平，任新編第一師馬占武部的副師長，兼政訓處長。朱[redacted]以蕭家店爲中心，遊擊到二十二年四月返津。

當我走入杜里馬營子，就愛上這片松嶺[redacted]上的沙漠綠洲了。柏師長是東土默特的蒙古台吉（貴族），這一族是由西土默特旗（綏遠陰山以南）分設的一旗。他爲人忠厚，不屬綠林。一家長次兩房，男性是蒙古人，媳婦則是鮮卑人，他們自已對話，通用滿蒙語，和我們晤談却說漢語。他的族姪寶清泉，蒙古文尤爲精通，所寫的蒙古春聯會令我誤會爲蝌蚪文。等到我把柏蔭德根[redacted]爲師長，組成師部，接觸着許多中下級軍官，對我都說漢語，他們自己却也互說蒙語。老實說，起初對於這宗情事，頗不放心，眞怕這些蒙古綠林野心未戢，在日軍懸賞十萬元購買[redacted]和各八千元購買我和田同志的首級的時候出賣了我們。於是從很遠的阜新縣找來一名精通蒙古語的蒙古人名白晉昌，漢姓名郝瑞臨，委爲副官，囑咐他不許說一句蒙語，但要紀錄下所聽到的蒙語，密報給我。從第四師編組、訓練、作戰，中間幾個月，我由白副官的報告和與第四師生死患難中，了解他們對我不單毫無惡意，而且誠心悅服，我更愛上了蒙古人和他們的語文。接着我也學習了若干句蒙古語。

蒙古人見面第一句話就說sain，請你落座便說sao sao ，請你喝茶則說 ča ŭ ča ŭ 請你吃飯則說bada idi，接受你的贈品，就說 sain baina，他們把老鼠叫 holugan ，牛念 ŭhèr，虎念bars，兔念 tolai，龍念 luu，蛇念 monggai，馬念 mori，羊念 ima，猴念hamuji，雞念 tahiya，狗念 nohai，猪念 gaihai…開始說起來，覺得很是複雜而蹩扭；說得慣熟了，才知道蒙古語好像是漢語加了尾巴或腦袋：試念 sain 不就是善？sao sao 不就是昇昇？ča ŭ ča ŭ 不就是茶飫茶飫？bada idi 不就是餔（ba）食（i）？sain baina 不就是善拜納尤明八說所謂十納頓便拜十？holugan 的 ho 不就[redacted]耗（鼠俗名耗子）？ŭhèr 的 ŭ 不就是牛（物）？bars的ba不就是小虎的彪？tolai的to不就是兔？luu不就是龍？mong-gai的mong不就是蟒？mori的mo 不就是馬？ima的i不就是羊？hamuji的ha不就是猴？tahiya的hi不就是雞？nohai的no不就是犬？gai-hai的gai不就是豥？可以說蒙語每字都是漢語的入聲。找着這個訣竅以後，普通的蒙古話就能說和能解了。我曾有許多次和柏師長、馬師長、王師長、寶清泉和白副官等討論，大家一致認爲蒙語和漢語必有歷史的關係，要不蒙語由漢語加頭接尾而成，要不漢語由蒙語截頭去尾而來。而且蒙漢兩族人士如穿上一樣服裝，例如軍服，彼此統用蒙語，則統通是蒙古人；彼此統通說漢語，也統通是漢人：在體型、髮色、目色上完全相同，誰也不能分辨。因此我們也常常談到蒙漢可能是同一民族的問題。在訓練軍隊時，我無數次地談到「蒙漢一家，並肩作戰」。到我也能略說幾句蒙語時，向蒙籍官兵講話也偶爾夾雜些蒙語，并說明那些蒙語和那些漢語同音同義的所在。

東土默特旗和熱河的其他盟旗，在清朝到民國這三百年間，百分之七十以上都已漢化：最顯著的是姓名漢化，譬如柏蔭德根就姓了寶字，柏蔭（b-ain）本卽寶[illegible]，德根（dagan）本卽弟昆，柏師長的一族都姓寶，名字也採用漢字，他的長子姓寶名璋，次子名[illegible]，姪子名清泉，馬師長子丹原名馬錫柏，這也是蒙語，由蒙語的馬字頭改姓了馬，王師長澤民卻是從祖先以來就姓了王字的。這種由名改姓，起源於清朝的官籍制度和戶口制度，規定一家人必須姓同一的姓，以便分清三代；採用漢字的名，則出於三家村私塾先生的大作。其次是生產方法的漢化，他們由遊牧成爲農耕，又成爲工人和商人。其次是語言的漢化，熱河蒙古人沒有不通漢語的；只是他們自己對自己還說蒙語。此外如教育、禮俗也大部漢化了。唯一的也是重要的，就是他們與漢人相處，便發生自卑感，生怕漢人把他們喊爲「老蒙古」——尤其是「老韃子」，心中痛苦之至。但到他們自己相處，又發生自尊心，而把漢人喊爲「巴[illegible]」（現知此爲「僕夫」兩音）或「細他」（現知這是hitat的譯音），極含輕視歧視的意義。光緒以前發生蒙漢大仇殺事件，東北稱爲「反學好的」，就是這種蒙漢觀念的產品。我和柏師長相約，抗日勝利後，要在蒙旗大舉興辦教育：這就是改翁化蜀，司馬通夷的路線了。在東土默特的七個月軍旅生活中，培育出以後「大漢十年」的幼苗。

三、走上西土默特的征途

二十一年十一月一個雪花飛舞的清晨，我離開東土默特旗的蕭家店——東北國民救國軍指揮總監部，徒步向北平前進。臨行之前，和軍事特派員田樹森、師長柏蔭德根、參議李義忱、李潤生、團長李沐唐、王震、劉震東、特務營營長趙贊玉，民團指揮部司令裴春霖等召開一個會議，決定第一、第四師的主要任務是鞏固松嶺山脈的游擊根據地，只要朱總監駐在這裏一天，本師須絕對保障他的安全；第二、基於上項任務，首先要求裴司令對蕭家店到朝陽、義縣、錦縣、錦西縣的民團加強聯系，情報更應加强；第三、三個團各自鞏固防地，不斷地輪流地派遣兩連一股的兵力，向朝、義、錦外線游擊；四、直屬營保護師部，師部拱衛總監部；五、對於共產份子只可暗中監視，不得傷害，以全大體。會後叮囑戰友們安心等候，一俟新編第一師編訓完成，我會立即率同返防。

大約十天以後，我到達北平。先嚴這時已從淪陷的家鄉脫險來平。我去看救國軍後方委員會的錢公來、陶希聖、孟文伯等五位委員，奉囑儘先協助新編第一師師長馬[illegible]辦理招兵購械，并編纂幾個月來救國軍的戰鬥詳報，僕僕平津，席不暇煖，還得尋找餘暇，賣文投稿，解決我們父子的生活問題。我從九一八到次年十二月沒有領取過半文薪餉，除了每天二分七釐五的主副食以外。這時才由後方委員會按月送我津貼三十元。在使用新臺幣的今天看來，這個數目似乎太小；但當年它的購買力卻等於一百包新樂園紙菸呢。

轉過年來，第一師編成三個步兵團，槍械約達六成。奉北平軍分會的密令，駐在長城義院口迤帶，積極訓練。按我的設計，這枝軍隊應在二十二年一月底開到蕭家店，這樣不單松嶺游擊根據地毫無問題了，就是整個的遼西游擊工作也都可以展開，它將等於前方所有游擊武力（不限於朱霽青部）的酵母和胆汁。但馬師長始終主張應待槍械補充齊全，尤其必須購到一連山砲之後，才能開拔。開始我以為這是馬師長真心為救國軍打算；不久，發現了可疑之點，那就是馬師長祕密和馮玉祥、吉鴻昌有所接頭，故意延宕行期，希望出賣這枝朱總監苦心地全力地養育的部隊。我向後方委員會報告了疑點，也電告了朱總監。他們都以為馬師長是朱化會的底人，不致背叛朱化會，並未置信。

拖到三月四號，日寇攻陷了熱河省會承德，并迅速接近長城各口，從此第一師[redacted]無路可走向蕭家店了。蕭家店落在敵軍的後方，各部游擊隊都被迫紛紛撤向熱河西北部；只有朱總監還率領總監部一百餘人和第四、第八、第九三個師不到七千人馬（缺子彈）在松嶺苦撐。後方委員會檢討中日整個關係發展和敵我全盤態勢以後，建議朱總監也向熱西撤退，經多倫到義院口和第一師會合。朱總監置之不理。我接洽了一架飛機，由馮某某（我的同學潘震寰的表兄，是一位熱血男兒，可惜想不起名字來了）駕駛，他為崇敬這位東北抗日英雄，甘願冒險，降落在蕭家店，接運朱總監脫險。我把詳細計劃電告朱總監；[redacted]在西河沿岸準備簡單跑道；由趙寶玉擔任警衛；臨上飛機前宣佈赴京請領子彈；留下全部向西撤退計劃，由田特派員執行等等。朱總監只復我「停辦」兩字。一面我派顧副官葆成化裝返回蕭家店，面囑裴司令祕密佈置蕭家店、幾地塘、高橋的交通，務必保護朱總監早日返平；部隊則於朱總監離部以後，向多倫撤退。這兩事都經後方委員會准辦的。

顧副官走後，天津後方天天盼他到達的消息；但等了半月，無踪無影。朱總監偶有電來，只是詢問第一師械彈問題，毫無撤退的迹象。大約五月初，薊家店總部電臺忽然不通，這時日寇正使用約兩個師團的力量，配屬僞軍，向松嶺山脈進行「清剿」，眞令人焦急之至！正在這時，接着第八師副師長馬子周用總監部電臺由多倫來電，報告第四、第八兩師及其他游擊部隊七千人馬業已開到熱察邊界，詢問第一師的部置，并請示會師日期和地點。天津後方只有邵丹甫和我，五委員四位在平，一位被綁票（後知係携款潛逃），我倆商議的結果，立刻答覆馬副師長一電，告以向六閣鎭方向前進，到義院口和第一師會師。

七天以後，第四師等到達義院口；但喘息未定的第二天，連同第一師在內，即新編第一師、第四師、第八師、第九師、騎一師，却全部被察哈爾省主席兼二十九軍軍長宋哲元繳械了！我們也許還會記得宋哲元在民國二十二年日閥進攻長城各口的時候，大事宣傳過一個什麼「喜峯口大捷」吧？說他殲滅了日軍一個旅團，大刀隊砍掉多少多少「鬼子的頭」云云，其實這就是收繳救國軍槍馬的虛僞宣傳！他繳下朱總監的全部武力，計長短槍一萬枝上下，坐馬七千匹。而這些槍馬（新編第一師在外）都是救國軍官兵自備的！他們除了給養每天二分七釐五，馬乾一分五以外，沒有花過政府一分錢，而自備槍馬，追隨朱總監抗日、流汗、流血、拚命，到頭來竟被宋哲元所噬吞了。

正當朱總監不知何在，部隊又被吃掉，我們急得滿頭大汗的時候，突然接到裴司令從山東濰縣發來的商電，報告他陪同朱總監於昨天在煙臺登陸了！這一消息鬨動了平津，也使我們懸掛在喉頭的七顆心沉落下來。第三天，朱總監抵津。裴司令報告離開前方的經過說：在顧副官到達後，便領他去見總監，說明後方亟望總監回平，并請由高橋搭船赴津，隊部則向熱河西部撤退。總監沒有表示。第二天單獨召見裴司令，囑以找李參議義忱商量。裴司令即刻馳赴燰池塀，看到李參議，商妥當日下午李宅的轎車停在杜里馬營子，總監則由杜里馬營子上車，經虹螺峴赴高橋，搭李參議所熟識的帆船出海。裴司令返回總監部報告後，總監手諭於第二天全軍向多倫前進，由代參謀長顧述武指揮。隨後由裴司令陪侍，前往杜里馬營子巡視第四師師部。稍息後，上車，北行，作返回總監部的姿態，過下五家子以後即轉向東南行，到燧池塘李參議家晚餐。總監軀體雄偉，長髯飄洒，很容易被日寇和漢奸認出，那便只有束手待斃了。因之李參議再三請求總監剃去鬍鬚，避人耳目。總監一笑置之。飯後上車，總監坐在後座，用手托鬚，李參議坐在前座，裴司令坐在右轅，車夫坐在左轅，套上三匹走騾，急行十四小時後，到達高橋的西海口，天已大亮，由鹽田小徑走下一艘魚船。李參議告辭返家，總監把手槍送給了他，裴司令陪着總監出海，六天以後航抵煙臺。

——關於裴司令，下面他將成為「大漢十年」的重要角色，這裏暫且不提，現在我要以最崇敬和最沉痛的心情，敘述李參議的為人和他的命運。

李參議是第四師的參議，朱總監到達熱河後又任總監部的參議。他是燧池塘的紳士兼地主，在我的縣城內開設大和堂藥店，在高橋置有鹽田。父親李虹橋先生，原係綠林豪客，到李義忱生下來，便洗手作了商人。李義忱天性好客，仗義疏財。去年我在縣城號召抗日的時候，經田特派員介紹認識。二十一年春，由平赴熱，組織第四師之前，路過燧池塘，宿在他的家裏。李義忱不在，他老先生把我送入伙房（長工所住）過夜。李義忱返來，深深覺得對不起朋友，立即馳馬到杜里馬營子來道歉。第四師成立時，我請他作參議。他為第四師介紹了約有五百員名自備槍馬的部隊，趙寶玉營長、李嘎答排長都是他的親戚，都成了我們忠實的戰友。救國軍由於他的參加，在聲勢上和觀念上都受有良好的影響。義州之役，他也率領三十餘人參加作戰。紅窖嶺、燧池塘到錦縣的民團工作和情報工作，由他主持，大和堂就是我們的情報站，一切食宿花銷也都由他供應，沒有向朱總監和我取過一文錢。他親送朱總監脫險後，不曉得被那個漢奸知道了，報告日寇，將他逮捕，關了幾個月，賄賂了三分之二的財產約二百萬銀元，才算買回一條性命。抗日勝利後，我還鄉看到他，家產又已復原。談到過去的損失，我說：現在我已無處爲你報告，請求褒獎；如果我再有報告的機會，絕不會讓你白白犧牲。他卻說：熱河朋友爲了抗日，全家全村被日本人殺光燒光的多着呢，這倒是值得政府褒揚的。至於我，損失點錢算什麼？你看我李義忱還不是再從日本人手裏把日本人紮出的錢賺了回來？說罷放聲大笑，豪氣干雲。毛牌奸僞竊據大陸以後，毫無疑義地他會在「惡霸」、「地主」、「資本家」名義下受到「淸算」和「鬥爭」，可憐這位七十高齡的忠義俠客，不會得到善終的！

爲了收繳救國軍槍馬的事，朱先生和宋哲元打了半年多的官司，結果由何代委員長應欽仲裁，宋把救國軍的軍官釋放出來，交軍分會安置；不願在宋部當兵者，由中央撥款，在綏遠西部扒子補隆開闢墾區。這時我才看到抗日兩年，流離千里，身無長物，形同囚犯的熱河戰友們。見着一位，便不免抱頭低泣一番。田特派員、柏蔭德根師長、王震團長、劉振東團長、趙寶玉營長……這是屬於第四師的；第八師師長因老母年邁，不忍遠離，把部隊交給弟弟子周；第九師師長馬子丹劉春起仍在現地遊擊，留有一個營，其餘全部人馬由副師長帶來。現在索盡枯腸也想不起這批蒙漢抗日英雄，綠林好漢的姓名來了。大家擠在北平粉子胡同二號朱先生的辦事處，一籌莫展；但卻一致謝絕到軍分會去做官，營長以上也不肯赴綏遠屯墾（下級官和士兵後來只有去了）：於是相約祕密化裝返回松嶺山脈，重行去打游擊。陸續回去，又派人陸續把妻小送來北平。爲了打官司、接官兵、籌辦屯墾、送返抗日，接待家眷……鬧鬧烘烘，亂了半年，才算告一段落。

這裏要談談馬師長子丹和他的老母。本文第一節曾談到[illegible]救國軍在蕭家店整訓階段，鮮魚營子、留龍臺到義縣外圍的保衛工作，由第八師負責。他是牛馬會的首領，牛馬會就是民國武力，不過其中會有幫會成分，所以組織力很强。他的游擊隊，向南面可以活動到錦縣，和第四師的游擊隊互相呼應，往東面可以活動到義縣和北鎮縣，和高鵬振部（參看即將發表的高鵬振傳）游擊隊協同作戰，對北面可以擾亂朝陽寺、朝陽、阜新，和一位現在記不起姓名（可能係蒙古人姓韓）的騎兵旅俗名黑馬隊的仁丹鬍鬚的旅長交織襲敵。在二十一年十一月到次年五月這「時期，第八師游擊區內商旅不通，火車斷絕（錦朝路），煤礦停工（新邱、北票兩礦）。敵軍只能困守縣城，龜縮不出，毫無辦法。那時總監部所派各縣縣長所統治的區域，可以達到各縣城門以外，確實作到「鄉村包圍都市」（毛牌奸僞實施這一戰術，似較救國軍爲晚）了。不過，後來檢討起來，所得結論是：總監部所派縣長，着眼發動游擊，未肯徵收賦稅，致統治區域越大，總部對游擊隊的支出（主副食及馬乾）也越多。如果當時一面發動游擊，一面徵收賦稅，就可以「以戰養戰」，不會把總監部所有的十七萬元津貼和捐款花光。這一點和朱總監的性格有關，此老理想太高也可以說是空想太多，總認爲打日本只憑一片愛國心就可以作到，好像游擊部隊只要有飯吃就能作戰，甚至於餓着肚子也能作戰似的。——我們實際指揮作戰的人員，包括子丹在內，幾乎在每次軍事會議中都向此老建議，請他下令縣長徵收賦稅乃至特別加捐；他也必一口拒絕。結果，「鄉村」是「包圍都市」了，但籌不出一文錢來，仍是無法壯大游擊武力；只這幾個月中老百姓樂得無捐無賦，感激救國軍和朱總監「不擾民」而已。

子丹所受日寇的屠殺也爲最慘：他的家三棟百餘間瓦房和整個留龍臺四五百戶人家都被日僞燒光，就是第八師官兵的私宅和其全村，也都被敵人的火舌捲去，妻子流離，無家可住。這是由於留龍台左右都是岡陵地帶，日寇的坦克和裝甲車可以開到。至於四、九、十六各師深藏松嶺山中，地形險要，民團衆多，情報靈通，日寇來一次吃一次苦頭，便不敢再來了。其後，當然也都被燒光。但那是在救國軍撤出之後，或在二十三年以後各團營長返回遊擊時，實力太小，民團無基礎，情報不確實的時期。例如杜里馬營子（第四師師部）、燒火溝（第九師師部）、二車戶溝（王震團部）……便是二十四年秋天日寇「清剿」時才被燒的。二車戶溝最慘：不及逃出的婦孺四十多口全被日寇活埋了！

關於子丹的老母，現在手中存有九一八第二週年所寫「馬子丹將軍之母」一文，當時由復生新聞編譯社發出遍載平津各大小報紙。全文很長，今天自己讀來還覺得頗能感動自己。摘錄兩段，紀念這位愛國的老人：

——去年（按：二十一年）九月中，馬氏由總監部領去子彈三萬粒。風聲不密，子彈始抵留龍台之夜，日軍即發自朝陽寺，以三百騎擬刦之。倉猝無備，敵滿四圍。馬氏一面布置抵抗，一面徵發村中大車，搬運子彈，輸送家人至安全地帶。將行，太夫人始準備上車。時槍聲逼近，入於肉搏，敵轉瞬將至。太夫人環視各室，發現堆積未載之子彈十餘箱。顧左右曰：「何為不載？」答：「不能容矣，載子彈則人無坐處矣！」太夫人大罵，力挽子丹妾墜車下有聲，罵子丹曰：「汝眞混蛋！子彈係朱總監之血汗，汝之生命！不載子彈載小婆，汝眞混蛋已極！」繼命子丹曰：「扔下小婆，再給你娶；不載子彈，我不走矣！」馬氏則分所乘馬載太夫人及妾，裝所遺子彈於車。車甫西行不半里，敵人已入據村北砲壘。

——前年（按：二十年）十一月之朝陽暴動：……主其事者曰畢鎮一。去年九十月之交，日人正謀攻熱河，乃結畢鎮一為前驅。畢往說子丹。子丹固畢之好友，亦朝陽暴動主力之一也。初一二度畢之說馬也，總監部第八師政治特派員詹治政氏，得與其議；及第三度，詹氏被屏於座外。詹氏知馬已墜入畢之計中，大恐；復度自力不足以轉移馬氏，乃往告太夫人。太夫人大怒，立偕詹特派員赴師部。人報：「太夫人至矣！」全部大驚，畢走避暗室；馬氏屏息笑語，迎至院外。太夫人不應，直入部內，比屋大索。馬氏從之，汗流浹背。畢亦不見。

太夫人乃大罵曰：「好！余知畢鎮一在此！余亦知汝將助畢鎮一成吳三桂！汝亦將爲日本功臣！」言至此，馬氏陪笑曰：「母勿怒，畢實已去，兒[illegible]決不降日！」太夫人更怒，曰：「汝藏畢鎮一，不使余杖斃之，不降日，亦通敵！」目左右曰：「速圍宅縱火，燒死我以免看逆子投降！燒死你保持抗日英名！燒死畢鎮一去媚日漢奸耳！」左右不敢應。太夫人急前奪馬氏手槍，大呼曰：「你們斃了我吧！」馬倒退，左右挽太夫人，太夫人坐地上大哭，馬氏跪太夫人前亦哭，全部皆哭。哭良久，太夫人曰：「汝降日否？」馬氏曰：「決不降日！」太夫人曰：「畢鎮一是否漢奸？」馬氏曰：「是！」太夫人曰：「今日之事：有畢無我，有我無畢！汝不降日，須立斃畢於我前；否則，斃我於畢前！」馬氏乃泣起挽太夫人，命左右縛畢，送總監部。總監部令送至朝陽。畢至朝陽即日投首。日人侵熱之大陰謀，於以失敗。」

子丹係二十二年六月裏（即第八師大部由子周率領西撤後一月）殉國於日僞圍攻之下；「太夫人偕其[illegible]子[illegible]及四媳，流離寄食親友之家，或往往不見容！今馬母下落已不可知。在母求仁得仁，雖死何憾？特其民族意識之眞摯，忠貞不拔之氣概，實足以振國魂而勵後死，乃其人爲世所不知；而以投機剽竊盛名者，不可以指數，嗚呼！此國事之所以日壞也歟？」（「馬子丹將軍之母」結語）

下面也要談談第九師師長劉存起。馬子丹在二十二年初有「南馬」之稱，「北馬」則爲馬占山將軍；存起綽號「亮山」，却早在二十一年一月就被稱爲「北有馬占山，南有劉亮山，兩山并一山，鬼子難過關」了。子丹由警察起家，作到區官（類似臺灣的區長，但實權高過區長多多）；存起則是綠林世家。我「先委後報」任他爲第四師副師長的時候，年已四十五歲以上。但他始終喊我爲大爺即大哥，這是他們綠林的行話，表示尊重之意的。他家住在杜里馬營子東南方約五十華里的燒火溝。先半年他和族弟劉春珊攻打錦西縣的日寇，在一個殲滅戰中把日軍打得無一生還，他也一舉成名。朱總監到達熱河以後，改任第九師師長。當年十月攻擊義州之役，他在左翼，只帶去七百多員名部隊。整訓時期，我們協助他編成三個團，和第四、第八兩師一樣：一團守衛，一團游擊，一團訓練。總監部撤退時，他率精銳的姪兒劉強生營斷後。後來便在現地游擊。大約在二十三年春，他的部隊大部被日僞殲滅，只剩下他和兩子諸姪四十餘人一小股，流竄淪陷區，就食亡命而已。但確實實踐了他對我們的諾言：絕不綁票。——我到熱河收編他的時候，田特派員最表反對，田老太太更堅決地說：「亮山如果當了副師長，救國軍便都成爲胡匪了！」但我未爲所動，大編土匪。不過我分批對他們談話，提出「抗日者免其罪」，「抗日者有其田」兩個口號。所謂「抗日者免其罪」是說凡屬殺人放火綁票刼道應犯死刑和徒刑的人，加入救國軍以後，不究既往；但既然加入救國軍，便須絕對禁止再犯殺人放火綁票刦道的毛病。如有違反，將以軍法處之。亮山和所有綠林朋友倒是認眞作到了。所謂「抗日者有其田」是說抗日成功之後，將救國軍沒收的漢奸田產分給官兵永遠爲業。前一口號是綠林求之不得的，他們知道土匪下場只有槍決；這個口號等於一道大赦令。後一口號也是他們衷心所企望的，他們並非甘心情願永遠爲匪，只因無產無田（并且每人都犯有死罪），只好打家刦舍以謀衣食（并逃避槍斃）。前一口號，就是存起一班朋友從二十一年以後再也不當土匪的精神力量了。不過，後一口號，我們沒有能力實現，直到今天仍是遺憾之至！

大約是二十四年的春天，不記得是誰從松嶺來到北平，告訴我：「在建昌營遇到存起，他到北平找你。聽說你在報館，找了幾家報館，沒有找到你。因爲路費花光了，又跑回打游擊去了。」這位朋友告訴我這個消息，但他不會懂得這消息的有血有淚！存起如果找到我，也許不致在二十四年下半年被日寇逮住槍殺了吧？

（未完）

柏蔭德根這位蒙古臺吉被我請出抗日，弄得房產被日寇燒燬，長子寶璋次子寶琦都被逮捕，生死不明，年事又已望六，不能返鄉游擊，只有由我來供養了。田特派員的家眷也已來到北平，父母年高，子女幼小，他還沒有工作。裴司令一妻一子隨田家同來，在西四牌樓擺攤賣字。這兩家也必須予以支援。另外若干救國軍同仁和家鄉抗日入關青年學生，零星供給，無日無之。好在這時我在復生新聞編譯社擔任代總編輯，在北平晨報擔任編輯，在母校朝陽大學擔任講師，加上賣稿，每月收入不少於三百元錢，除家用八十元外，都付在這些善後、收容和派遣出關游擊上去了。這是我應負的責任。

不久，東北軍六十七軍軍長王鼎芳（以哲）、百零七師師長劉維之（翰東）、參謀長黃大定（永安）三位覺得樹森和我為了抗日而蒙受的犧牲好像是太大了些，經大定設計，由軍部派他作戰地軍民訓導部主任，類似國民革命軍軍部政訓處長；聘我作參議（由軍分會調到軍部），創刊東望周刊。各給特支五百元，以此數字，訓導部支配十七個員額，東望周刊社支配五個員額（印刷費稿費佔十二個員額），我們安置了第四師和家鄉抗日的一部分同志，對着三萬餘員名官兵六十七軍展開「軍隊國家化，官兵主義（三民主義）化的工作。這是王軍長和我商好的工作內容。轉過一年，我意外地獲得了一位鄉長的「特達之知」。依照當時我的順利環境，本應該走入仕途，隨棉唱曲，混它三二十年再說。

但我一向對於九一八後逃入山海關裏的那些空

口抗日而卻專心奔走做官的人們，十分鄙夷！不願意跟着他們一道鬼混下去！我又熱愛上了誠誠實實的蒙古人民，要爲教育他們而付出我畢生的心血。我將善用朋友們鄉長們對我的良好友情，要求他們支援我赤車駟馬，仗策邊疆，喚起蒙胞乃至所有邊胞，參加革命、抗日、建設的神聖事業。在二十二年的下半年，決定邁向這條道路之後，擬定一個邊疆工作計劃。原件長約萬字，早已遺失；現在記敘它的要點如下：

甲、設立邊疆語文訓練班，招收高中程度的內地青年，予以邊疆語文和大學科目的訓練。受訓期間三年。將來發展爲邊疆學院。

乙、設立邊疆通信社。期望最後每一蒙旗派遣特派員一名，溝通內地和邊疆的新聞。——邊疆語文訓練班開始各期以訓練精通蒙古語文的新聞採訪人才爲主。

丙、創刊邊疆通信報，先發行蒙漢合璧版。發展爲回漢合璧、藏漢合璧等版。

丁、設立邊疆語劇團，先行創辦蒙語劇隊，發展爲回、藏等語劇隊，再發展成爲邊疆語電影製片廠。

戊、設立邊疆語廣播電臺。

己、設立邊疆貿易公司。

甲至戊由內地資金支援五年，五年後由邊疆貿易公司支援。此後自給自足，幷逐漸解還內地支援的資金。然後開始口頭、通信、文字的說明和佈置。趙雨時先生是第一位聽過並看到我這計劃的同意人，陳博生先生是第二位，第三位是曹重三（德宣）先生，時任東北青年學社社長，現任監委，第四位是梅佛光（公任）先生，時任力行中學校長，現任監委，第五位是齊鐵生（世英）先生，時任中政會祕書，現任立委，第六位是夏敬民師。二十四年，他請我設計母校的邊政系，幷堅挽我作系主任，以其時我不能放棄西土默特的工作，數次婉謝，才得允許。此外朱先生、錢先生、陶先生也都欣然支持，並由朱先生函告中央三位要員，由曹、梅兩先生函告陳立夫先生，代爲籲請大力支援。

當這一計劃正在籌備階段，中央社由張家口發出電報，報導德王等發出蒙文通報，邀請西蒙古的王公和在中央的蒙古籍大員，定期在百靈廟集會，向中央要求「高度自治」云云。平津各報雖然把這條新聞刋登在不重要的版位（大約京滬各報更不重視），但在一個研究過東蒙古幾個月，稍知日寇對蒙古侵略步驟而正在計劃重到蒙古工作的新聞記者看來，這「高度自治」的幕後必有重要的文章。晚間發完社稿吃夜飯時，便和雨時社長、採訪主任林靈融、外勤記者李曼霖談到明天採訪重點應該放在「高度自治」上，訪問在平的蒙籍人士談談，最好能把蒙文通報找來。飯後寫了幾張名片介紹林、李兩位去找李海山司令、柏蔭德根師長、王枕華副師長，請他們輾轉介紹更多的蒙籍人士。幷爲林、李兩位大略述說德王名德穆楚克棟魯普，現任錫林格勒盟副盟長、西蘇尼特旗扎薩克、烏滂警備司令，係世襲的雙親王（戴雙眼花翎的親王），及日寇侵入多倫，已接近德王的本旗，和僞「多倫地區司令」李逆守信的歷史。

第二天下午，林、李交了白卷，第三天下午，照舊毫無所獲。雨時先生便鼓勵我親自出馬。算起來我從事新聞工作的歷史是不算短了，十六年夏兼任北京大同晚報副刋編輯，二十年在瀋陽兼任編輯、主筆和編譯，現在仍以新聞工作爲主；但一向所作的都是內勤，對於外勤可以說毫無經驗。當即對雨時先生說明向來沒有從事採訪，難獲結果。第四天，他倆算是把枕華追上了，幷託他找來蒙文通報，油印寥寥五六行蒙文，誰也不能認識。發完了稿，我到粉子胡同去找柏蔭德根，他認是認出來了，但內容是說原定開會日期籌備不及，決定改期，何日何地開會，應俟另行通告云云，並不是中央社所報導的開會通報。當晚發第二次稿，用「復生社張家口訊」發表「高度自治延期開會」一條消息，附寫主角德王的經歷和日寇窺視西蒙古的現勢等等。第二天看平津各報所載版位大都佔據了第二版（要聞版」的上半欄，較日前中央社的消息已被重視了。晚間外勤記者報告，日本同盟社和英國路透社也根據這條消息拍出電報去了。現今算來，不幹新聞工作約有十四年了，對於記者先生們的心理已不瞭解；而在當年，自己所寫的新聞如被外籍同業抄去拍電世界，却是滿覺欣慰的。在這一心理支配之下，我從十月開頭，耗費了八天以上的公餘時間，運用海山、德根、枕華給我多方介紹的社會關係，攪在留平蒙籍人士一起，參加他們的會議、座談、飯局乃至吃花酒，專心研究德王要求「高度自治」的原因、經過，和探討解決的辦法，寫成三千字的「蒙事之探討」，在十月八號第一次稿中發出。這是我採訪新聞的處女作品。現在行篋幸好保存拙作東望集，內收二十二年十月九日以後平津各大小報所刊拙寫內蒙自治新聞三萬餘字，大致無缺。茲錄「蒙事之探討」原文如次：

——（復生社訊）內蒙錫林格勒盟副盟長德穆楚克棟魯普親王（簡稱德王）宣布內蒙高度自治消息，現已成為公開的祕密，極為國人注意。本社記者特為此事，歷訪在平蒙籍各要人，刺探真象，歸納所得，紀之如下：

——此事原因，當然基於政治鬥爭。茲先述蒙籍要人所述之遠因，用備參考。據言：蒙古地處邊疆，語言、文字、風俗、宗教，皆與內地不同。而各盟有各盟之特徵，各旗又有各旗之特徵。中央當局，採納一二蒙籍要人之言，處理蒙政，早嫌隔靴搔癢。蒙旗對中央政令，接而不佈，或佈而不行；中央對蒙旗，亦沿用照准核辦字樣，存案了事。他如南京之蒙藏委員會、蒙古王公駐京代表辦事處等機關人員，按月領薪，無所事事，令對蒙政莫名其妙。南京有代表團，北平有代表會，中央又有蒙籍中委數人，無不自稱其代表蒙旗民意；究竟誰由蒙旗選舉而來？誰曾代表民意供獻中央？誰曾代表中央指導蒙旗？俱成疑問。以故中央與蒙旗之聯系異常弛鬆，蒙人既不滿中央，尤不滿接近中央之蒙人。德王利用蒙人此項心理，故宣布高度自治，以賚號召。

——「又，蒙古王公係蒙旗貴族。改元以前，年俸甚多，金珠牛馬，取之不盡；民國以來，政府斷其年俸。王公揮霍成性，自難甘居貧苦。此輩於內地豪奢，素所健羨，中委、司令等榮銜尤足動其內向之心；特狡黠者已著先鞭，凡後入京活動者，因之備受排擠，無梯可登，廢然而去，自不免積忿於心。未能得志於中央，因思求之於北漠。而在赤俄指導下之外蒙，日本支配下之呼倫貝爾、齊齊哈爾、郭爾羅斯、布特哈等部及哲、卓、昭各盟，其當道或王公待遇又無不備極優隆，蒙地免去升科，尤深合多數蒙人心理。政治認識幼稚之內蒙王公，經此誘引，遂不免心生離貳：此為德王賚以宣布內蒙高度自治遠因之二。

——「又，蒙古王公子弟及富室青年，多有留學黃埔軍校、中央政校、日本士官及京平各大學暨蒙藏學校者，畢業以後，十九投閒置散失業。而京平各處之委員職員，率多川滇黔等省籍漢人：蒙古青年身遭排斥，乃多各回本旗，與王公打成一片，利用王公勢力，自謀發展；王公則利用青年之交際手腕與新穎技術，代其練兵辦事。王公既有政自我出之野心，青年復存民族自決之心理，德王更從而煽惑之，自治之聲乃甚囂塵上：此其三。

——「蒙古王公代表團駐京辦事處處長吳鶴齡係前北京法政專門（即現在之北平大學法學院前身）畢業。在供職蒙藏院時，東蒙卓索圖盟盟長喀喇沁王貢桑類爾布任蒙藏院院長。貢與蒙籍中委白雲梯不睦，以白為蒙藏院附設蒙藏學校畢業生，參加革命後，提出打倒封建餘孽（王公）口號，其原籍家產數度被抄，而貢有指使之嫌。民國十年北伐時，白指導蒙古黨務，原有之蒙藏院遂在封建遺物之口號下，明令取消；貢逃往天津租界。吳鶴齡亦因而失業，乃往謁貢，願以「擁貢倒白」自任。貢予以重金并函介之於東蒙哲里木、昭烏達等盟盟長，組織蒙古王公代表團駐平辦事處，吳任處長。民十八，白雲梯列籍改組，脫離中央；吳認為「倒白」

時期已至，立即去京謁某最高軍事要人，擔保蒙古王公不與白一致行動，得邀信任，而任蒙藏委員會參事。時國民政府內設有蒙藏委員會，原為設計指導蒙古政務之機關。惟自成立以來，初僅位置蒙藏高級閑員，後漸變為政治上之酬庸機關。自石青陽以川人任蒙藏委員會委員長，於是登庸者多川滇黔籍漢人，蒙人大譁。去冬，德王偕卓王等十餘王公赴京，原意在整理蒙古王公代表團駐京辦事處，並有自任處長兼蒙藏委員會委員長之意，已邀中央認可；吳鶴齡聞訊，遂聯合石青陽，短德王於某要人之前，德王計劃因以失敗，遂即拂袖離京：此為德王宣佈高度自治之近因。

——「德王自攬政權之心，蘊藏已久。班禪東來以後，各方咸思資為號召。蒙古青年黨領袖郭道甫會邀班禪赴呼倫貝爾，並願為建六刹，為其駐錫之所；德王窺破其意，力尼班禪之行，首在滂江為建莊嚴偉大之佛寺一座，費洋十餘萬元，並為班禪籌款，訓練騎兵衛隊千餘員名。對於班禪，供奉維謹。德王自南京北返，即利用班禪，奉為首領，以其名義，向各盟旗發號施行，謂班禪為自治倡導之人，並堅決主持到底。班禪對德王平日之優禮，深為感激，亦不便表示反對，聽德王放手幹去：此為德王醞釀高度自治時宗教上政治上之布置。

——「德王現年三十餘歲，頗具新知識。自受任烏滂警備司令後，一面加緊訓練騎兵六百名，一面請准中央，在滂江設立中央軍校內蒙分校籌備處（筆者按：處長桂永清）。察變當時，其所收容之青年，及各盟旗遣送子弟，已達七十餘名。以日本士官畢業生雲繼賢為總隊長，黃埔軍校畢業生韓鳳林為分隊長。（筆者按：此係原稿。後知雲繼賢係黃埔畢業，韓鳳樓係日本士官畢業，曾另稿更正。）中央亦曾派教官北來，抵張家口時，察變突發，折回南京。（筆者按：上述察變指二十二年五月二十六日馮玉祥於張家口成立國民抗日同盟軍總司令部。）目下將班禪衛隊、烏滂警備隊及軍分校合併，加緊訓練，並令各蒙旗準備全蒙皆兵。現有槍者均服從德王指揮，約三四千人，合計德王兵力在六千人以上：此為德王醞釀高度自治之軍事佈置。

——「去年春間，德王以日人顧問之介紹，率卓王等七人，乘日軍飛機，飛往長春，謁見溥儀。會議內容有三要點：其一，西蒙宣布獨立；其二，東蒙（即熱河北部）各盟劃歸德王，不歸偽國管轄；其三，偽國以友邦關係，充分接濟。德王返滂江後，請示班禪，並召集要員會議，咸以茲事體大，應持慎重態度。會議雖無結果，但德王相信內蒙如有政治變動，某國必能幫忙。又外蒙各盟旗殘餘王公勢力亦多與德王通款曲，可借外蒙之力，取得赤俄之供給：此為德王醞釀高度自治之外交的布置。」

筆者引述拙稿原文至此，應將東望集所收「內蒙自治史料二十篇」中有關德王飛長春謁見溥儀一節後面所加註釋（二十四年十月以前所加）一併引出。註釋說：「飛往長春之德王確有其人，但不是錫盟副盟長德穆楚克棟魯普，而是昭烏達盟傲汗王南旗扎薩克德松坪。後經韓鳳林君見告，復得許多蒙古友人證明，始於十一月十六日發出另一社稿，兼代更正。」這裏所謂另一社稿末端說：「前乘飛機赴長春之德王，係昭烏達盟傲汗王南旗扎薩克德松坪。德於九一八事變後，受遼吉黑民衆後援會之接濟，任義軍司令，與此次推動自治之德王，確為兩人。」當年所寫「蒙事之探討」有關德王飛長春謁溥儀消息，不是包悅卿就是暴子青所供給的，現已想不起究竟是誰來；此稿經與枕華斟酌五六日才寫成，足見他亦知道此項消息。他在百靈廟會議的第二年春，引介德王代表陳紹武到復生社來看我，陳也說德松坪通稱小德王；德王在二十一年春沒有飛往長春這回事。不久，金息侯（梁）對我透露：德松坪係溥儀祕密派駐南京的代表，代表溥儀，和中央聯絡云云。二十七年漢口撤退以前，德松坪還是溥儀的代表。日本表示投降時（三十四年八月十一日），我電報本局而經濟呈　總裁的「東北問題解決方案」第八點云：「由德松坪或溥儀其他在渝代表出面，播告溥儀聽候處分；並密電保證不究既往」（參看拙作「反共抗俄經驗談」一五二頁），仍提到德松坪。後知他在抗戰中故世。

下面繼續徵引原文：

——「宗教上、政治上、軍事上、外交上均有上述的布置後，於本年九月上旬，向各蒙旗及國內外蒙籍人士，發出通啓，定期九月二十八日在百靈廟召開內蒙自治會議；後又通告改期爲十月九日，會址則改在滂江；現又延期，會址仍在百靈廟。此後進展如何，極堪注意。

——「蒙古人士對於德王此舉，主張頗不一致：凡與德王接近之王公及青年，均唯德王之命是從，姑不俱述。一般青年，則分爲兩派：甲派主張如自治確無某國背景，可予合作；否則，寧抱不合作態度；乙派青年則在看不清楚之前，不願有任何表示，均對出席事不聞不問。至渾渾噩噩之蒙古民衆，對於自治確係無條件贊成。蓋蒙民政治認識幼稚，認爲自治就是不受漢人干涉；至對誰來指導（筆者按：指中央、日本、俄寇而言）及如何自治等問題，則不求甚解。接近中央之蒙籍要人，亦分兩派，如白雲梯、吳鶴齡等，係與德王對立，不能發言，言亦無效；如鮑悅卿等則主張蒙古自治應絕對在中央領導之下進行。蒙藏委員會委員長石青陽，爲德王及一般王公打倒之對像，石稱病未赴滂江宣慰者以此。」

——「綜合留平蒙籍要人談話：德王宣佈自治，原因非常單純，一言以蔽之，在謀政治出路，附合之王公及青年，亦在謀政治出路。對於此點認識清楚後，解決不成問題。惟蒙古民衆及有目光之青年，殆全部希望自決自治；若謂祇王公有官可做，便算全盤解決，亦屬樂觀太過。目前第一步解決辦法，大概如下：

一、千萬不可用兵。用兵則蒙民皆叛，更爲某國造機會。（筆者按：時傅作義堅主用兵。）

二、改組蒙藏委員會，使該會還原爲純蒙藏人之機關。

三、對王公擇其實力大者，在中央機關予以散職；次者在地方機關予以散職。

四、調查蒙籍青年（各軍政學校畢業生），設法安揷。

五、派蒙籍青年回盟，籌備自治。

六、發展教育，提高蒙民知識。

七、中央應將此意，宣示蒙旗。」

復生社發出的拙稿，大標題爲「內蒙高度自治原因、佈置、解決辦法」，各段都有小標題。平津各報於次日刋出時，標題各有不同，例如天津大公報就爲改題「蒙事之探討」，小標題也有改動。各報一致把它刋在要聞版；京滬漢粵各報的駐平記者，昨夜已都節取它拍出長篇電報。天津大公報，二十天來（復生社係九一八事變二週年紀念日前夕發第一號稿）也會採用了本社的社稿，但大都排在不很重要的版位，而且不予標出社名。這一天，它全部刋登了本稿，佔第二版（要聞版）大半面，復生社三字赫赫的社名也標了出來。第一條是該報的簡短南京專電，第二條也是拙寫的蒙古新聞，第三條便是「蒙事之探討」。這條新聞的詳明和機密，引起通信社同業的慶祝和嫉妬，「青幫」（金達志爲首）同業紛紛電話道賀，「紅幫」（蔣龍超爲首）同業則悶聲不響。外國通信社在八號晚間就根據它拍出國際電，日本的同盟社當夜託人前來訂稿，我們卻謝絕了她。第二天又派人來訂稿，願加六倍稿費（社稿每月定價五元）即三十元一月，我們仍是客氣地拒決了。

幾天後知道：大公報的航空件當天下午就到達行政院長的手中，因之立卽召見蒙藏委員會委員長石青陽，將內蒙自治問題列爲行政院亟辦事件，促成內政部長黃紹雄和蒙藏委員會副委員長趙丕廉的提前北上。行政院長并立卽電雨時先生卽日赴京一談。趙先生復電介我前往。我於十一日抵京，請由朱先生引導謁見行政院長於丹海路治園。三人長談一小時餘並同進晚餐。我對他報告的要領，大約記得有下面幾點：甲、自治而名曰「高度自治」殆爲僞「滿洲國」的另一型式：蓋日軍勢力已達多倫，多倫爲西蒙古的東門，距離王府汽車半日可達；日本特務松室孝良爲有名的蒙古通，并已多次訪晤德王（這都在後來證明爲確）。北平蒙古人中盛傳德王曾由多倫飛往長春，給溥儀叩頭並商定合作三條件（時筆者不知德松坪事）。如果中央不能從日本手中搶救德王，德王殆無疑地將被製造成爲傀儡。

乙、德王何以要搞「高度自治」？除受日人誘惑之外，其本人自稱有「王者象」，能作皇帝；並富有極狹義的民族自決思想，欲把清末所有蒙古地方索還蒙古，絕對反對熱、察、綏設省，反對開墾，反對漢商；兼之宋哲元軍隊紀律太壞，强買蒙人坐馬，每匹發價八元（市價在一百二十元以上），支持不法地主及軍官强墾蒙人牧場，亦爲察境各蒙旗所不能忍受。積此種種原因，他未必不想利用日本人勢力，做做皇帝夢并對抗漢官漢兵和漢人。丙、過去中央軍政兩校畢業學生，教育失敗，全部成爲狹義民族主義者及個人主義者。去年派去的一批程度較好，而狹義民族主義亦較輕。此點，中央應設法召其返回內地並予妥善安插。丁、依附德王者尙有索王，係錫林格勒盟正盟長，雲王係烏蘭察布盟盟長，沙王係伊克昭盟正盟長。德王所以將「高度自治會議」開會地點定在百靈廟，即爲拉攏雲王和沙王，以擴大自治地區的範圍；雲沙二王心中皆反對傅作義，故亦依附德王。傅作義引起蒙人反感者亦爲軍隊紀律及開墾問題。戊、中國抗日，應動員一切人力物力赴之；但蒙古王公及德王左右青年之大多數，不但不能動員，且必成爲抗日的阻力。如何化阻力爲助力？中央應早加設計。行政院長於聽取報告後，詢我有何具體辦法以根本解決德王問題？我對這一問題，事先沒有準備，當即對以應俟返平細心研究後，再行函聞。隨後朱先生舊話重提，要他支持我赴蒙古工作。他乃囑我重述工作計劃一遍。聽畢對朱先生說：趙同志計劃需款不多，行政院可以補助，以後請朱先生隨時轉告，我就撥款云云。在南京玩了兩天，朱先生領我去見了若干要人，談談赴蒙工作的事。一位根本反對，他的理由是：中日不戰，蒙古會慢慢被日本蠶食以去；中日開戰，蒙古會馬上被日軍佔領，去工作也沒有用。你是學經濟的，還是到部裏來幹點什麼罷。謝謝他的好意，以後再沒有和他談這個問題。

（本節未完）

我由南京返回北平以後，繼續採訪自治新聞，并鼓勵枕華赴百靈廟出席會議。他現任監委，黃埔六期出身，曾在北伐時任排連長。二十一歲在家鄉凌南縣當警官，率部打過日寇。朱先生出關抗日，委王澤民為十六師師長，他為副師長，這也是蒙古師。救國軍撤退，他偕老母、幼妹和侄兒鍾岳逃抵北平，開着一間小石印局，窮得上氣接不滑下氣，那有路費赴百靈廟？我請雨時先生為他送款。約於十月中旬，他動身赴綏遠轉百靈廟，十七日便發回第一次通信，由我改寫成為下列新聞。

——（復興社百靈廟十七日通信）德王自宣稱採行內蒙高度自治後，決定九日在滂江舉行之內蒙自治會議，因交通不便，應召參加之人多未到齊，乃於同日改在百靈廟開籌備會議，到錫、烏、伊各盟王公仕官青年共百零六人。當經決議：公推二十三個起草委員，起草自治政府組織法，於十五日開全體大會時提出，經決議通過。大致自治政府權限，除軍事外交仍歸中央外；關於內蒙行政各項，均由自治政府處理。關於自治政府組織，其最高機關為自治政府委員會，下設政務廳、參議廳及制法委員會。政務廳之組織，包括總務、祕書、教育、警備、實業、交通、交際、建設等八處。人選則由各盟旗長官及青年分任，尚在斟酌中，未經決定發表，待中央派員到後，再為詳細計劃各項設備。自治政府究將設在何處？現尚未定，將來當就百靈廟、四子部落旗、德王府三處任擇其一。至與某國勾結之說，完全不確，因參與此項會議之人，大部係受有教育之蒙籍青年，民族意識極為真摯，且極為一設王公所重視，縱有一二淺識王公，斷不敢冒此不韙；故現在趨勢，願對中央以十二分平和之意，請求輔助。待大會於月內閉會後，定派人赴中央各機關說明苦衷，請求諒解。傳黃紹竑、趙丕廉兩次員即將來此，似中央與內蒙之間，絕不致斷絕聯系，如中央能有妥善辦法，當不致演出意外之嚴重結果。日來所聞如此，餘容續報。

枕華隨函寄來十五日全體大會照片，德王個人照片及另外許多照片如百靈廟等（現贈中央日報資料室）。這是內地新聞界所接到百靈廟第一次正確消息。平津各報於二十日均用顯著版位刊出，北平各報並刊出德王及大會照片（原片送北平某製版公司，由各報自往購製銅版；天津則無，當夜寄去原片）。復生社的新聞地位更形提高。

我大約在二十日或次日，和雨時先生共同署名，向行政院長提供解決內蒙自治問題具體辦法，附枕華原函及照片寄京，辦法記得大約如次：

甲、准許設立自治機構，除稱「國」及「皇帝」名義以外，王公要什麼，我們都應慷慨地給他；—比日本人更應慷慨；要多少錢，我們也應慷慨地給他——比日本人更應慷慨。

乙、自治區域，在察綏應限於未設縣地區；但應將遼吉黑熱四省淪陷蒙族劃入自治區，一方滿足蒙古王公心願，一方亦可威脅及拉攏偽滿蒙組織，發生抗日作用。

丙、邊疆各省不再設縣；非經蒙人自願放地，勿再迫墾。

丁、在自治機構所在地設立高於省級之特別黨部，其主委由中央遴派，委員由主委就蒙古王公仕官青年中保薦，以黨團控制政治，大量徵收黨員、蒐集情報、民眾運動爲黨務中心。

戊、中央軍校內蒙分校即應恢復設立。分校主任至少須率中央軍一團，名爲示範隊，實際隔斷日本特務及偽蒙軍西進，必要時搶救王公向綏遠撤退。

己、儘量增加軍政兩校蒙籍學生名額，吸收蒙古青年，接受三民主義的教育。

庚、中央及地方蒙籍官員輪調制度之建立。

辛、在張家口或歸綏設立宣傳機構，發行蒙文報紙，編印蒙文書籍。

壬、如日軍西進綏遠，應嚴令並要脅德王及各旗軍隊與日軍會戰，保衛大青山之線，造成對立，此可永遠杜斷王公親日之企圖。

癸、蒙藏委員會委員長應請朱先生出任，其副委員長請蒙王出任。（後知確徵朱先生同意；朱先生不就。）

內容不只上述十點，次序也未必是上述型式，但大體少不了許多。各主題之下均有詳細說明。行政院長於收到後有電致謝雨時先生和我，並囑隨時函告所見和所知。

接着是內政部部長黃紹竑的北來，和察主席宋哲元、綏主席傅作義及德王商討內蒙自治問題。北平的記者團，在他離京的一天，便決定上站去接他，和計議着怎樣强迫他發表談話。復生社的採訪戰術是由採訪主任照例參加「青幫」，隨衆行動；我則到廊坊去「刼（接）火車」。那時我有六十七軍參議的護照，可以搭乘任何一列火車而無須購買，并坐頭等車。二十二日下午六點，趕上一次混合車，坐在軍部，和參謀長王鐵漢同學喝着啤酒，聽着廣播。想到內黃的專車過站如果不停，便徒勞此行了，要求軍部派一部衛隊和樂隊，到站接車，並電話告知天津總站站長將六十七軍歡迎的事，確報內黃。不出我的所料，內黃為了答謝歡迎的感意，停車受禮，（因係深夜，未奏樂），我便跳了上去，遞上參議名片，說明軍長現在北平，派我迎護部長。內黃囑由民政司第二科長楊文炤陪我談了一路。專車到達北平東站，許多同業正在臘月的寒風裏顫頓着雙脚。內黃下了車，六家圍上去，我却悄悄地從後面走下來，喊了一部汽車回社了。這時是夜十一點半，工作同人都已下班。我先普遍給各報館一個電話，報告我們有第三次稿——「黃部長赴蒙擴限」；一面直接上版（在臘紙上寫稿）。一小時後長稿發出。想來同業們還正在北京飯店同內黃「泡蘑菇」呢罷？第二天，又是本社社訊「霸佔」了北平各報的第二版。

但我們都知道，楊科長代表內黃在專車上的談話，絕不是他囊中的祕策，他的腦海裏還有要我剖視的新聞。這時我類似一隻餓鼠，要穿遍牆角所有的窟窿，來尋覓一點可口的香餌。我曉得陶先生（希聖）和內黃的友誼，我也知道陶先生在蒙古自治事件上的運用，便去找他，請他陪我去會內黃或者召集一個小型的座談會，請內黃出席，由我報告蒙古事情，藉便我就可以挖出內黃的心事。陶先生知道我的蒙事知識，允爲促成。幾天之後即二十六日（或二十五日）的下午，這個座談會在陶宅的客廳開始了。陶先生是主人，內黃派祕書賀揚靈出席，我帶助手石嘯冲，只有四人。我們暢談了兩三小時。當晚我所發社稿是用下列詞句起頭：「記者昨在某名教授家遇內黃某重要隨員，因主人之介紹，與記者作毫無掩飾之傾談。茲錄其可以發表者如下」云云。新聞又被平津各大小報紙刊上第二版。這條新聞的主要內容是下列的一段：

——「中央允許內蒙自治已爲確定政策；但遲遲無明文公佈，仍須黃部長前往視察者，此中頗有一段苦衷：蓋目前非中央允許內蒙自治與否問題，而爲地方允許內蒙自治與否問題。內蒙現在唯一口號，係『蒙地還諸蒙人』；實際上自察綏兩省劃定以來，『內蒙』已爲歷史名詞而非地理名詞，舊日內蒙盟旗無論人口政治財政種種方面，已爲察綏之一部。根據蒙人之『蒙地還諸蒙人』口號，須由察綏兩省各劃一部甚至全部，還之內蒙自治組織，此事在地方政府方面，不無種種困難：故黃部長此行，與其謂爲巡視內蒙，無寧謂爲與察綏省政府間研究此種『蒙地還諸蒙人』之辦法。此辦法一日不解決，中央一日不能明文准許內蒙自治，黃部長之任務亦一日不算終了。」

它報導了「中央允許內蒙自治已爲確定政策」，但地方政府不「允許內蒙自治」；內黃眞正任務是「與察綏省政府間研究『蒙地還諸蒙人』辦法」

，察綏如不允許，中央「不能明文准許內蒙自治」。這在以往所發各稿中都曾零星地報導過，可以說是舊話；但此舊話現由「內黃某重要隨員」談出，就成爲察宋綏傅所最不願聽的話了：所以內黃讀報之後大發電鍵，申斥了賀祕書。賀祕書打電話向陶先生抗議，陶先生又打電話向我抗議。我覺得對不起座談會的主人，差不多有幾個月不好意思去看陶先生。但他了解我，對於我忠實於新聞的態度，無寧是贊許的。有一次談到這事，他說傅作義破壞了中央政策，應該給他點顏色看；但若用社論方式發表，較爲妥當。這是二十四年我的邊疆通信社成立時，陶先生慨然出任董事的原因。

內黃北來之後，復生社稿意外地受了打擊，主要是內黃和李松風（內政部司長）關照各報，請勿採用；「紅幫」同業由於嫉妒更爲本社造謠，說本社是德王設立的宣傳機關，天津方面甚至傳說我們月領德王津貼一萬元。證據呢？說來好笑，邵丹甫講：「如果你們不是領受津貼的宣傳機關，那裏來的那末多的新聞而且有錢派員駐在百靈廟？」這還是七七事變以後才聽的。但也正因爲復生社稿的詳明機要，並大體上報導了蒙人要求自治的初衷原在於自救，我個人和德王及其青年幹部，結成若干友誼。——這是以後的事；在當時，我們僅是客觀的新聞報導。——這一點友誼是把我引上西土默特的征途的條件之一。

西土默特（Bar hasi西tu多mi萬t多，義爲西部萬人）是住在大同以西、雁門關以北、包頭以東、陰山以南的蒙古部落。元朝時代，他們出兵一萬員名，因名土默特。土（tu）聲造爲殷文的多字，默（mi）聲造爲萬字，特是 tu 聲的 t，加在土默（tumi）兩聲之後，表示多數人的意思。明朝，元裔小王子作亂（在他是反攻），明兵來討，這一部落降順明朝，首領被封爲順義王。淸朝把土默特分爲兩旗，一半移駐熱河，這就是柏蔭德根師長的東土默特旗；一半留住原地，就是西土默特旗。首領也被改稱總管，不稱扎薩克（Jasak）也不世襲，淸末，設置綏遠特別區（另設察哈爾特別區），置都統，統治土默特、伊克昭盟、烏蘭察布盟。民國仍稱綏遠特別區，北伐以後，綏遠特別區才改為綏遠省（察哈爾特別區也改為察哈爾省）。十九年閻馮叛變叛平以後，張學良保舉傅作義任綏遠省政府主席（劉翼飛任察哈爾省主席）。省城名為歸綏，也就是土默特總管所在地。總管名榮祥，字耀宸。據後來研究，榮祥等土默特人所以從來都和蒙古不睦，因為他們名為蒙古，實際大約是鮮卑，即戰國以後的代人，所謂白韃靼。元朝盛時，他們只有被統治；明清繼起，便和蒙古分心了。至於伊克昭Yihejoo（大廟）人和烏蘭察布Ulanc abur（淡紅）人，除了王公貴族成吉思汗Cingjishagan成色十足的銅皇帝）的苗裔以外，所有人民大約也是鮮卑人。在歷史上雖然沒有明白紀載，但由一個長期研究者看他們的體質、語言、風俗、姓氏種種方面，確和純粹蒙古人即黑韃靼有顯然的不同。榮祥私下就和我談過：他們屬於蒙古卻不是蒙古。榮祥對於德王倡導自治毫不熱心，自己拒絕出席，也不派代表出席，並反對雲繼賢、朱實富、亢仁跟德王亂跑。在七七以後率先抗日，並極力促成綏遠省境內蒙古各盟旗地方自治政務委員會，簡稱蒙政會，被中央任命為祕書長兼中將司令，直到抗戰勝利。

德王倡導高度自治以後，狹義蒙古民族主義雲湧風起，不會說蒙古話的蒙籍青年也加緊學習蒙語蒙文；在各地，蒙古同鄉會成立了，而且活躍；原來名片上印着熱河、察哈爾、綏遠、寧夏、青海省籍的，也一律換上蒙古或漠南字樣。我在新聞工作裏，接觸一百名以上的蒙籍朋友，聽其言，觀其行，讓人深深關切這二百萬人（內外蒙全部人口）的動向及其可能的發展。是否這幾百個失意及失業的知識份子，要領導這二百萬的一大半的（內蒙人口）走向日本的懷抱？而日寇的雙手是早就張開來了，德王在喊出這個口號之前，已經祕密派遣代表趙福海即補英達賴（錫盟駐張家口辦事處長）去祝賀僞「滿洲國」傀儡溥儀的出場。日本特務經常住在他的旗內以及各旗。中華民族分化實在如水決堤了。我感到這個問題要流行到中日大決戰後至少一百年。對着這個問題，要我們作的答案太多了，要深刻地加以研究，要仔細地予以解決。當前的第一要務，是爭取這一水頭不流向日本海。因此我亟於再到蒙古地方組織抗日武裝并實現邊疆工作計劃。但這時可能大力支持我的人士還沒有回國；并由於我對政治的觀感也已變化，願受本黨的整個支持，這都需要等待時日。而德王所實際領導的蒙古地方自治政務委員會經行政院批准成立了，派他的親信陳紹武作代表，來平邀我赴蒙辦理宣傳，時爲二十三年的春天。在原則上，我應允了他們。

這時我試行將蒙古朋友加以組織，介紹了十幾位東北籍的蒙古青年加入本黨。大約在五、六月，我幫忙他們產生下了一個「青年蒙古社」，發行蒙漢合璧的「青年蒙古」不定期刊。封面是我題署的，文章也由我選定，寫了「錫盟之前途」一文，主題是說中日大戰就將爆發了。開戰之始，日寇必將佔領錫盟，製造傀儡。勸錫盟王公向烏盟躲避；到大戰勝利時再隨國軍返盟。作傀儡是沒有下場的（此文亦收入東槎集）。用漢蒙兩種文字發表，由張樂軒翻譯。「青年蒙古社」的主幹是枕華，他於參加德王的自治運動以後，受派約邀六七名蒙古男女青年，在北平學習無線電通訊。他對黨國，一向是忠實的，主張德王應走「中央路線」。德王手下的青年派，有許多是他的同學、同鄉或親戚。樂軒九歲出家作喇嘛，二十一歲徒步赴西藏拉薩佛學院學經，得有學位，蒙藏語文都好，漢語漢文也能說能讀能懂。二十八歲返回東蒙古，哥哥故世，嫂嫂守寡，依蒙古習俗，娶嫂爲妻，還俗生子，時在北平失業，經枕華拉來學習無線電。此外還有金庭槐夫婦、金養浩、王鍾岳等等，都學無線電。到了夏天，技術學成，電臺購好，枕華、樂軒等都被蒙政會委爲電臺臺長或報務員，分發各蒙地設臺通報。庭槐夫婦（夫人姓韓）派任德王府電臺臺長，枕華是西土默特電臺臺長，後調阿拉善旗臺長，土默特臺則交由樂軒繼任。此外，百靈廟總臺及其他分臺，也都由「青年蒙古社」同志擔任，可惜現在都記不起姓名來了。這些臺長和報務員，譯電員都是本黨同志，他們信仰主義、熱愛黨國、堅決抗日；因此所有來往祕電凡屬違背他們思想信仰的，都自動地抄錄或保存原稿函告或帶交給我，并隨時隨地蒐集日本特務活動及王公與日本來往的新聞，全部機要，不能發稿，除由作復生社參考之外，毫無用處。

在同年的七八月間，中央黨部中政會祕書齊鐵生（世英）先生，奉命過平入蒙，經由張家口、德王府、百靈廟、到達綏遠，拜會宋哲元、德王和傅作義。沿途我都爲他介紹了「青年蒙古社」的同志。他返北平，住在長安飯店，我們一道吃着冰。他對我在蒙古佈置的通信網和我的蒙事知識，愉快地加以贊揚和鼓勵。他并邀請重三佛光兩先生及我長談一次，把我的邊疆工作計劃携往南京。冬天，由陳立夫先生批准。這以前有幾位朋友和舊長官給我籌一筆相當數目的基金，加上計劃裏邊疆通信社經常費每月四百八十元，再加上想像中可能取得的蒙政會委辦宣傳的經費，每月合計可以運用的經費在一千元左右，在當年已不是少數，我可以向西土默特前進了。——西土默特游擊的幾個月，是邊疆工作育苗時期；西土默該是發芽時期罷？

四、「邊疆屯墾員」的畫像

中央黨部組織部長陳立夫先生批准的邊疆工作計劃（目標「大漢十年」六段）甲項是「設立邊疆語文訓練班」。先是，在這個訓練班未經成立以前的二十三年九、十月，我曾建議曹德宣社長，并經社務會議通過，在東北青年學社的俄文訓練班之外，早就成立過一個蒙文訓練班，聘張樂軒同志主講，每星期一到星期六下午授課兩小時。學員不繳任何費用并發予油印的講義，坐滿一間大的教室，大多是兼修俄文和蒙文，每週有二十四個鐘點的「白書」（不花學費唸書）好唸。樂軒的津貼是三十元，由學社發給。冬底，根據批准的邊疆工作計劃，我着手籌備邊疆語文訓練班，請樂軒作教員（baksi），田樹森作總務，郝瑞臨作事務員，學生是裴春霖、劉鐵符、張治安、丁炳章、谷易非共五名。我不在訓練班支薪，也不使用公費。樂軒月支八十元，樹森月支六十元，春霖月支四十元，瑞臨和鐵符等單身漢各支十五元，共計人事費二五五元，每月公雜費二十五元，作房租及辦公之用。這筆錢是中央補助的，由東北協會轉發。在使用新臺幣的今天，我們大概看不起這二八〇元的數字，它購不到四十盒雙喜煙；但在民國二十六年以前，它可以購買三萬個雞蛋，也就是等於現在四萬多元新臺幣了。

樂軒是大家所熟悉的，在前節曾經介紹過。樹森就是田特派員。他於民國十四年在哈爾濱加入本黨。十七年東北掛旗之前，我請本黨東北黨部任他爲錦縣縣黨部書記。錦縣乃至遼西各縣的革命工作是他和老同盟會會員張澍（雨濃）及李毅夫等諸位同志「集體領導」的。九一八後，我們共同在遼西和熱河松嶺山脈抗日。東北國民救國軍成立，朱總監派他爲熱河軍事特派員（等於省級黨委或軍級政治部主任）。救國軍結束之後，東北軍六十七軍派他爲戰地軍民訓導部主任。那時東北軍裏還沒有政訓處即今天政治部的組織，他的訓導部就是軍政訓處了。不到幾個月，六十七軍設立政訓處，由劉健羣所派的甘某來任處長，把訓導部改編，先是發表樹森爲師部政訓處長，未到差又被降爲團部政訓主任。樹森的苦悶是可以想像的；但爲了生活——一家八口的流亡生活，他只有忍耐，并隨六十七軍南下剿匪，駐在潢川（湖北）。團主任幹到二十三年年底，他再也忍受不了軍級和師級政訓處長的排擠，便辭職下來，決心復業經營照像館（他父子二十餘年來一直在哈爾濱和錦縣開設田氏父子照像館，九一八毀於日寇），到北平來買機械。我們見到之後，他仍然要走抗日路線，便請到訓練班裏來了；雖然收入不如開設照像館，但總是一番事業而不是混吃等死的職業呀！從二十四年一月，我倆又同工到三十五年。

裴春霖就是第四師民團指揮部的司令。他是東北講武堂步科畢業，在東北軍二十旅常經武部任少校連長。當二十年十二月東北軍撤出遼西的時候，激於不抵抗的義憤，他率全連上山打遊擊。二十一年五月，我和田特派員去參加一個四五百名土匪的喜宴——趙寶玉結婚，經李義忱介紹，認識了他。他的部隊已被仇家繳械了；但他却孤身一人槍斃了那個仇家。我們派他作中校隊長，組織缸窰嶺（松嶺山脈的東部）以東的民團，掩護第四師，保護錦縣到杜里馬營的情報線。第四師整訓期間，他任民團指揮司令，上校。二十二年夏，護送朱總監脫險來平，不久妻子也逃出熱河，一家三口住在西牌樓，太太給大戶縫衣洗衣，他在大街擺桌賣字——代寫平安書信，七天吃不到一次肉，天天跑到我家裏來找補一頓晚餐。他眞是貧無立錐之地了，爲了黨，爲了抗日，爲了總監。記得二十三年夏曆除夕，他睡在我的床上痛哭起來。訓練班成立時，我邀他受訓。對於他能否和我同工到三十二年，作了許多轟轟烈烈的大事（見以後各段），當時我并沒有信心，僅是想爲他解決窮困問題。三十八年他以劉昌義師副師長殉職，少將。

劉鐵符是我的學生（遼寧第一高中）呂秉義的朋友，神經質的青年，熱血沸騰起來的時候，時時要求派他到敵後去工作，這在下文可以慢慢寫到。他會無線電通信，任彭曉秋司令部電臺分臺臺長，在熱河見過我。加入訓練班以後，和我同工到三十五年，殉職於察哈爾游擊司令任內，上校。

張治安是六十七軍的一位二等醫兵。我主編該軍的東望週刊時，他時常投稿（現存東望集裏尙保存他幾篇文字）。一次投稿惹了禍，要求我爲他在北平找個小差事；正趕上籌備訓練，我便約了他來。沉默寡言，心地純潔。和我同工直到三十九年。現在臺灣。

丁炳章也是神經質的青年。九一八以前我主筆瀋陽商工日報時，由學生呂秉義介紹他來寫鐵嶺通信，也投些短篇小說之類的稿子，新文學的修養滿好。一次他要來報館看我，沒有路費，便帶些乾糧，從鐵嶺徒步跑到瀋陽來；但走到報館，又不敢見我，便徒步跑了回去。寫信來說：「您住的樓太高了，院太大了，你一定是位巍巍的大人物，我又不想——不敢進門拜謁了。」九一八後的二十三年秋，逃到北平。據他後來說：目標是找我。但他會忘了我的名字。他向我當時主編的東北青年週刊投稿，置着筆名，內容很好，登了幾篇。我找到他住的公寓（專爲學生而開設的旅館）去爲他送稿費，也想去看看這位思想抗日，文筆流利的小作家。談起來，他才認出我是誰，神經受了意外的衝動，約有十五分鐘說不出話，然後哭泣起來。加入訓練班，學習蒙文，記性好，發音正確。課餘爲我編輯整理三四本文集。但在二十四年河北事件之前漢奸白堅武砲轟北平後的第三個早晨，他吓得偷偷跑回東北去了。我時常想到他，如果他能安心學習下去，蒙文蒙語一定會高出各位同學。抗戰勝利，我返回瀋陽，報端天天有名字，我想他看見賤名，會來找我，但他不見下落；託鐵嶺駐軍四處尋求，才知他在僞滿時代以參加「民族作家同盟」（抗日文學者的組織，是本黨的一個組織）而被日寇捕去失踪了。

谷易非能經商，能駕駛汽車，冒險吃苦，辦事能力較強。和我同工到二十八年殉職，少校。——這些青年，都能寫作，我并根據革命的及友誼的關係，採取他們的語文、攝影、軍事、無線電訊、醫術、駕駛等專技，汲引到訓練班中來。

唯一工人出身的是瑞臨同志。他不認識多少字，會編柳條筐。九一八以後參加義勇軍。第四師成立後，我派他作少尉副官，往返錦縣、連山、虹螺峴和師部之間，傳達命令和情報。有一次，李沐唐團的某一連預定到虹螺峴遊擊，并去「綁」日本技師（在虹螺峴探礦）的「票」，派他送達命令，要求峴保安隊長某於沐唐連到後內應，峴寨守門日兵正在檢查行人，搜身極爲仔細，而他所帶祕信正好縫在衣角之中，一定會被查出，這不但要犧牲自己和某隊長的性命，而且要遺誤明晨的拂曉攻擊。他竟會急中生智，到豆腐攤上買了一斤千張（東北名爲豆腐絲）；然後把密信拆出，夾入其中，手托千張，從容前進。日兵看他是位老頭，又正是晚飯時間，有人買菜，不疑有他，便未加檢查而放他入寨。次晨，李連達成任務，殲滅了一排日本兵，獲得不少物資，「綁」來兩個日本「票」（技師），并帶出某隊長及其二三十個官兵反正。第四師李沐唐團未曾內渡，他也仍隨該團陸續遊擊。訓練班成立後，我調他作樹森的助手，兼在班內作廚師。我們同工到三十五年。

二十四年一月一日，是我們邊疆工作正式開始的日子——「大漢十年」的元旦：北平溫家街甲五號的小四合院中，誕生了八個「邊疆屯墾員」（詞見「中國之命運」）：訓練班開始授課。院內北房兩間，作爲教室兼飯廳。東房兩窄間是辦公室（淺有會客室，我規定任何人都不在班內會客）及圖書室。西房兩窄間是宿舍，木製大炕（床）一張，依照年齡，由南往北宿着我們七個人（樂軒不住班），瑞臨第一舖，樹森二舖，我三舖，春霖四舖，炳璋七舖。南房兩更窄間是厨房和廁所。門向東開，槐陰滿院。黎明起床，進早點後，由春霖敎柔輭體操半小時，然後學習蒙文兩小時，蒙語兩小時。下午，我講課兩小時，以後爲自修時間，直到就寢。星期天放假，黨小組會則在晚間舉行。

談到小組會，今昔比較，令人不勝滄桑之感！軍閥時代，北京本黨的小組會直正是國民革命的下層組織，訓練和工作全由小組作核心。——下一週的反封反帝工作都在上一週的小組會上決議了，沒有一位同仁不參加，也沒有一位同志不遵照決議而完成工作。十七年上半年，我們小組會中的工作重在組織（徵求黨員）和宣傳（報刊文字和粉筆隊）。小組根據上級密令所決定的工作，如果是星期六接受的，到星期二三便設法執行完了，寫粉筆則是每夜都要執行的。徵求黨員，也十分負責而且迅速，那位同志每月不吸收一二位黨員？至於訓練，上級指導員按期必到，將南方革命消息告知小組（我便設法把它在報紙發表，或作爲吸收同志的宣傳資料），并對上週每位同志的工作，提出批評；同志也誠坦地互相批評。這樣，同志在小組中便各個自我訓練成爲信仰堅定而富有革命技術的黨員。那時代的同志如被張作霖逮捕，輕者坐獄，重者殺頭，而小組會竟乃開得這樣好；今天怎樣了呢？

因之，我在民兵運動中（十七年下半年到二十年九一八），在瀋陽辦黨及教書中，在東北救國軍中，在北平組織入關義勇軍中，無時無地不專心側重小組工作。在民兵（團）裏，我是營長，所有幹部和優秀民兵都被徵求作爲同志，我則運用組織而行使統馭；在教書裏，我選優秀學生二十餘人介紹之成爲黨員；在東北救國軍及東北義勇軍裏，我仍是從發展黨員來吸收幹部並統馭幹部；在入關的東北義勇軍裏，照舊先把入關義軍將校吸收成爲黨員，然後才協助他返回東北再去遊擊，并請求中央或東北黨務辦事處爲他們祕密發表黨的職務，使他們也能運用組織，鞏固統馭。—訓練班亦然，我們自已編成一個小組，隸屬於東北青年學社的區分部，區分部也就派我作這個小組的指導員；如此，在行政上我是班主任，在組織上我是指導人，對於訓練、統馭、工作，發揮了雙層的「運用之妙」。經過幾個月的小組訓練，到河北事件發生前數日，在中央派員齊鐵生、梅佛光兩先生監誓之下，樂軒、春霖、鐵符、治安、炳章、易非、瑞臨先後宣誓加入本黨的核心組織了。（我和樹森早於二十三年便宣誓過了。）他們成爲國民黨員以後，革命情緒本已十分高長了，迨至成爲核心組織的一份子以後，便和黨結成生死一體骨肉相連的關係了。我常想到，民國二十七年臨時全國代表大會召開之前，應該是本黨革命的黃金時代，工作最深入，黨員素質最優秀——每一地方單位的優秀人才幾乎都成爲本黨的同志，效率也最良好。這得力於兩種組織方法，其一是「直接入黨」的制度，由兩位中央委員在申請表上簽名，一位人才就可以成爲本黨黨員了；其二便是上述核心組織（十人組）的建立，對於老黨員，這不啻是一宗「清黨」工作，壞劣份子全被淘汰於核心組織之外（但他仍在國民黨之中），對於社會各層人才，這是一宗「建黨」工作，優良份子全被納入於核心組織之內；得才之盛，無過此時。以後許多抗日抗俄高級中級幹部便都是那兩種組織方法的效果。臨時全國代表大會取消了這兩種組織辦法之後，本黨似乎便沒法吸收現成的社會人才了，而只靠黨團學校訓練班製造人才；其結果是現成的社會人才多跑到各黨各派裏去了；而製造人才的成長率與本黨原有人才的衰退率，發生不平衡，到抗戰完了，老的老了，新的還沒有成熟，也就是說本黨缺乏了中級幹部，這未嘗不是大陸失敗的原因罷？

話說得遠了些（但這話是我的重要經驗，值得今後參考的），還是回頭說訓練班罷。受訓同志在加入核心組織之後，每位都獲得了無限徵求新黨員幷由新黨員中組成自己的十人組（加入核心組織）的責任，因此也獲得了一種無限的新希望，覺得自已有資格「開香堂」、「開山門」了，以後自己可以依照網狀無限編結下去，誰都可以在邊疆上編成新聞網、革命網，為黨為國為　領袖而效馳驅了。

我並根據中央批准的計劃，規定每位同志必須為邊疆工作努力十年，不許中途退却，否則要追繳受訓期中的津給，并報請本黨通告黨內永不錄用；保證實施依資銓敘，年功加俸，讓他們可以安心工作。

這可以說是我所手創的制度，較海關、郵政、鐵路的員工職業保障辦法更加嚴密。在二十四年秋，我又規定了兩種辦法：一、退休待遇辦法，六十歲退休，由本人或其子女繼續領取最末一年的半薪，期間二十年（人的生活到八十歲）。二、特別貸款辦法，凡有婚喪疾病及意外大事，可以向社貸取足夠的用費，由每年俸給上逐月扣還。二十七年，提出「以社為家」的辦法，凡屬社員，他的生活及一切問題，都由社負其全責。例如一點，多年以來，社為五位工作同志結了婚，由社借予結婚貸款。行到三十四年，效果異常優良。我認為國家至社團公司行號的用人都有採取上述各項制度的必要。——二十五年春，在蒙古發覺，日寇派到我們蒙地潛伏工作的特務，正是採行類似上述的辦法。例如派到新疆去的植田等二人，大約是民國二十年或更早，穿着蒙古服裝，說着蒙古話，經由百靈廟、阿拉善，出玉門關，深入新疆和阿爾泰去。他和派遣機關的關東軍斷了四五年的聯絡，無法通信，無法領餉，便在新疆各旗替蒙古人家牧羊，維持生活。在一旗完成工作（主要為兵要地志）之後，又換一旗。關東軍特務機關雖然不知道植田和他的助手的下落和生死，但人事異動時，他們優等升晉；由軍部送給他們家屬的薪餉和特別加給，照發無誤。這制度讓他們安心冒險工作了四五年。這是植田由新疆返回，行抵包頭，經包景華的人員捕獲後所供認的。景華請我擔任審訊，留下深刻的印象。他倆衣服之內所藏日本西內紙所寫報告和所繪沿途及新疆蒙古地圖經我翻譯一部份，全部近於漢文二百萬字，這當然是被景華沒收了，人却奉命釋放了。日閥對藏蒙回所派的特務，在民國二十四五年，至少有五百名以上。

在訓練班裏，每天下午講兩小時新聞學，星期一則爲人生漫談，每位學生分別筆記，由張治安綜合寫成定稿，我將閱增删後再行油印。以後在西土默特的歸綏開第二班，在榆林開第三、四班，仍按期講述，也都曾油印。全部講稿保存到民國三十六年，不幸於寶鷄淪陷毛奸手中時，被焚燬了。現在保存在日記中的有「人生三業」等篇的大意──

──「人類工作分作三類，職業、事業、功業。

──第一類是職業生活，參加社會各部門的職業。在中國說，職業生活是最沒有保障的，機構的改組或取消，人際關係的親疏或離合，都很快地影響到失業。就業的人不能安心工作，五日京兆，一覺醒來，也許就打破飯盌。工作效率，在這裏消失了；貪污行爲，從這裏出現了；貪緣奔走的風氣流行，在道德上的影響尤惡。幹了半生，年年換機關，月月換工作，失業一番，就業一番，賺一文錢，花一文錢，什麼成績也表現不出來，這個人也就鬢髮蒼蒼了。到了中年，負擔日多（譬如子女教養費），老年更未必積有儲蓄，一個人就爲這職業二字窮苦而死。這種人好譬是東大荒的野熊。秋天來了，遍地的玉蜀黍都香甜可口了，這些愚魯的野熊開始獵取食物：牠從玉蜀黍田這一頭走進去，右手擇取一穗，挾在左腋，左手再擇取一穗，挾在右腋。左右手不斷地輪替擇取着；但牠走到田的那一頭的時候，玉蜀黍早已輪替地掉在地上了；牠只拿到一穗！職業工作和這野熊的工作又有什麼不同？

──「第二類是事業生活，這是我們應當而且必須決心固執的一端。我們應當找定一種永久工作，作爲永久的崗位，十年、二十年、三十年地作下去，永遠不改變途徑。工作不變，生活不變，想來是會有效率，會有成績，會打退了貪污，會安身立命。由這一端走向那一端，便是第三類的功業生活。對於人類、民族、國家、社會，就結果說來，事業便是功業。　總理的革命事業，張伯苓先生的教育事業，張季鸞先生的新聞事業，中外歷史人物的各種事業都成爲留給人類、民族、國家、社會的功業了。我們願作一名學步的後生，期待任何一位同志都可以作邊疆新聞事業的張季鸞。」

我又把訓練班叫做「智識移民」的先鋒。幾十年來，我國的智識階級都集中都市黨政軍學各界，這是再危險也沒有的事了。內地人才過剩，內亂、擾奪、敷衍、寡廉鮮恥、殺人自殺，以至漢奸充斥，都是它的直接結果。革命中阻，建國未成，原因之一，便也是沒有方法解決這個問題。邊疆上却意外地感到智識荒涼，扔下一千一萬的問題沒人來管。在兩方面都是重大無比的損失。我們要轉旋這不良甚至萬惡的風氣：智識階級要向邊疆發展。這裏我對山東秀才表示表示萬分的欽敬和謝意。我的故鄉，三百年前也是異常荒涼的邊塞；相反地，在這期間，山東是感到智識階級過剩，一第秀才再沒有生活的出路了。他們萬般沒有辦法，背起書箱，裏邊放上幾封毛筆、幾刀仿紙，幾本仿影，到關東追求曙光去了——「遊學」，也就是做了文化輸出商人。一程又一程，一鄉又一鄉，找到先來而做了私塾老師的同鄉，也許半年一載，他也就被介紹作了老師。教上三五年詩曰子云，用束脩所得，蓋下三間兩間草房，買上一畝二畝薄田，寫信回家，接來老妻稚子，也就變成關東的殖民了，內地文化輸到關東。現在關東的三千七百萬人口，百分之九十幾就是這樣移殖過去而經三百年滋生而來。篳路籃縷，他們開闢了草萊，披棘斬荊，他們輸出了文化，工作眞是高分偉大的。不過由於時間經過了三百年，難於被人認識而已。

我們的覺悟是如此。理論并不高深，制度也相當妥洽。訓練班開始以後，僅剩了「行」的問題；我們這幾個同志是已普遍地「知」了。

所謂「行」，就是這邊疆新聞事業如何開始和從何處開始？（本節未完）

四、「邊疆屯墾員」的畫像（續）

經過長期的研究，決定以私人資格實踐二十二年十月致行政院長函辛項「在歸綏設立宣傳機構，發行蒙文報紙，編印蒙文書籍」計劃[redacted]，先到歸綏去辦一個通信社。歸綏是綏遠省的省會，西土默特旗總管公署的所在，一個富有歷史性的蒙漢交通的地區：在殷朝，這裏應是淳維（夏桀之子）北狩的走廊，鬼方「牧復失地」的根據地；在周朝，這裏應是獫狁的後方；在秦朝，這裏是匈奴（Sina）的牧場；在漢朝，這裏是匈奴左賢王（Jègùn gar in hagan 左谷蠡王）的轄地；在東漢，這裏是南匈奴的龍庭，昭君和蕃的青塚就聳立在城南二十里黑水北岸；在東漢魏晉之間，這裏是鮮卑的根據地；「五胡 tabun 戊 hulagai 胡[illegible]寇）裏的匈奴、鮮卑、羯都從這裏向南來「亂華」（氐羌則自西向東來）；在唐朝，這裏是「回紇馬」縱橫之地。歸綏被蒙古人呼為 hùhé hota，hùhé 義為藍色，hù 造成玄、黃兩字，hé 造成黑字，hota 是城，ho 造成隍、郛、壕三字，ta 造成[illegible]字，義為「玄黃黑色的大隍」，二十七年我譯之為「青城」。hùhé 乃 hùhèdi 即 hùhé garodi 也即 hùhé karodi 的簡字，義為鳳凰。hùhèdi 在周朝譯音為「鳳凰翟」，翟又作狄，鳳凰就是孔子所嘆「鳳鳥不至」的「鳳凰」。唐朝住在這裏的人，又被譯音為「回紇」（hùhé），「回紇」人由此得名：hùhé garodi 被譯為「回鶻」（huga），故「回紇」又作「回鶻」。五代燕雲十六州裏的雲、朔、寰三州的北地；在宋朝，為成吉思汗（chìng jis hagan [redacted]后）西征南征的集結區；在明朝為達延汗（小王子））反攻出發的總站。到清朝，匈奴、鮮卑、羯早已混而不分，統稱蒙古，土默特人遂定居在此；在民國，這裏爲綏遠特別區，都統駐節於此；北伐後改爲綏遠省。由歸綏向北，翻過陰山，是烏蘭察布盟（ulagan chaibagar sumè），國際知名的百靈廟（bèdin sumè 伯爵的寺廟）在這盟的北境，距外蒙邊界二百餘里；往西，由包頭渡河，便是伊克昭盟（yihè sumè 奕赫寺廟）：綏遠省就由這土默特旗、烏蘭察布盟、伊克昭盟三個地區所組成。若就整個蒙古地方（包括外蒙）說，歸綏恰是半徑的圓心。無論布置通信網，發行新聞紙，放射廣播波，從這圓心上向東北西三方面延展，都是等距離的。而且德王的自治運動，在一開始，便和綏遠省政府主席傅作義成了對立的局面。誰都明白，這局面只會壞不會好。壞到極點，德王就走向日本方面：這需要有人去防止；日本的特務也大多靠着陰山北麓，向寧夏、青海、新疆、西蒙潛行：這等待有人去警備。自治機構的蒙古地方自治政務委員會（以後簡稱蒙政會）也設在綏遠省政府統治下的百靈廟，百靈廟和平津之間的交通，以歸綏爲樞紐：通信社設在這裏，可以遍知邊疆的事，遍晤邊疆的人。我和傅作義雖然沒有交情，但有些鄉長和朋友們可以先容。德王和他的幹部，對於我則是無人不知，並經枕華陪同陳紹武來平「歡迎」我去了。枕華正任土默特旗電臺臺長，住在歸綏：我到歸綏去開設通信社，實有必要和有利條件。但這期間也有些關心這一新聞事業的朋友和鄉長們，提供不同的主張。例如豫鄂皖剿匪副總司令張漢卿將軍就力挽我去新疆接辦天山日報，他說：「盛晉庸來電要人；如果你肯去，是再好也沒有的了。」我尚以在東北沒有收復之前，不忍遠離鄉國。譬如至親的人臥病床上，我們應當爲他盡力請大夫討符水，醫治疾病。我幷對他說：「蒙古問題比新疆重要百倍，這問題和收復東北失地有絕對的聯帶關係。我不往遠看，盡一點個人之力，救一救在眉睫上的星火罷。」他允全力相助。又如蕭仙閣（振瀛）鄉長，則幾次邀我赴張家口，他說那裏沒有一位像樣的新聞記者。只要我肯去，花多少錢，他都可以和宋哲元主席去代要。我早就決定不向地方當局要半文津貼；對於他們這幫利用日本勢力而向中央要地盤要金錢的集團，更避之若浼。陶希聖、趙雨時、管翼賢、趙惜夢、陳博生、林仲易諸位先生倒是完全贊成去歸綏的。

原來預定二十五年春天去歸綏開業，因爲到那時受訓的學生可以粗通蒙語并讀懂蒙文，編訪技術也能相當純熟了。但漢奸白堅武在日閥支援之下，於四月向北平開砲了；日閥製造的事件，接二連三發生起來。北平政整會委員長黃郛回京不返；宋哲元利用日閥勢力幹上「華北政務委員會」的「委員長」，成爲準傀儡政權；中央軍，五[illegible]二市黨部撤退，一切與黨有關的文化教育機關都被迫結束。中央黨部派祕書齊鐵生（世英）先生赴平，辦理有關東北各機關撤退事務，東北黨務辦事處遷京，東北青年學社、黑白半月刊社、北強學社、新蒙古月刊社、四三學社……結束。我所主持的邊疆語文訓練班也在遷京之列；但我主張就此遷往預定地點歸綏，成立邊疆通信社。齊先生慨然允諾了。

接着是籌備赴綏，聘陶希聖、趙雨時、管翼賢、趙惜夢諸位先生爲董事（時管已開始親日，未發聘書），我爲董事兼社長，田樹林爲經理，張樂軒爲訓練班主任，裴春霖爲總務部主任，李曼霖爲編輯部主任。樹森、春霖、樂軒，在上文都已略有介紹；這裏應談談曼霖。他本名慶雨，曼霖是筆名。二十一年，我從熱河回平，母校朝大的同學要求我報告東北義勇軍的情形。在講演完了後，認識曼霖。他比我低兩班，但因貧休學中。人是標準美男子，篤厚多情。談過幾次話，知道他也是第一中學低我兩班的同學。在第一中學的時代，出版過新詩集「燈下戀者」。次年，復生社成立，我介紹他擔任外勤。後在東方快報當編輯；爲我主編的「東北青年週刊」寫長篇連載「奴隸地帶」。邊疆通信社成立，請他作編輯部主任。二十五六年仍回東方快報，有點「左傾」。七七事變後，我在他家避難（日寇入據北平後，大捕文化人，賤名在列），談起來，他說要去打游擊。我主張他跟王德林將軍一道；他硬要參加石友三部，因為他說石是「前進」的。二十七年春，他到雞公山去找我，狼狽不堪。問起來，他說被「共產黨騙了，幾乎送掉小命」。我的學生劉孟華沒有逃出，也在同次「清黨」中被「共匪」殺掉了。我留他任訓導員，不久，在學生「民先」策動下發生暴動，開槍把他打傷，三四天後因傷致死，葬雞公山。遺孀田為貞，女安蒂，子某，抗日勝利後在北平見着過，為貞還不知曼霖是死於「民先」之手。領導暴動的歷史教員現在臺灣任教授，學生已成名記者了，都是經我手通緝有案的。

七月一日下午，偕樂軒登上平綏火車，二日上午抵達歸綏。訓練班則由春霖率領，在八日也到社了。社址在舊城圪料街十九號，係舍利圖召（sul-itu süme）的東跨院，房主是長明喇嘛。北房三間是社長室和辦公室，東房四間是訓練班，西房兩間是編輯部，南房兩間是厨房及下房。全部瓦房，方磚地板，很是整潔，每月僅費房租八元。由枕華代為租賃的。

到綏第一事是拜訪傅主席，辦理通信社登記。我携帶雨時先生給他的介紹信去到新城，在省政府近代化的客廳裏，會見這位「歷事五朝長樂老」。他，人比我高一頭，很有禮貌。我告訴他：我是新聞記者，這是個人的事業；但我又是本黨基本組織的一員，因此我兼有黨的工作。在新聞事業方面，傅先生只把我們當作記者看待，就算很好了；但我們絕對不拿省政府一文的津貼。在黨的工作方面，我是奉命「轉化蒙古親日為抗日」，這一點，應請依照齊祕書和您所談的態度——地方做黑臉，中央做白臉——分工合作。因此今後如果我和百靈廟方面往來密切，甚至替百靈廟說些好話的時候，希望諒解。隨後他留我吃飯，兩個人談了約三小時。他對「轉化蒙古親日為抗日」一點，贊佩中央決策的正確和我勇氣的遠大；但認為德王毫無希望，將是不折不扣的傀儡，恐將白費心思。對通信社，將關照民政廳袁廳長慶會，迅速辦理立案手續。他很注意通信社經費來源，為了今後必須合作，我坦白地告訴了他：中央按月津貼四八〇元；長官朋友們籌集了不到四萬元，用月息作為開銷；個人有一份上校的薪餉；將來如果必要的話，將接受百靈廟的津貼，因為不要他們的錢，他們終覺得我不是他們的朋友，這對於黨的工作是不利的。他聽罷爽朗地大笑了，說：

——我也想津貼你一些，但你方才先關上了門，「絕對不拿省政府一文的津貼」，這樣你不會覺得不是傅宜生的朋友嗎？

我說：

——不然，在政策上一致，已是超友誼的關係了；我不會想到傅先生不是朋友，傅先生也或許不會想到我不是省政府的朋友；彼此心照，不在津貼！

說罷彼此大笑而散。他找來公告組組長某和業務組組長陳雲嵐（玉甲）少將，面諭隨時協助，供給新聞。截至七七事變為止，每逢三節，他必送千元，（對大公報記者楊令德則送三百元），二十八年到抗日勝利則送得更多些，我照例奉璧。這在我是份所應退的，因為新聞記者必須不拿地方津貼；若拿津貼，便報導不出客觀的新聞來了。不意在傅宜生，因為送款必退，果然想到「我不是省政府的朋友」，乃至怕我成為「盛世才」，篡奪他的「綏遠王國」的寶座，這就是後面將要寫到的若干故事了。

關於登記，在我到達歸綏的時候，已經函告在內政部任科長的師豫川（連舫）同學，請他在接到綏遠省民政廳的公文之後，立刻辦理。他復信說沒有問題。但七月過了，八月過了，九月半也過了，他來信仍說迄未接到申請書。這兩個半月內，關於本社的謠言很多，合計起來，我有八個立場：藍衣社、西西、中央、張學良、德王、「滿洲國」、英國乃至是漢奸。憲兵隊派出便衣，在本社外院的住戶裏為我們朝夕值崗。我一面好笑，一面也着急，完全沒有想到人際關係是這樣複雜，難於走通。對於傅，我想他於聽過初悟的坦白談話，便應該了解我的立場；這些把戲，不過是他的部下玩着花樣就是了，所以我聽候時間，置之不理。不久，我函請張漢卿將軍給傅一封介紹信；傅於收到後約我去吃飯，這一次有二百師師長杜聿明和宋哲元雅片公司大老板劉風竹（前東北大學的院長）在座。飯後，我把社會上的誤解告訴了他。他也很覺得好笑。第二天，便衣憲兵崗撤去了，幾天之後，民政廳公文也寄往南京去了。直到五年之後，我在陝西遇見一位憲兵，談起來才知道因為我帶的人員太多了，他們的司令不相信這是通信社，依他的經驗，通信社伴有一二人，為什麼我們竟有十餘位呢？而且也因為我們全是東北人。直到傅為我下了手諭，他們才恍然大悟。他說他就是值崗的便衣之一。

當綏遠憲兵司令部找我麻煩，和民政廳不為本社申請登記的時候，我把消息透露給百靈廟關係方面，以爭取同情，并掩護黨的立場，便於日漸展開的工作。現在留下紀錄的有兩點：一、歸綏當時有三家通訊社，一為大公報記者楊令德（勝利後曾當選監察院委員，三十八年隨鄧寶珊靠攏）的綏遠新聞通訊社，一為任殿邦的蒙古新聞社，一為塞北通訊社，都是三天五天不發一稿而按月按節領取各方面津貼的通訊社。七七事變以前，楊令德還沒有「左傾」，綏遠新聞通訊社以地主之誼，曾公宴本社及新聞界藉表歡迎。湯和曼霖相處甚得，每週借綏遠日報副刊一天，刊出純文藝的「駱駝草」，在文藝上作點蒙漢青年文化結合工夫。在綏遠出現新文藝運動，當以「駱駝草」為嚆矢。楊只寫點方塊小評文字，主要文藝稿件都由本社受訓的學生們寫作，曼霖修改後再送我審閱。這刊物對於綏遠中學生尤其中央政校包頭分校的蒙古學生發生相當有力的影響。任殿邦，土默特青年，北大畢業，曾任蒙旗旗務推進委員，有鴉片烟癮，想參加自治而吃不了赴蒙古的苦，辦個通信社，拿德王和傅作義的津貼。塞北社是兩位河北青年所辦。這三個通信社都曾正面報導「邊信社立案觸礁」消息，而這條消息是我運用種種關係發佈出去的，主要內容是指出「邊信社社長趙尺子過去同情蒙古自治」，暗示着說民政廳不爲該社申請立案，是因爲「當局不同情蒙古自治」：這樣一來，所有百靈廟方面的人物便都同情本社了。二十四年九月十九日記載稱：

——「下午，樂軒報告：據任殿邦談：『當局因貴社有蒙籍記者，且與蒙政會人物來往頻繁，乃斷定貴社係蒙政會的新聞機關：立案恐不成功矣。』……」

任殿邦的話「不脛而走」到百靈廟去。

二、從七月十日迄今，本社因未辦妥立案，當然不發社稿；但我們照常採訪，所得新聞或用電報或用通信發交北平復生社發稿，仍被平津京滬同業所歡迎。我并以北平晨報駐旗特派員名義，眞姓眞名發表蒙政新聞和評論。例如「西公旗事件」和「蒙古雪災與外交」等報導和評論，在不十分得罪傅作義的技巧下，都在北平晨報上刊出。九月二十五日記載：

——「晚，得陶立濱函：『貴社持論公允，正義得伸，會中同人均甚欽佩。并將貴社對西公旗事件所撰一則剪下，呈祕座過目，閱覽之下，甚爲首肯。』……」

陶立濱是蒙政會教育處的科長，枕華的妹丈；祕座就是德王。「西公旗事件」是傅作義壓迫雲王、德王的一個事件，將寫在本文第四段「百靈廟之行」裏。

在等候登記的八月一日，邊疆語文訓練班第一班照常上課，第二班也開學了。第二班裏的學生共爲五人。李符桐（復同）是東北青年，東北大學修業。九一八後，作過很艱苦的義勇軍工作。他和另一青年呂之[illegible]，代表阜新的一部義勇軍，赴蕭家店謁朱將軍，我們便認識了。他對於邊疆工作很有興味，便隨我到綏遠去。但受訓不到[illegible]個月，認爲我似乎在「做皇上」（指管束嚴刻，生活整肅），要求退出，他便走了。四年之後，他從東大畢業了，重新認識邊疆工作的重要，和訓練班生活的苦中有樂，再要求返社受訓，我應允了他。後以重慶陝西間交通問題，未能到社。他專攻回鶻史已二十餘年了，著有成吉思汗傳行世，現任師大教授。可惜他沒有學好蒙文，否則在回紇史和蒙古史方面的成就必會突過前修。

謝在善，有時寫再善、再生，筆名山．阿齊圖。他雖是生在長山列島的青年，但在東北長大，有山東人的直性兼東北人的硬性。在安東縣一個商號裏學徒到十九歲，偷看少東家的小說和老闆訂閱的日報，他學習寫作，投稿小報，被刊登出來，興趣更提高，自修更努力，小說作品不斷地出現。他認識縣裏另一投稿青年——我的學生高丕澤。二十四年夏在家鄉教小學，經丕澤介紹給我。在先後期同學裏，他的蒙文第一，比西蒙古任何蒙文優良的朋友都更為優良。二十八年第四班開訓時，他講蒙古文法，蒙古邊疆通信報出版時任蒙文編輯。三十一年借給胡宗南將軍，在七分校邊疆大隊教蒙文。三十四年被西北大學請去作教授，教蒙文和蒙古史。他發現蒙古和八百年前的敍利亞同文，并將明譯注音本元祕史恢復了蒙文原狀，新譯元祕史兩種，顧頡剛驚為「四百年來的絕學」。

張文友，筆名凡林，吉林省敦化縣人。九一八後，在東北國民救國軍王德林將軍部下擔任宣傳工作。我編「東北青年週刊」時，常常投稿，文筆很好，思想卻壞，時常應用馬克斯的理論。我歷來主持刊物，都用國文教員的方法，對比較能用的來稿，予以修正而後刊出；對不便刊登的文章，也指出缺點，寄還作者，請他自行修正，再次投來。對於凡林，也是如此。日子長了，思想相當正確了。刊登三五次之後，約來談話，知道他正讀東北中山中學的高中部，靠稿費生活，我便多給他一些，每月約為十元左右，可以維持讀書了。到邵丹甫接辦後，不再登凡林的投稿，他便念不成書，到抓子補隆去開墾。二十四年夏秋之間，在北平病痢，臥在公寓裏，吃飯都沒有錢，自然談不到治病了。我去看他，骨瘦如柴。先送他住院，治好了病，隨後跟我到社受訓。他的故事有值得寫入歷史的，將在後面隨時提到。

王康甫也是吉林省人，高中修業。九一八後跟一位本黨老同志李蔚逃來北平，轉到扒子補隆開墾。二十四年七月，和李蔚等三人被墾區排擠出來，住在歸綏一個小廟裏，沒有飯吃，典出三人僅有的一條棉被。經樹森發現了，把三人一齊帶到社裏來。李蔚和另一位拿些旅費回北平去，康甫留下來。小楷寫得很好。後來作谷易非的助手。

寶自修是土默特鮮卑地（Siber in gar 沙賓地）的青年，還俗的喇嘛。所說的蒙語是地道的西蒙古語──本社正要學習的語言。在本社沒有租賃舍力圖召東院之前，他住在那裏，因為他是長明喇嘛的徒弟。雖有點氓氣，但語音可愛。他不通蒙文，我留他跟樂軒學；他通蒙語，我要他教給一二班的學生。一二月後，氣質改變，後來很作些工作。──這時第一班有四個學生，計春霖、鐵符、治安、易非，丁炳璋則於四月間漢奸白堅武砲轟北平時吓跑了；第二班有五個學生，就是復同、在善、文友、康甫和自修，復同約在九月底也退出去，共剩八位，以後各有成就。

每天我給訓練班上兩小時的課，兩班混合。先是講新聞網組織學，接講採訪學、編輯學。新聞網組織學這個名詞在當年一般新聞學上是沒有的，主要在研究人際關係、處世、交友、領導部下、組織通信網等事。根據我的經驗，我們如果把社會看作「情場」，把人當作「愛人」，用追求「愛人」的純誠、同情、小心、服務，來交友、待人、尋找通信關係，一定無所不通。求「愛」有時會失敗；但用求「愛」的精神和技術來交友，絕對不會失敗。採訪學和新聞網組織學是有關聯的，因為事情是人辦的，機關是由人來組織的，新聞要向人去採訪；人的問題安排好了，什麼機要新聞都會變成記者的作品了。後來又開邊疆民族和籌邊政策一課，在民族方面，從匈奴、鮮卑、回紇、羌、契丹、女眞、蒙古講到漢滿蒙回藏五族共和；在政策方面，從漢唐以來的和親、綏靖、互市講到　總理的民族主義。結論是我們要根據民族主義，在邊疆上第一步溝通中央和各族之間的瞭解——從新聞上瞭解；第二步從事一種文化運動，名爲啓蒙運動，使邊疆各族接受國語國文和孔子　總理的思想及現代思潮，這要從新聞、廣播、影劇和小學着手。

上述籌邊政策裏出現「綏靖」一詞，它的定義和今天一般人所瞭解的「綏靖」不同：我是把歷史上的胡漢戰爭體認爲中華民族的內亂，說明「五胡亂華」以及遼金元淸人主中原，只是多種「胡匪」的掠奪；歷代中央征伐「五胡」亦是剿匪即綏靖。在二十多年前，我的說法，就被學生們認係曲解，師友們更多反對。但蒙古朋友却頗重視我的研究，他們中有學問的人，對於元朝和漢人的關係，心中確留有遺憾，認爲漢蒙是兩個民族，兩個國家。這一點是他們親俄、親日的基本原因，外蒙古獨立由此而來，內蒙古自治也由此而來。到我的講稿用蒙漢文發表之後，蒙古朋友知道他們被歷史家呼爲「胡」乃是蒙文 hulagai（匪賊）的 hu（胡即賊），被呼爲「胡虜」（「壯志飢餐胡虜肉」）乃是 hulagai 的 hula（胡虜），而並未被歷史家看作外國人，似乎有心身輕快之感。

「綏靖」一詞用到三十四年，以後談到或寫到國史上的許多中原和邊疆的戰爭時，我均用「宗族性的內亂」或「宗族性的內戰」兩詞。歷史尤其語言告訴我們：漢、滿、蒙、回、藏、苗、傜、黎、撣、泰、越、韓、日、印尼（一部）在古代本是一族；二十六七百年來語言分化，各自造出文字；於是由一族分化成爲多個宗族了。若用語文比較學研究上去，便了解問題的本質了。〔本節未完〕

四、「邊疆屯墾員」的畫像（續）

關於社在西土默特時的生活方面，從我作起，秋天是五點起床（冬天略晚一點，全部順延），早操。大家吃過很便宜的牛乳（一人一大杯）以後，有一個小時的野外集體散步，大聲練習蒙語。訓練班七點上課，十一點下課。每節課爲五十分鐘，休息十分鐘。休息時間，春夏秋作「扔坑」遊戲，冬天作「堆雪」遊戲。所謂「扔坑」，原是北方的一種「瞄準」的玩藝兒，經樹森予以改良：在廣場上約五丈到十丈遠的直線距離的兩端，各掘銅元大小土坑一個，參加遊戲者各持鉛餅一枚，約二兩重，大如芝蔴燒餅，依序由甲坑向乙坑扔去，以投入坑中者爲勝，離坑遠者爲敗，愈離遠者爲愈敗：此爲第一局。接着再由乙坑向甲坑投去，如此往來投擲，以迄終局。勝敗分別記分，得分最多者爲冠軍，以次爲亞一、亞二、亞三、亞四……亞四輸鍰四分，亞三爲三分，亞二爲二分，亞一爲一分，共得鍰十分，購餅餌之類共請冠軍。這種遊戲，可以訓練每人投擲二兩重的鉛餅正確擊中五丈到十丈外的目標，對於以後旅行蒙古時防禦野獸毒蛇的襲擊，極爲應手；並在往返「扔坑」時達成散步和深呼吸的目的。它的好處比打乒乓爲多。所謂「堆雪」就是堆雪人、雪獸。西北大雪滿地，每年約有一百天是生活在雪中。這種遊戲可以訓練耐寒。

十一點午餐，大家圍站一個大圓桌的四周，不設座位，每人一盤菜，自己盛飯。飯後是休息。午睡是我最獎勵的，對於閑談而不肯睡下的同仁，有時我可以發他一點小脾氣。下午兩點到四點是我上課；如不上課，改爲自修。下四至六時是蒙語；由拓跋吉教授。六點晚餐，飯後休息。八至十時複習蒙文和蒙語。這中間的下七至九時，則是編輯部的工作時間。

除職員和訪員（訓練班學生輪流擔任）外，那一位同仁和同學出門都須向我或經理請假；僅星期六晚飯後和星期天不論。任何人不准在社外住宿（有眷屬者除外）。便是星期六和星期日，我除了外出辦事或採訪，晚九點也必須還社。一向謹守老例，僅是為了十分必要的應酬或工作，偶而晚歸；但必告知同志，讓他們知道我晚歸的原因。這理由是很簡單的：西蒙古對於青年是佈滿了緋色和黑色毒素的。

訓練班在北平時代，我每天聽蒙文兩小時；遷到歸綏以後，因我缺課很多，跟不上第一班了，乃改為隨着第二班受業，并於較暇的晚間，到樂軒的寓所去，彼此教授蒙漢文一二小時。大約截至九月中旬，我和樂軒找出蒙漢對音對義而且成套的字約二三百套，證明二十一年我在熱河初學蒙語時所發現的蒙漢語文同源異流的可能性。那時本班所用的教科書是北京蒙文學社出版的蒙漢合璧（蒙漢對照）國文課本，第一課的蒙文是：

nohai nohai

irè irè

↑—這是寫「大漢十年」時用羅馬音符所錄的蒙文原音（見後同↑）。蒙古原文係七百餘年前借用並改造畏吾兒音符所錄的蒙語，這裏寫出，無法製版。上文譯成國音便是：

鬧海 鬧海

以樂 以樂

↑—「鬧海」的意義是「蒙古稱大狗」，「以樂」的意義是「來」；而我國最古的書經「旅獒」就把西旅（宗族名）所獻的狗稱為「獒」：「獒」不正是「鬧海」的第一聲母麼？又，我國次古的詩經「緜」篇「聿來胥宇」的「聿來」不也正是「以樂」的兩個聲母麼？由此可證「獒」就是「鬧海」，「以樂」就是「聿來」；兩種語文的音義相對是一讀便知的。

但，單只兩種文字音義相對，並不能使我完全自信兩種文字同出一源，因爲中文和英文就是在基本單字四千個裏也竟有大約三百個音義可說爲相對的（如 father 和父，mother 和母），所以我必須找出蒙漢成套的字而且音義均須相對，才算圓滿。這一點首先就面臨困難了，那便是漢文的一二三四五六七八九十等成套的數字，和蒙文的讀音就完全不能相對。下列蒙文是上欄的發音，漢文是下欄的發音：

nigé（尼甲）	一
hoyar（厚乙勒）	二
gurba（姑勒丙）	三
dúrbé（丁勒篋）	四
tabu（塔波戊）	五
jirgoga（己勒勾㗊）	六
dologa（道摟庚）	七
naima（奈嫣）	八
yisü（壬素）	九
arba（啊零巴）	十

〔註：直到四十三年才考出蒙文十數是甲乙丙丁戊己庚（缺辛）壬零（缺癸）的複音；到五十一年始知漢文一二三四五六七八九十是根據蒙文（夏語）乾坤震巽坎離艮兌剛柔十個複音語中的一音所造成。參看十二月及一月份反攻月刊拙文。又，上欄蒙文甲乙等字譯音全係聲母。〕

於是再用另外的成套字查對，發現不少，而十二屬肖的子鼠、丑牛、寅虎、卯兔、辰龍、巳蛇、午馬、未羊、申猴、酉鷄、戌狗、亥豕竟是天衣無縫，被我倆全對出來了。下列上欄是蒙文，下欄是漢文：

子鼠	hulugana	耗（huo）子	北方鼠俗名耗子。
丑牛	ühér	牛（ü）	牛，古音語（物）。

寅虎	bars	彪(baio)	彪，小虎。
卯兔	taolai	兔(taou)	
辰龍	luu	龍(lung)	
巳蛇	mogǎi	蟒(mong)	蟒，王蛇，見爾雅。
午馬	mori	馬(moa)	
未羊	imaga	羊(iong)	羊，古音以。
申猴	hamujai	猴(hao)	獼(Mui)。
酉鷄	tahiya	鷄(hi)	鷄，古音奚。
戌狗	nohai	獒(noo)	
亥豕	gǎhai	豥(gaa)	豥，古音俗音嘎。

這些套蒙漢對音對義而又成套的字（參看拙作「夏語殷文典」），使我們得出兩個結論：一、蒙漢語文同源，若非漢語文為蒙語文的簡單化，便是蒙語文為漢語文的複雜化；二、若漢語文為蒙語文的簡單化，則漢語文的聲母應是古音，至於今音則為古音的聲母加上韻母了。

這兩個結論作出之後，我曾寫過一篇論文幷為學生講演一次，要求他們在學習蒙古文字的時候，須在蒙文裏認出漢字。十一月以後每週發行蒙文通信稿，把論文譯成蒙文發表。以後所發蒙文社稿，只要找到確有漢字可寫的詞句，便在正行寫漢字而在漢字旁邊註上蒙音：因此本社社稿成為一種「日文式」的蒙文（漢字旁邊註卡那）。蒙古讀者多為高級人物（王公貴族和學生），最初對於這種「日式」的蒙文感到新奇；也有批評我們不該破壞蒙文的傳統者；但看得慣了，讀得久了，他們却又稱道這種蒙文對於不認識漢字的蒙胞可以對照着來認識漢字，頗為方便，又要求我們將每一詞字都寫出漢文。這是一宗鼓勵；可惜我們不能照辦，因為我們只能在近二萬個蒙古詞彙認出約八千餘個（二十八年的數目）而已。

當時本社的地主是傅作義和榮祥。傅是綏遠省政府的主席，榮是西土默特旗的總管。榮總管字耀，北京法政專門學校（北平法大的前身）畢業，通文史，能書法，會作詩，刊有瑞芝堂詩集。任土默特旗總管，七七事變後任蒙古游擊軍中將司令、綏境蒙政會祕書長等職，是眞心抗日的蒙古有力人士。從二十四年到三十四年，我們有十年的友誼：這友誼主要是本社救出他全家的性命，而在思想上，我們都主張中華民族一元論。七七事變以前，我常去看他，採訪新聞；他則以總管自居，架子不小，題。這位總管從來不到本社拜訪，比起傅主席有時會騎着單車來社閑談，似乎倨傲得太多了。但在一次有關蒙漢語「同源」的辯論中，我們意外地建立了「文字之交」：他在二十五年到七七事變以前，幾乎是社長室的常客了，吃完晚飯，他便安步而來，一談便是三四小時。

先是，我去看他，偶然談到「胡」（「五胡亂華」的「胡」）字的意義問題。他根據日本學者白鳥庫吉的論文，認爲「胡」是蒙文 hümün（人）之 hü 的譯音，「胡」就是「人」的意思。我對他[illegible]說，古無自稱「人」亦無稱他人爲「人」之例，稱人必以其族名或種名，乃至加以惡名。「胡」字初見於趙策，有趙武靈王「胡服騎射」，如「胡」係「人」，則（移七三頁）

（接九七頁）「胡服」即「人服」，這是何等的不通？所以「胡」若非族名，便是種名，否則就是惡名。至於 hümün 是用畏吾兒注音符號所寫的「夫民」兩字，hü 是「伕」，mün 是「民」；但「五胡」的「胡」在國史上向爲惡，從趙、秦以來一直指斥住在陰山南北的人爲「胡」，恐怕不止呼之爲「伕民」即「民伕」而已。試看岳武穆在滿江紅詞裏咬牙切齒地喊着「壯志飢餐胡虜肉」，這那裏是「待以人禮」？而且「胡虜」二字連文，似乎「胡」的原文應是「胡虜」，簡稱爲「胡」，不一定是 hümün，因爲這一詞裏並無「虜」音。榮不懂蒙文，只會說些日用的單字。他也從來不能看本社的蒙文社稿，只命令總管公署的祕書爲他翻譯大意。現在他聽到我們談起「胡」的蒙文音義問題并反駁了白鳥之說，似感出乎意外。他問道：

——你也懂得蒙文？

我眞誠地告訴他說：

——現在才念到第五本國文課本，離「懂得蒙文」還遠得很呢。不過由於樂軒先生的循循善誘，卽是認得不少的單字了。

——你說「胡」字是「胡虜」的簡稱，正和我多年以來的看法相同。我也覺着「胡」和「胡虜」都是罵人的字眼兒，不像是「人」的意思。方才你說「渾」（按卽上文hümün的急呼）是「伕民」卽「民伕」，這是不錯的。蒙古話把高貴的「人」叫做「伊里根」（按：原文爲irgèn）把勞動的「人」才叫做「渾」，「喀爾沁渾，渾鼻喇」正是不把「喀爾沁」當做「人」的話。你們常說蒙古字將來都可以認出漢字來，你現在能認出「胡」和「胡虜」的蒙古語是可以寫成什麼漢字麼？

——您多年以來也懷疑到白鳥說的不可靠，令我十分佩服。我覺得「胡」就是「胡虜」，它的原文似乎不出下列幾個詞字的譯音：第一是hari ulus，是「外國」，「胡虜」可能是hari的譯音。第二是hudaldoga，意思是「商賈」，「胡虜」可能是hudal之hul的譯音；hudal也可以譯音「胡韃虜」。第三是hulagai，意思是「盜匪」，「胡虜」可能是hula的音譯。

他看着我寫出蒙古字又譯出漢音，從來沒有笑容的面孔上透出一絲絲的喜悅。隨後叫差人喊祕書來，把我的紙片交給他，問道：

——字寫得對麼？意思對麼？

祕書是個老人了，帶上遠光眼鏡，看個仔細，說：

——都不錯。

——這位就是邊疆通訊社的趙社長。

——認得的。

——你們談談話，用蒙古話。

「這分明是要考試我了。我說：

「——蒙古話還說不好，只會眼前常用的幾句。」

於是我和祕書大半漢話小半蒙語地談了一會。祕書告辭出去，榮總管說：

「——在一位漢族青年，能學到這個程度，也就可以佩服了。——你認爲這三個蒙古字那一個和「胡虜」音義相同？」

「——第一組的hari ulus，可能就是經書上的「荒」「服」（ha）之「域」（u）；第二組的hudal-doga，可能就是杜詩上「商胡離別下揚州」的「胡」。匈奴、鮮卑都曾和趙國、秦朝、漢朝互市，可以算是「商胡」的。「胡」又稱「韃」，「韃」可能是huda的da。第三的hulagai寫成漢字是「胡匪」的「胡」，hulagai殺人放火搶掠東西，可能被喊爲「胡虜」。至於究竟應該是那一字，我還沒有白鳥的學問，不敢說一定的。」

當天晚間，榮總管破例地光臨敝社；我也破例地招待他吸雅片煙（以前以後所有蒙古王公來訪，我向不招待），用樂軒的煙具，由樂軒爲他燒煙。我們三人長談到深夜始散。談話重心，除同意了「胡」是「胡匪」之「胡」以外，他也首肯了蒙漢語文同源的拙說。他并且說：土默特人屬於蒙古，但不是蒙古。我們的祖先在元朝鼎盛時期曾受編爲「萬夫長」，始有「土默特」（萬人）一部；明初就脫離蒙古，受封爲順義王，効忠明室，直到清朝和民國，我們是始終擁護中央的云云。

榮總管對於那一次的談話完全接受了。在三十年左右，他有一次學術講演，我也在座。他强調「胡」即「胡匪」，似乎忘掉這是拙說了。他本來不會蒙文，那一次他却寫出hulagai的蒙古體。字寫得很壞，還錯了一兩個字母。

諸如此類，西蒙古的所有王公仕官青年，只要通曉蒙古語的，大致同意蒙漢兩種語文係出一源；不過蒙語被用聲符寫成蒙文，漢文被用形符寫成漢文。這一語文史上的事實，在二十八年以後形成了一個「啓蒙運動」，即啓發蒙古文化運動，另有專章記之。

回頭接談訓練班學生擔任編訪，也就是內勤外勤業務實習。從二十四年七月一日社遷歸綏到二十六年七七事變後的十月社遷伊克昭盟（yihè sūmè），二十七年七月移往榆林，社中總編輯由我自兼，採訪主任初爲李曼霖，後爲裴春霖，在榆林爲謝在善。大約從二十四年八月起，每一班學生就輪流作編訪實習，每日下午派一位出街採訪，晚間派一位編輯新聞，然後傳閱、檢討。二十四年十一月一日正式發稿，星期一到星期六每晚約發社稿三五千字，星期日發蒙文稿約二千字，大部都是來自兩班學生們的習作，經曼霖或春霖修正，再由我核定，加上曼霖、春霖、樂軒、樹森所採寫的，就成爲洋洋五六篇臘紙油印稿了。每天派出一位學生，指示給他新聞對象，採訪重點，由他依照平日所學的新聞採訪學去實地練習。時間大多爲下午四至六的兩個小時。晚飯後，採訪學員不上自修，而寫出當日所訪的新聞。在發稿之後就寢之前，我便就這位學生的新聞稿和採訪時的態度、談吐、尋找深一層的新聞內幕、由甲一項新聞追踪到乙丙丁各項新聞……寫稿技術等等要領，予以講評，就是所謂「事上指點」了。這種訓練方式，給他們後來在新聞採訪工作上的效用很大，尤其給他們在抗日情報蒐集工作上的效用更大。

我不單是訓練他們採訪，並且訓練他們編輯和寫（臘）紙。每天下七點至九點，派一位學生擔任編輯，由曼霖和春霖指導。第一步是由他在採訪學生所寫的幾條新聞中或一篇特寫中找出新的速的可以公開發表的若干條或若干處；第二步是把找出的若干條或若干處加以增減，修改成爲可用的新聞；第三步是由每條新聞中找出主標題、副標題及長篇新聞中分段小標題，個別標好，由曼霖或春霖審閱可用後，送我核定，即行寫紙。這位學習編輯在完成工作後，也求聽我的講評。這種訓練方式，給他們後來在新聞編輯上的效用也很大，尤其給他們抗日情報編輯工作的效用更大。至於寫（蠟）紙，也由學生擔任。

在「草原紀事」日記中，保存着二十四年十一月十五日一次社務會議中所決定的「值班輪流表」：

星期	編輯	採訪	寫（蠟）紙
1	張文友	李復同	張治安
2	謝在善	劉鐵符	張文友
3	王康甫	謝在善	劉鐵符
4	劉鐵符	張文友	王康甫
5	李復同	張治安	謝在善
6	張治安	裴濰塵	李復同
7			張治安
			張文友

↑這個表，對於讀者是毫無趣味的；如果讓我加一番回憶的說明，朋友們卻將看到這個表裏充滿着許多抗日反共抗俄的血淚！說明如下：1、

星期一的練習編輯是張文友，就是[illegible]九段憲

所提到的張凡林的本名。每年青年節本局舉行烈士追悼會的會場上高懸着他的遺像；但在許多位烈士的芳名裏出現了張文友、張凡林兩個名字，另外還有一個名字也是張文友即張凡林，但我想不起來了。何以一位烈士竟變成三位烈士了呢？這內幕現在可以公開了：他的編制名額始終在我的通信社名額之內，三十二年又列入我主持的黑龍江省政府調查統計室編制，派駐烏審旗。當時的待遇不足以維持他和他夫人及兩個男孩子的生活。取得我的同意，他再用一個名字兼着于萬瑞先烈的蒙旗室的工作，再用一個名字兼着徐玉柱（子樑）先烈的榆林黨務督導區的工作，兩者都只拿一部分津貼。三十二年四月十五日，烏審旗保安隊和西蒙抗日游擊第一支隊，在毛奸派員鼓動下叛變了，他和軍統局的孫宜民、趙蔭普等十幾位同時被捕。十七日全部遇害（詳後）。因爲他兼着于、徐兩個單位的工作，所以報到本局就成爲三位先烈了。這是應該更正的，希望只用張文友一名。

星期一的練習採訪是李復同，寫紙是張治安，這是訓練班學生幸而存活幷來到寶島的兩位。

星期二的練習編輯是謝在善（即再善）。他現在還活着；但我不便寫出他在什麼地方。練習採訪是劉鐵符，已在三十[illegible]年殉職了。他不單是本局的幹部，也是中央黨部邊疆黨務處的幹部；但不知兩處的烈士芳名錄裏有沒有這位爲黨國爲革命而喪生的人物？

星期三的練習編輯是王康甫。二十四年到二十九年是本局的幹部，和谷一非（易非、一飛）同志合作，幹出鬨動綏包伊克昭盟的大事（見後），即瓦解僞蒙軍第九師。二十九年奉准脫離組織，赴西安任警佐，三十五年已升任警官。大陸淪陷後生死不明。

星期六的練習採訪是裴滌塵（即春霖）。當時的採訪主任是李曼霖；春霖才開始學習。他是正規軍人，對於情報工作本有素養，因之對於採訪工作也具有優異的能力。次年，曼霖辭職，我升他爲採訪主任。抗日時代應是本局最優異的幹部，反共抗俄時代不單能「攻」能「守」（臨城六個月）而且能「死」。他始終沒有脫離組織，似乎也應列在本局先烈之內的。

星期天晚間由張治安、張文友寫（蠟）紙，這是蒙文社稿的油印工作。蒙文社稿乃將一週新聞（偏重抗日）翻成蒙文，銷往蒙古王公仕官部隊學校，動員蒙胞抗日。這項蒙文社稿由我親自寫出漢文原稿，交樂軒（後爲任在善、賀景靈）譯成蒙文，治安、文友寫上蠟板，即出後發。二十八年七月一日本社發行邊疆通信報，其第二三版即蒙文，就是代替蒙文社稿的。蒙文社稿只是抗日的新聞；邊疆通信報二三版卻是既抗日又反共抗俄的了。——對本表內說明到此爲止。出現在表上的學生計裴春霖、劉鐵符、李復同、張治安、謝在善、張文友、王康甫共七位，已有三位不幸喪失了生命；兩位受着煉獄的煎熬，可能一位也被折磨而死了。

這些位學生除裴春霖和李復同以外，在社內受完一年半的蒙文訓練之後，便派到蒙古草地深處去接受蒙語訓練。劉鐵符在鮮卑地（沙賓地），張治安在西土默特旗，谷易非在達拉特旗，謝在善和張文友在郡王旗，王康甫在鄂托克旗。他們初去的時候，都是被介紹去任小學教員，漸漸深入黨政軍內層，協助王公仕官辦理旗務，也就把蒙語實地學習成功了。取得信任後，便能發動王公抗日，並多方運用而肅清了蒙地潛伏的日本特務和俄國特務（僞「中國共產黨」）。

二十七年七月，社在榆林定居。從七七事變後的十月歸綏淪陷，本社流離伊克昭盟，由副社長樂軒（這是事變後社遷到包頭時奉准的名義）維持變局十個月，在達拉特、郡王、扎薩克三旗「遊擊發稿」。經理樹森專心維持貿易工作，以應付日漸膨脹的預算；採訪主任春霖潛伏綏包，主持「地下採訪」（情報）及「地下發行」（秘發蒙文社稿），他的夫人陳頤女士擔任交通（後由蒙古騎兵挺進總隊第一支隊司令郎僞「綏西自治聯軍第一師師長」陳秉義和「參謀長」金××負責）；第一班學生張治安在拓跋吉掩護下，開設診所，潛伏鮮卑地；劉鐵符調任騎兵旅白海風部電臺報務員，和後來任黑省黨部科長的徐[illegible]協調，主持僞蒙各電臺的聯系情報工作；谷易非原駐達拉特旗，不動，另調王康甫從鄂托克旗協助他工作；張文友原住郡王旗，不動；謝在善、郝瑞林和柏蔭德根師長調隨樂軒，編訪蒙文社稿。我陷身在東北中學的糾紛中，下不了鷄公山，從十月到二十七年四月，只有設法源源接濟經費并指示「大計」而已。這一段社中經濟頗窘，中央津貼仍是四八〇元（立夫先生所付）加五〇〇元（中央宣傳部），但使用價值僅抵事變前的三分之一了；社的基金大部份投入農場，而農場已淪入敵手，小部份由樹森艱苦經商，純益也不能抵補貶值的三分之二的經費，而且無法按月提撥。社在前方，當然也時感恐慌。直到五月，好不容易地脫離了東北中學，攜帶公私所有不過八千元（商業資本不在內）從漢口到西安經延安行抵榆林，已是六七月了。召集幾次社務會議，重行部署一番。通信社於七月一日恢復正常發稿；訓練班第二班於九月開始復課；敵區情報策反工作照常。九月返回漢口，徐局長爲我增加了四九〇元經費，并在交通銀行宴請果公、立公、騮公、雨濃先生、兆民先生和張冲先生，由我報告蒙古近情。席後，立公和騮公電話請准領袖，定期召見。漢口撤退的當天，領袖在武昌賜晤（內容及效果詳後）。我便於　領袖起節前，搭乘木局交通單位所預備的汽船，和王連珂等先烈溯漢水赴樊城，轉洛陽。途經襄陽，心情沉重，適經杜甫墓，寫成「杜墓瞻禮」一詩：

「直下襄陽向洛陽」（杜句），詩聲秋草兩茫茫。剛收墮淚經山腳（杜墓在峴山北），忽訝豐碑出驛旁。千古流離同去國；當年道路此還鄉。我身未卜埋何地？墓不能言野莽蒼！

工部當年「直下襄陽向洛陽」，是在「劍外忽傳收薊北」的「漫捲詩書喜欲狂」心情之下的還鄉；而我和我的同志們則是在一敗再敗三敗武漢大敗之後的流離，此後眞不知葬身何地。回到榆林，埋頭工作了七年，直到三十四年八月日本投降。二十八年一月一日，樹森貿易興隆，我又開了第三班。受訓同學計田樹荃和他的太太曹俠，是東北青年，由劉鐵符、王康甫介紹而來。他倆原是從東北抗日歸來，流落到朱將軍的墾區去開墾。七七事變之後，墾區淪陷，逃到綏德，加入何紹南專員的劇團，過着演劇生活。男人會繪畫（本社所刊蒙文連環圖畫「元世祖東征」等和蒙文報的插圖都是他繪製的），也會木刻。在邊疆工作計劃裏原有設立蒙語劇團發展爲蒙文蒙語電影攝映廠，并設立蒙語廣播電臺，需要這對夫婦作演員和播音員。這是一對沈默者，男同志心是柔的，但女同志却太剛了。他們不會交際。次爲陶浚川，東北大學國學系畢業。二十四年他參加一個蒙古考察團，對於本社的事業發生興趣。卒業之後，他便來了。再次爲李是中，在第一班裏念過三天蒙文。後隨雨時先生到西京民報工作。二十六年冬，我們三人上了鷄公山，他辦庶務。（李曼霖辦訓育。）雨時先生交代東北中學校長後，調教育部東北青年教育救濟處副主任，他仍辦庶務。受訓不久，三十二年伊盟事變以後，調任綏蒙室主任，現在臺。最後爲齊景靈，烏審旗蒙古青年，蒙文蒙語幾乎趕上樂軒了；但漢文較差。原係綏境蒙政會指導長官公署的蒙文祕書，來社兼教蒙語。他對我們的工作感到興趣，要求受訓並兼課，我答應了他。三十二年以後的蒙文報由他譯并寫藥紙。烏審旗軍隊叛變當時，他被毛奸俘去，未殺，囚在延安，被迫替僞「民族事務委員會」（高崗任僞「委員長」）翻譯蒙文宣傳品。這些宣傳品被我們蒐集到，才知他故意使用艱深的蒙文，并譯得詞不達意，使蒙人無法看懂。例如毛奸的「論聯合政府」蒙譯本，就被他譯成「天書」了。最有趣味的是，他竟把「中國共產黨」譯成「俄羅斯的第五縱隊」（Rosun 俄國的 tabtugar 第五 mètègèrci 偵探 inchriks 兵們）這是因爲他譯拙稿「中共論綱」在本報連載，用字慣熟了，不知不覺地便使用在毛奸的文件裏了。好在毛奸高崗趙通儒輩對於蒙文一竅不通，因之任它流傳。三十八年春，他脫身到達歸綏本社，有信給我，說是肺病已到第三期，只想看看我們，便回家等候死期去了。我送了一筆錢給他，并命農場負責醫治，如果不幸，爲辦善後。我想他一定是作古了！這是一位中國國民黨的天眞純樸的蒙古同志。

二十八年七月一日，本社四週年紀念日，蒙漢合璧的邊疆通信報出版；訓練班第四班開班（發行訓練），受訓同志是尤步俠、党士秀、楊愷和郭興岐。社中書記、辦事員、工友等也一體參加。党士秀同志原通蒙語，派赴各旗推銷本報。烏審旗叛變時，在小橋畔在近被捕，生死不明。

這第四節本預定將社寫完，第五節以下專寫工作。限於篇幅，和近來右肩「肩凝」，寫字費力：就寫到這裏爲止。（本節完，全文未完。）

五、「黨的建設」

二十四年七月一日，邊疆通信社在西土默特旗也就是綏遠省省會的歸綏宣布成立。由當地三家日刊發表新聞，並託大公報駐綏記者楊令德專電大公報，北平則由復生新聞編譯社發稿，京滬漢粵也分別請由各報駐平記者發出專電。邊疆語文訓練班於八月一日也正式復課。我於七月二十日赴京，八月十一日向組織部部長陳立夫先生提出「對蒙工作之經過、觀感及計劃」（現存有原稿）。當我應邀前往黨府街謁見陳先生之前，本黨東北核心組織的先後負責人梅公任（佛光）、齊世英（鐵生）兩先生業經親自和電話聯系陳先生，知道他正在患病，我只好等待。當八月十一日下午我如期到達陳先生的寓所的時候，在樓下客廳招待我的記得是劉百閔先生。談了一會，我被引到二樓裏間陳先生的臥室，他正半坐半躺在一個安樂椅上。雖然是八月中旬的南京，人穿着單衣還在流汗，他卻穿着夾衣，身覆豹皮褥子，證明他真是病着。病着還在會客，當時令我頗受感動。他讓我坐在身旁，寒暄幾句之後，便要我自己擇要宣讀相因我寫的「計劃」。這個「計劃」長達萬字，臨時自己擇要也不無困難。但先生既然囑咐了，只好宣讀了。我將第一章「對蒙工作之經過」（第一節：採訪蒙古新聞聯絡蒙古王公青年，第二節：指導成立青年蒙古社，第三節：成立邊疆語文訓練班及班之遷綏，第四節：聯絡李海山）略作口頭說明；然後把二章「對蒙古之觀察」（第一節：內蒙自治之由來及其意義，第二節：內蒙古之不統一及德王之寡頭政治，第三節：德王的所謂外交政策，第四節：蒙政會的分析，第五節：閉關自守，第六節：德王眞心親日乎，第七節：德王決心反對本黨入蒙乎，第八節：蒙政會之前途）作了稍詳的說明。譬如在第六節「德王眞心親日乎」裏說：

「德王希望利用外力復興蒙古。中央與日本，在德王眼中均屬外力。德王和日本固有相當往來；但非決心投降，不過擬利用日本，取得援助，訓練蒙兵，以實現其『大蒙古主義』而已。」

「但中央如不及早設法，恐結果德王將成日人傀儡。」

在一位研究近代蒙古史的學者，必會於二十八年以後的今天證實我當年的觀察，正確無誤。我一邊讀着，一邊在原件上勒紅線，預備將來先生如果親自過目時，注意這些地方。他在我提出「中央如不及早設法，恐結果德王將成日人傀儡」一類問題時，必定張開眼睛問一聲「怎麼辦」的話。我則答以後面作了對策。於是擇要報告第三章「對蒙工作之計劃」（第一節：本班對蒙工作內容，第二節：本班深入蒙古之方法，第三節：邊疆通信社之工作）；并逐條說明第四章「關於中央對蒙政策的建議」：

「一、中央輪流召集王公、青年來京，優予招待，變換其對中央之觀感。

「二、爲蒙政會增加建設費；技術人才則由中央派遣。

「三、中央訓練若干同志（深通蒙語蒙情），送入蒙政會及各王府服務；中央各機關亦儘先儘量任用蒙古青年。

「四、蒙藏委員會分爲蒙藏兩部分，以索王或阿王任蒙古部分首長；如任用德王爲蒙古部分首長則更佳，因如此，德王及青年可滿足慾望。

「五、中央派員週旋於蒙、綏之間，爲蒙古開闢一條內渡之路。

「六、派青年蒙漢同志入蒙，祕密進行寫的工作。」

說到這一條，陳先生說：

「趙同志的小組可以無限擴大，擬一個名字，不再列入東北力行社，負責蒙古黨務。

我說：

「我願意負責。什麼名字好呢？

陳先生想了一想，說：

「蒙古力行社怎樣？

「蒙古兩字太明顯，叫邊疆力行社怎樣？

「可以。

於是我接着宣讀報告：

「七、對內蒙反動份子，不必逮捕（捕韓鳳林影響頗惡），祇可調來中央，優予薪俸，就便管束。」

「八、蒙、綏糾紛最多縣份，由中央薦人交由綏遠省主席任爲縣長，創立模範縣，澈底消弭蒙漢惡感。

「九、爲執行上項政策，在中央黨部蒙藏科及蒙藏委員會外，另委專人祕密負責。」

說到這一條時，陳先生說：

「趙同志看過徐祕書了麼？

「看過了；但沒有談到重要問題。

於是陳先生寫了一個鉛筆紙條，大意是趙尺子同志由本局任用。本報告亦請恩會兄簽列意見云云。這時我覺得不應再三苦累一位病中的長者，因爲差不多已談了一個多小時了。藉着他把字條交給我的機會，我說：

「先生的病還沒有大好，打攪您這許多的時間，真真覺得對不起。下邊還有一章，可不可就請徐祕書看看？

「好。

「用款，向恩會去說。

我起身道別；他欠了欠身說：

這次會談之前，我就見過徐祕書了，由梅佛光先生親筆信介紹的。徐先生邀見的地方在丁家橋的東北位置，穿過竹林，一所新建的屋宇，房間似乎不少，辦公的人也有許多。徐先生豐神俊朗，態度嚴肅，借同一位年青的同志，和我交談，便由這位同志筆錄下來。所談的都是蒙古情形。當時我不知道徐先生是主管什麼業務的祕書？也不知道徐先生隸屬在什麼機關？只是胡里胡塗地談了一番。在和陳先生談過之後，我再去問趙昕初先生，才知道徐先生是中央調查科（時正改局中）的實際負責人，而調查科是本黨對付共產黨和漢奸的調查並行動的機關。

第二天，我拿着陳先生的手諭、我的「計劃」，到中央黨部裏一所光線灰暗的二樓房間，再度拜訪徐先生。他偕帶劉桂（馥齋）同志接見了我。談了一會邊情以後，劉桂同志走了，我把陳先生的字條和「計劃」交他看過。徐先生說：

——這個工作十分重要，趙同志祇管放手做下去，中央一定隨時支持。馬上我向陳先生簽保你的名義。在本部，趙同志從本月份起發表調查員。你現在的經費是多少？

——有名義也可以，沒名義也可以；但名義請不要公開發表，因為蒙古工作，若公開發表名義，對於工作並沒有益處。——本社的每月經費是四百八十元。

——名義表示工作崗位，中央必會給你的；不發表更好。四百多元嫌少了些。你這第五章「希望中央援助本班事項」之二的「希望中央增撥的款」應是多少？

——七月份到明年十二月份，希望每月增加五百元。

——可以的。

這「可以的」三個字，表示當年的中央為了工作真真「可以」慷慨地撥款。現在算一算：五百元可以購買二千五百隻老母雞，合起今天的新臺幣來是十五萬元了。今天那裏去找這樣的大手筆？「猶之與人也！出納之吝，謂之有司！」恢復了二千五百年前的孔子時代！

又隔一天，陳先生請吃便飯，徐先生還有幾位先生在座。飯後，陳先生約我到樓上談了片刻，他說出綏遠省黨部委員、蒙旗黨務特派員，還有一個什麼名義，已想不起來了，由我選擇一個。我說：「如果不公開發表，不參加省黨部會議及辦公，幷根本不使黨部知道有我是委員，則對於工作是有利的。」

「怎能不參加會議和辦公？」

「這樣必會給蒙旗人士和日本特務知道的，對於工作有害無益；不如一個新聞記者立場超然。」

「那麼由中央給你蒙旗黨務特派員名義，工作由恩會指導，不經組織部，怎樣？」

「那就很好了。」

於是我懷着無限的興奮，返回陰山山下：把邊疆力行社書記、蒙旗黨務特派員、調查員三位一體的身份深深地掩藏起來，除了樹森以外，不單沒有告訴過任何一位同仁同志和同學，就是對我的先嚴也從來沒有稟報過。這時我有四萬元基金，每月九百八十元經費，全部交由樹森經管，就是對先嚴也一字未曾提過。道理有三：一、這是黨和長官鄉長友人資助的事業資本，必須每一文都使用在事業上；二、我家裏還算有錢，不等着我賺錢來買柴買米；三、儲蓄邊疆貿易公司的資本，務期五年以後，用公司的公積金完成未來五年的事業，不再向中央支領分文。誰又會想到七七事變，日軍沒收了這四萬元的一半？二十七年法幣膨脹倒掉了所剩二萬元的一半？英國封鎖緬甸路更奪去我全部的經濟基礎？

這且不提，還是接談「黨的建設」。我由南京北返時，向中央組織部請領了三千張入黨申請表。這就是本文第四節所提到的直接入黨申請用表。只要在社會中發現有用的人才，徵得他的同意，塡明姓名年齡籍貫等項，由本人簽名蓋章，加貼照片三張；再由我代找中央委員兩人作爲介紹人，呈交中央組織部，立刻奉准給予黨籍。我則依照黨章，編成小組，而直接指揮其小組組長。俟訓練考核一段時期之後，選取最優秀的黨員，爲其監誓加入邊疆力行社，就可付以任何任務了。在我沒有奉派爲邊疆力行社書記和蒙旗黨務特派員之前，就會使用上述組織法，吸收了幾十位東北義勇軍將領、社會人士、青年學生直接成爲本黨黨員；但入黨後便自行歸入所在地黨部訓練領導；至於進一步加入核心組織，更須設法將這位同志安排加入東北力行社的某個十人組，這也就是說既不能由我直接訓練領導，又不能不經過東北力行社的一番曲折，對於邊疆（西北）工作不易直接發生作用。從此以後，可用蒙旗黨務特派員的身份，把徵來的黨員編成直屬小組；并以邊疆力行社書記的身份，自行監督編組十人組；這對於吸收同志而領導工作，便十分得心應手了。

回到歸綏，將這椿革命工作的業務部分交由樹森祕密主辦。在社內編成兩個十人組，樹森領導八人（這也是爲了便利他的統馭），由樂軒領導三人（時社內連我在內共十四人），另撥蒙古同志六人編入樂軒組。爲了還有些同志淪入鐵幕，生死莫卜，雖然還有檔可稽，但我仍須姑隱他們的姓名。樹森、樂軒確已不幸逝去，這裏必須大書特書兩位的名姓，因爲這是邊疆力行社開山的兩位小組負責同志。

在社外，編成四個小組：第一小組在百靈廟，由巴圖爾同志任小組長。組員計陶立濱、吉致祥、鮑裕如、××××、黃志厚、張子明、敖雲章、陳韶武。巴圖爾同志漢名鮑國卿，中央政校畢業生，二十四年任百靈廟小學校長。勝利後返旗被共奸殺害了。陶立濱同志是枕華的妹倩，中央政校畢業，二十四年任蒙政會教育處代理科長。勝利後被外蒙古擄去，後來也遇害了。吉致祥同志，北京蒙藏學校畢業。二十四年任蒙政會祕書。勝利後曾隨德王到平。大約四十二年在北平窮困而死。張子明同志係蒙政會科長。也曾隨德王到平。三十九年和樂軒先後死在北平雍和宮。鮑裕如同志係西北幹校畢業，當時指揮德王的親兵（袍子隊）。勝利時因抵抗外蒙古和共奸姚喆支隊的繳械，不幸陣亡。×××××漢名×××係春霖的同期同學，任僞「多倫地區司令」李守信的參謀。當年駐在多倫。我們爲什麼把他編入百靈小組呢？這是根據情報研判：一旦德王作了傀儡，日本人必將驅使李守信和德王合流，而由多倫推進到百靈廟。×同志始終追隨李守信，任參謀長、師長等職。勝利後，德王和李守信只剩下他這一個騎兵師（原為九師），退到北平。三十九年，德王、李守信奉 總統密令在行政院長閻百川支援之下，遊擊寧夏北部，仍由他指揮。四十二年或四十三年囚於撫順集中營，和德王一道。周東義也係春霖的同期同學，任李守信的副官，升至副官長。勝利後隨李守信任騎兵師第一預備團長。三十七年冬被捕，死在佳木斯集中營。豈志厚字子厚，係留居鮮卑利亞的老華僑，和樹森的父親是生死之交，都於民國六年俄國革命以後參加「遠東共和國」憲兵隊，任上尉。「遠東共和國」取消以後，田豈兩老返回哈爾濱，田老先生開設照像館，豈老先生則經營長途汽車。九一八後，流亡北平。二十四年起在百靈廟經營小雜貨舖，直到勝利。三十七年以七十六歲高齡，在北平逝世。敖雲章係留法學生，民國五六年已任北洋空軍司令，發了大財，置有宮殿式的住宅。到民國二十四年以後，卻已成為破落戶了。他和德王係多年老友（私塾同學）。德王任蒙政會祕書長以後，聘他做巴克西（僕射）。在抗戰期中逝世。陳韶武蒙名超克巴圖爾，係枕華的表兄，中央政校畢業。抗戰期中，他做到僞「廳長」。勝利後隨德王返平。三十八春，總統專機接運德王、李守信、××××等入京，因為機位不足，韶未得同行。北平淪陷以後，藏藏躲躲，窮困憂傷而死。——這十位同志都為本黨作出過驚天動地而迄今未被人知曉的大事！以後我將陸續寫到。小組長巴圖爾實際并不能領導這些同志；他的任務只是傳達我和這些同志之間的通信。而且他也始終不知道自己是小組長，其他同志也彼此互相不知誰是國民黨黨員，更不知他是小組長。直到勝利，我才把本局很久以前頒給他的委令交給了他。為了保守對敵工作的祕密和每一同志的生命安全，這種祕密是必要的。

第二小組在德王府（滂江附近）由徐棠侯同志任小組長，組員計卓世海、許渙彩、巴圖巴彥、王修如，還有電臺臺長（忘名）和報務員二位（忘名）。徐榮侯同志安徽人，民國初年就是滂江電報局局長，和德王頗有交誼，其子增埜拜德王爲義父，在德王膝上長大。枕華主持士默特電臺，增埜任報務員。增埜經枕華介紹入黨校，我囑他返回滂江，迎接榮侯來綏。長談之後，他願效忠黨國，遂爲其辦理直接入黨，并在未奉中央批准之先，提前舉行入社宣誓，因他不能久留而特開一例。勝利前二年，他任僞「厚和市長」，才由增埜把黨證送交給他。十九年，榮侯隨德王遊蕩，死於定遠營。[redacted]同志係錫林格勒盟駐張家口辦事處長，也係增埜的義父。經榮侯介紹入黨，二十四年十二月，我親赴北平爲他監誓入社。勝利後沒有見到他，大約在抗戰期中作古了。許渙彩、巴圖巴彥、王修如三位同志都係滂江電報局的局員，經榮侯介紹。電臺臺長大約是姓楊或姓周（本來可以查出來并有照片），原係百靈廟電臺的報務員。二十四年七月我赴百靈廟時，由鐵符介紹相識，他和鐵符在東北義勇軍某路司令彭曉秋的電臺同事。他也是浙江人。一次他來歸綏，祕密告訴我他是本黨同志。爲家庭生活所迫，在這隨時可以成爲漢奸組織的蒙政會工作，心有不甘，託爲另覓工作。我囑咐他取得祕電本，以便代爲設法。不久他又來綏，帶出德王和其大公子以[redacted]通報的祕碼。德王和大公子的祕碼係將蒙文字頭及拼音聲母編爲阿拉伯數字，成爲明碼（但在不通蒙文的人看來已成密碼），並把這明碼加上十個蒙文數字，成爲十種密碼。例如蒙文第一字頭爲a，碼爲一一一一，第二字頭爲e，碼爲一一一二……共爲一千個明碼；由這明碼的每一數字加上十個蒙文數字的號碼，便成爲十本密碼，例如「ni密」，就是在a字頭的一一一一加上na字頭的一一一一，成爲二二二二。其他九種密本依此類推。（這段文字，非通蒙文字頭和拼音[redacted]者，還是莫名其妙。但我也只能這樣寫來，不勝抱歉之至！）德王和[redacted]通報，除了也用這十種蒙文密碼以外，還有三四種漢文密碼。這位同志將密電碼和密電本交給我以後，並親自上士默特臺抄來德王和大公子卓世海往來電報數份，全係蒙文密碼。我令鐵符同志照碼先譯蒙文，由蒙文譯成漢文。這幾份電報不單證明了密碼的眞實，而且就從這些往來電報裏已可洞悉德王和日本人勾結的眞實內容。記得其中一份電報是卓世海拍給德王的，報告中澤（關東軍聯絡參謀）於某日抵張（張家口），已派車送往王府（德王府），轉廟（百靈廟）云云。這位同志返回百靈廟後便有密信帶社，證實中澤已到王府。到十月我上廟時並親自會見中澤了。一切證實之後，我爲這位同志監誓入社，幷託咐蒙政會電信管理局局長關翼青同志（這是齊祕書交下的組織同志），勝利後被外蒙古俘去殺害），調他升爲德王府電臺臺長。他後來介紹了兩位報務員，工作到三十二年，以後失去聯絡，令人懷念之至！

第三小組在南濠塹，由呂存義同志任小組長。組員全是由他介紹的，計王子修、安春山、冉××（他的團附，名忘）、王全一、呂正平，還有十幾位。他這小組的人數最多，率就事實，只好破例。呂存義同志字路亭，係察哈爾獨石口外的綠林俠客，綽號呂二小。十七歲受褚玉璞招撫，率騎兵七千員名受編，任少將騎兵旅長。民國十七年受徐源泉策反，任十七軍（？）副軍長，參加北伐。二十二年任孫殿英部第一旅長。孫殿英作亂，進攻寧夏馬鴻逵。他和第二旅長李純華反正，一時軒然大波的寧夏事件得以煙銷火滅。不意在呂、李兩旅奉令開往甘肅整訓途中，經過慶陽，被胡宗南部所繳械。呂、李又奉令入陸大受訓，李考取，呂落榜。返回北平，準備功課，拜我爲師。我看他只會打仗、吃雅片、玩女人，一輩子也不會考上陸大了，便勸他重組部隊，滲入僞軍，這就是「抽薪─反共抗俄經驗談」裏所謂「聯絡僞軍，召其反正，製造僞軍，以爲內應」的「聯僞造僞」謀略（見七十八頁）了。二十四年他任僞王道一部的團長，駐南濠塹。由南濠塹到大廟（察哈爾至綏遠東北部，包圍綏遠）都是日本關東軍所編組的僞軍，王子修、安春山、張砲彈（綽號）……都是僞師長旅長之類，全是路亭的朋友，有些也是我的朋友。路亭在東北力行社裏本來屬於我的十人組。現在我派給他一個祕書侯乃成（我的妻弟），幫他成立十人組。不到兩個月，侯乃成達成了任務。幷由路亭陸續祕密引介赴平，宣誓入黨入社了。這些僞師旅長都是北洋軍閥失敗後失意的軍官，黨和政府並未理睬他們，他們曾經屬於軍閥封建餘孽，也找不到黨和政府的門徑；而又各有潛力，不甘雌伏，便被日本特務勾搭上了，利用他們對於政府不平不滿的情緒，編爲僞軍，進攻祖國。在他們則自覺着這是當了漢奸，內心羞愧，總想聯系上祖國的工作人員，武裝反正，重新獲得祖國的一官半職，并可安插部下。所以我的「聯僞造僞」謀略正好掌握住他們的心理，稍一示意要他們入黨，眞是求之不得；入黨後再要他們宣誓入社，告以以後就正式成爲中央的地下工作人員，再也不算漢奸了，他們更是大喜過望，只待中央下令抗日，便可內應國軍。

第四小組在歸綏，二十四年秋枕華任小組長。（單小傳已見上文）他當時任蒙政會土默特電臺臺長，是我由京返綏後首先宣誓入社的同志。他始終相信德王必當傀儡，不願同流合污。我幾次對他說：德王作傀儡雖然是命定的；但我們可以在他嘗到傀儡的滋味以後把他拉回來，將來仍可能成爲黨國的楨幹。你仍應留在德王部下，作這組織工作。他終不肯；一時又找不到較好的工作，於是要求德王調他任阿拉善旗（寧夏賀蘭山外）電臺臺長，準備於德王投日時，舉臺反正。他把土默特電臺交給增堃代理。枕華的小組只有增堃一人。枕華西去以後，我指定增堃代理小組長，全臺報務員都被吸收入黨入社，大約共爲四人，另撥亢仁、任秉鈞、關??（名忘）屬於歸綏小組，而由樂軒側面領導，因爲增堃那時是太年青了。增堃和他手下的報務員全部入社以後，土默特電臺所有重要電報全由我先看以後，再行收發：於是德王和傅作義，德王和綏遠省兩盟王公之間的一切問題，我都比他們自己還早知道幾個小時了。土默特電臺又可以抄收張家口電臺，每晚必抄，當夜送來，由鐵符照蒙碼譯成漢文，有時且由鐵符親自上臺去抄，我也就知道了德王和[illegible]並間接[illegible]日本特務機關在幹着什麼了。截至二十六年七七事變以後的十月，德王府、土默特、張家口三座電臺完全控制在我的手中，無所不知。正由於無所不知，我深深地了解了德王及其部下沒有一個人是眞心親日，就是專爲德王負責聯系日本關東軍特務機關的卓世海、金永昌、陶克陶：……也都是存心花日本錢，幹蒙古事；只是目無中國而已，但對 蔣委員長却是中心仰賴的。

亢仁同志字壽亭，北京大學畢業，時任蒙政會駐歸綏辦事處長。原係本黨同志。宣誓入社後，所負的任務是中和德王和傅作義之間的衝突。由於他和德王的關係密切，我囑全社（通信社）同志不向他採訪任何新聞，這是爲了透過他轉達德王知道本社對於百靈廟並沒有任何不利的企圖。這兩點他完全作到，可由增埜交來他給德王的密電中明顯地看了出來。二十九年他作了一件關係歷史的大事，這裡「按不正表」，因為太長，將於另節裏寫出。勝利後不幸被外蒙古俘去遇害。任秉鈞同志，北京大學畢業，時任綏遠省黨部蒙旗黨務推進委員。他和土默特旗總管榮祥關係最深，入社後的任務是發動榮祥抗日。×××同志（名[illegible]隱），北京大學畢業，××的侄子。××無嗣，××承祧。入黨入社以後，任務也是發動抗日。關××（[illegible]）同志是關懷青同學的族弟。懷青任蒙政會科長，後亦入社。關同志在歸綏開設大北旅社，百靈廟來人都住在該社。他的任務是報告「時人行踪」。

這四個小組於二十四年冬天組織完成。社員也全部入幫，由樹森擺設香堂。樹森長鬚飄拂，慷慨義氣，風度精神都可稱為一位良師。他們有些是先入幫然後入社，有些是先入社然後入幫。幫係青幫，旗號為興武六，先師尹老前人，上恆下敬。我和樹森都是大字班。那時西北已見二十六輩，所以失去了地位；我們到達的時候，看出這一點，便開了山門，我收王公徒弟，樹森則收王公以外的徒弟。

由於我們輩份較高，吸收徒弟自然十分地順利。青幫是義氣血性的組織，對於發展邊疆力行社[illegible]優良的贊助。先入幫後入社，是在義氣結合上加一層革命結合；先入社後入幫，是在革命關係上添一層義氣關係。我們運用這兩種組織，算到七七事變，兩年之間，組成二十幾個小組，吸收社員即徒弟雖然不足二百人，但佈滿歸綏、百靈廟、滂江、張家口及察綏兩省境內蒙旗的政軍教社各階層。我則掌握着這二十幾個小組，蒐集敵情，指揮偽軍，轉化傀儡組織成為本黨的革命組織。岳武穆用兵有兩句要領，就是「運用之妙，存乎一心」，據蔣百里先生註釋，所謂「一心」指[illegible]部下的同心戮力而言。我們在大漠中工作十年，可以說「運用之妙，存乎一黨」。這大約二百位直接入黨並入社入幫的同志，被革命和義氣兩個紐帶纏成一體，結成「一心」，自動地而非被動地為本黨工作也為本局工作着，用不着利誘，也用不着威脅。可以說人人是一位優秀的情報員，個個是一位良好的政治作戰人員。這裏並沒有「間諜小說」似的神祕、荒唐、刀光、劍影，只是平平實實的「黨的建設」。（本節完，全文未完）

六、「塞上風雲」

第三段裏寫到「青年蒙古社」的時候，曾提及蒙政會百靈廟總臺和全部分臺的臺長、報務員、譯電員都是我介紹直接入黨的同志，因此將來往密電凡屬違背他們思想（愛國抗日）信仰（三民主義）的，都自動地抄錄或保存原稿，函告或帶交給我，幷隨時隨地蒐集日本特務活動及王公與日本人來往的新聞，全部機要，不能發稿，除由復生社參考之外，毫無用處。本段擬將德王府電臺報務員金庭槐、韓鳳娥兩同志首先發現潛伏在蒙古的日特笹目恆雄的經過，先行報導出來，然後再逐一報導本社發動逮捕笹目的詳情。

在熱河遊擊時期，我們吃過日特不少大虧。一次是在二十一年八九月，朱霽青將軍率領五六十員幹部和三十萬發子彈、六門迫擊炮和三百餘發炮彈，另手榴彈若干，由天津運到熱河凌源縣的喇嘛洞以南三十華里的地方，這是由南向北走。我在清晨六點，騎着一匹毛驢，由北向南，去迎接朱將軍。大約九點鐘，天空飛來日機三架，飛得很低，也是由北向南飛，匆匆飛過我的頭上。不久之後，聽到南方發生爆炸和機槍掃射。午間，走到喇嘛洞，據傳日本飛機炸毀了軍隊的大炮。趕到天黑，在一個小村落裏找到許多車馬，才知道是朱將軍返來幷運來軍火而且遇炸了。一會兒見到朱將軍，他正在親自審訊一個蒙古喇嘛模樣的中年人，這正是上午日機轟炸當場打信號槍的。他供認在藥王廟當喇嘛，已有十多年。昨天軍火路經藥王廟，他拍無線電到錦州；今晨跟踪運輸車北上，臥在高粱田裏發槍指示目標。人槍併獲，并已由總監部派兵去查抄電臺了。這天當晚，起出電臺，另行逮捕日特一名，也是喇嘛裝束，兩人都說得一口蒙古話。朱將軍和邵丹甫祕書長用日本話問案，開始他們裝着不懂；其實他們在表情上毫無保留地洩露出自己是日本人來。審訊中間，叫他倆脫下襪子，十指分瓣，特徵顯然，無法抵賴，才招認是十餘年前由日軍派出來，長駐桑王廟，開小店掩護。依着我們全體的意見，是槍斃了他倆；但朱將軍却作了一個政治戰的處置，宣佈他倆死刑，然後各送現洋一百元，并以人送往虹螺峴，囑他倆速回日本，不要再幹侵略中國的勾當。當宣佈死刑的時候，吓得兩個小鬼叩頭如同搗蒜；當告訴他們如果再作特務，一定槍斃，這會先行釋放回家，又是叩頭而且大哭。

又一次是當我們前進到黑鷹（地名）的時候，遇到一個騎驢的蒙古人，漢話說得也很好，但不知不覺地會流露日本人的手式（鞠躬時雙手拊膝）和日本尾音。他告訴我們路徑，并說大馬廠可以駐兵。這次我們提高了警覺，由本師趙營長祕密派員跟蹤他到一個小鎮看準了他的住處，并澈底監視。第二天，朱將軍的總監部又受到日機的轟炸，投彈八枚，一枚未爆。經工兵起出，竟是東北兵工廠民國十三年所造的迫擊炮彈。日機走後，我立刻命令趙營長親自前往把那個騎驢喇嘛逮捕，在白菜窖（東北秋冬防霜的地窖）裏搜出電臺。這回我們不讓朱將軍知道，怕他再行釋放；逕押營部，由我審訊。他的抗刑能力很强，皮鞭子打在背上，不聲不響。第一次問供，他幾乎是未發一言。在囚室裏，我們的監視兵看見他似乎在吃藥。第二次刑訊，他仍然儘量忍打，若無其事。我們判斷他必有一種什麼耐刑的藥品藏在身上。過了一天，讓他脫下所有衣服，換上軍裝。由他所穿的喇嘛棉袍的下襟上搜出許多白色的藥片。第三天又提訊他，并告訴他已竟無藥可吃，為免受苦，趕快直說。他仍是不言不語。於是再打皮鞭，果然不到幾下，他就大聲喊叫了。結果供認；他係關東軍的少佐，姓篠井，名字現已忘記了，在上海同文書院學好蒙文蒙語，奉派駐在蒙古，許多蒙地都長期住過，調查兵要地誌，聯絡蒙古王公，許多熱河名王都是他的朋友。月支特務料三百日元，薪餉除外；若有特別開支，由義縣特務機關轉請大連特務機關支付。經說服以後，他供出分佈在昭烏達盟的日特共有十幾名，姓名、特徵、經常駐地、主要活動……一一親筆寫成，并志願領導我們前往逮捕。當時本軍是在攻擊義縣途中，便帶着他出發，準備攻入義縣去抓特務機關長，由他指認。不意十八日的夜間，衞兵一時疏忽，籐井潛逃。幸在三五分鐘內發覺，大家分頭追捕，在一個小樹叢裏把他抓到。我告訴他：「本來要你立功折罪，放你回國；現在你野性難馴，我們只好對不起你了。」他也跪地哭泣求饒；但我們明晨就要作戰，防他再跑，不得已只有打發他的靈魂回國去了。

基於以往種種經驗，我們可以判斷化裝蒙人駐在蒙古的日特一定不少。因此，我經常函囑電臺同志，設法偵查。金庭槐夫婦是第一次提供資料的兩位蒙古同志。金同志大約是達爾罕王旗的青年，有肺病；他的夫人韓鳳娥同志是德王的親信韓鳳林上校的妹妹。人長得挺結實，雖不怎樣美麗，在蒙古女人裏也算屬於都市型的了。大約是二十三年秋天，由金同志的來函中發現了沙沙墨這一個特殊人物。金同志的報告，記得是說：在德王府和滂江的中間，建有兩座泥造的蒙古包（monggol boraga），經常住有一二個蒙古商人，來往張家口購運商品。其中一個名叫沙沙墨，說蒙古話，但不很純熟。自稱是東蒙古的喇嘛，因爲寺廟被漢人焚燬了，逃來西蘇尼特旗經商。生活闊綽，大量送禮，常常看王爺（德王）。每月都請電臺同人大吃罐頭，大喝洋酒。經常的言論是「聯合日本，打走漢人」。我看他很像日本人云云。我當即寫信給他，請他設法照來沙沙墨的像片。不久果然寄來了，沙沙墨站在中間，金同志夫婦立在兩旁。可惜光線較暗，看不清楚。託一位開設照像館的譚姓朋友加以放大，才能認出沙沙墨十分八九不是蒙古人。我又寫信，請他倆設法看他的脚枒，告以日本人長期穿着下馱〔即蒙古語gutal，也即漢語屐（gu）鞮(ta)履（l）〕，十指粗圓，不像中國人的脚指是不分辦的。爲了這一任務，韓鳳娥同志親自騎馬去看沙沙墨。大吃大喝一頓之後，韓女士說是要洗脚，吩咐沙沙墨給她煮開水，開水煮來，韓女士脫襪便洗，并要沙沙墨給她揑脚；一面叫他也乘着水熱，同洗一番，然後她給他揑脚。這個久住沙漠，不見女人的小鬼竟然遵囑照辦了。韓女士返回王府後便和她的先生寫一封信來，報告沙沙墨確是日本人——偵查到此，費時約爲一個月。這些資料，都給趙社長看了，他主張發稿；我說這是無益的：不要打草驚蛇放跑了這個日特，並可能危害金韓兩位同志的安全。不久，金同志夫婦來平休假，趙社長和我爲他倆在玉樓春洗塵，才得知沙沙墨洗脚的故事。我問韓女士怎想出這套辦法並那裏來的這股勇氣？她說：這都是庭槐出的鬼主義，爲了抗日，我出了一次洋相。宴後，我對趙社長說：國民黨的同志都有爲黨効力的犧牲精神，新入黨的同志精神更好。我又笑着告訴趙先生：看着吧，這也許是一部間諜片的開始。

第二年七月，我的通信社在西土默旗即綏遠省會的歸綏開業以後，我吸收了鮑國卿同志入黨。他是中央政校分出的邊疆學校畢業，本是黨員。分發任百靈廟小學校長，脫離組織很久了，因此爲他辦了直接入黨，并開了山門；這樣在黨的組織上，他是黨網的第三環，而在幫的系統上，也是我的徒弟了。鮑，他提出一個報告：「沙沙墨是一個雖然可恨可殺但是很値得敬佩的一個日本人。他到蒙古來，是十年前的事情了。走遍了百靈廟以東各旂。化裝喇嘛，說蒙古話，吃炒米，喝牛乳，住蒙古包。誰也不曉得他是日本人，如果他自己不洩露的話。」「他身上的寶貝有三件，第一是手杖，上頂鑲着指南針，整高三尺。第二件是念珠，普通是一百零八枚，他的念珠却是一百枚。第三件是背夾，喇嘛行脚時背上放置經卷的木夾子。這三件法寶有什麼用途呢？用途毒得很！他旅行着，由這一旂到那一族。但從來不肯使用代步，除了回程。他走着，每一步是一尺半，他拈過一個珠子。念珠拈了一週是一百步了，他記一個數字，這樣他算出精確的途長。在道路上，他用這手杖定準方向和地望，測量山高，探視水深。晚間宿下，打開背夾——你以爲他要唸經麼？不是的！他悄悄地打開草圖，而用他今天走過測量的情形，加以修正。」「他在平時是很沉默的。但在他吃過酒之後，便可以無話不談。他告訴我，只有日本人是蒙古人的朋友，中國人不是朋友。他甚至於說『我已經把蒙古國（指德王僞組織）弄出來了；我要再去弄個西藏國！』但他不說日本話。這是他把我看作可以選爲日本奴才，而說的體己話。」

我囑咐鮑國卿同志，繼續偵查沙沙墨要在什麼時候用什麼方法導演僞「西藏國」，并密切注意何日再度前來百靈廟。那時他導演德王僞組織初步成功，經德王府回僞「滿洲國」去了。一面函囑金庭槐同志注意[illegible]沙沙墨的行踪。

[illegible]，大約是[illegible]月，沙沙墨曾把德王的代表陳紹武（其實是我們的同志）引導到僞「新京」——長春，會見日本關東軍司令（武籐？）和土肥原，商定「日蒙防共互助協定草稿」。從此以後，沙沙墨的立場身份便都在蒙古高層人士面前暴露了。在二十四年[illegible]月，陳紹武同志經過北平的時候，祕密告知「協定」內容，請我代爲轉報中央備案。他說：

——「沙沙墨表面上是日本善隣協會的代表，住返大連、通遼、多倫、滂江已有十多年了。在二十四年春天，人們只知道他是蒙古人，都叫他喇嘛。實際上現在才知道他是關東軍特務機關的一個中佐，在土肥原面前原是很紅的，和領導『蒙古組』的川島芳子也有肌膚之交。這次王爺（德王）派我跟沙沙墨去長春，只是去看看日本人能給王爺多少枝槍，多少門砲，用來對付傅作義；沒有想到什麼『日蒙防共互助協定』的。只是土肥原、沙沙墨單方起草了這份『協定』，要我出席討論。

我說：「王爺沒有給我這份權力」，不能出席。他們便把「草稿」交了給我，要我寫出意見。爲了不給王爺得罪日本人——你知道日本人隨時可以捕去王爺的家眷，我寫了幾點意見。這「草稿」是要王爺組織「軍政府」，統治察綏兩省；日本人供給軍政費三年；訓練八個騎兵師，槍械由日本人供給，人馬由蒙古抽調：這是主要的內容。日本人沒有要求領土、礦產的割讓。「草稿」在沙沙墨手中，給我一份，我推說進山海關，經天津、北平、張家口，怕被檢查，便成了漢奸，要被逮捕，不敢拿着。」

同年十月，在我從百廟返回本社以後，沙沙墨來到百靈廟。時當陳紹武同志正帶着德王的袍子隊，進駐梅力更召（mèrgèn sumè）漢文即[illegible]（mè）[illegible]（gè）寺（suí[illegible]mè），和西公旗曼頭的部隊對峙。沙沙墨便把「草稿」交給德王。他對鮑國卿同志自誇「我已經把蒙古國（指德王僞組織）弄出來了」，當指德王收下「草稿」而言。其實，德王當時還沒有決心充當傀儡：他實際組織僞「蒙古軍政府」是二十五年春天卓王府會議以後的事。事見下（七）段。

沙沙墨的掩護機關是善鄰協會。我曾函學生高不澤，時任本社駐東京特派員，加以調查。不澤同志的報告綜合如下：

——「東京市淀橋區西大久保四之一七〇番地爲「善鄰協會東京本部」，佔地頗大，建築亦佳，當係一經費充足之對蒙侵略機關也。本部內分庶務、會計、事業、調查四部。其工作爲（一）對蒙文化設施，（二）開發蒙古產業，促進商務，（三）介紹宣傳彼此情形，（四）附設研究所及圖書館，（五）指導援助蒙古留日學生，（六）設立學校，造就開發隣邦人才，（七）調查蒙古資源，（八）設立診療所及巡迴治療，（九）教育蒙古子弟……該會在東京經營之事業爲（一）善鄰協會專門學校，校長即該會理事長井上中將，此校內附設善鄰學寮及蒙古學生部，內有蒙古學生十四五名。校址即在本部所在地。（二）東京殖民貿易語學校，校長校址同上。至對蒙侵略設施則爲（一）設立「新京事務所」（長春興安街天慶路，（二）設立內蒙支部，其詳細內容如下：

善隣協會內蒙古支部
- 多倫事務所（支部長以下職員十餘名。）
  - 阿巴嘎班（在貝子廟，內有醫生、獸醫、翻譯、語言研究生及職員數名。）
- 錫盟班（在貝子廟，附設「內蒙第一小學」，校長及職員數名。）
- 蘇尼特班（在西蘇尼特，有醫生、翻譯、職員數名。）
- 察哈爾班（在廂黃旗鈢魯討拉蓋廟，有醫生、獸醫、翻譯及職員數名。）
- 烏盟班（在綏遠，有特派員數名。）

該會重要職員列下：

顧　問　陸軍大將　林銑十郎
顧　問　男　　爵　四條隆英
會　長　公　　爵　一條實孝
副會長　陸軍中將　楠山又助
理事長　陸軍中將　井上璞

井上中將爲該會主腳。經費來源不明。觀其事業之龐大及對蒙古學生完全免費，可知經費數目當然鉅大。」

「丕澤同志並以「高山澤」化名訂得該會所刊「調查月報」兩份，逐月寄來。本社存卷一份，另一份呈報本局。想來資料室裏應該還藏有該刊。丕澤係安東人，在遼寧省立第一高級中學跟我讀書，我吸收他們二十多人加入本黨。九一八事變後留學日本，畢業東京一高及早稻田大學政經科。他長於寫作小說，並有一種特殊寫稿方法：仰面臥在床上，左手拿着稿紙（厚厚的一疊），右手寫作。畢業約在二十九年，和另一學生由自庫同時返國。由生到包頭（敵區）擬轉榆林參加我的工作，不幸被日閥逮捕。三十五年我回東北，找不到他，必已被害。高生則接受了我的勸告，留在僞「滿洲國」，在某一報社充任編輯，領導一個民族派的文藝團體，並爲本社供給僞蒙資料。太平洋戰爭後失去聯絡。二十五年他從報上找到我的名字，由長春來信聯系，正爲新一軍主編一個報紙，縷述工作被捕受刑判罪和勝利後出獄經過，洋洋五六萬字，是一篇很好的報告文字，尤其其中所記民族派文藝作家姓名經歷和對敵奮戰的經過，可歌可泣，值得補入歷史。這篇長稿於三十七年十一月一日瀋陽淪陷時，和我的全部書籍文物一起焚燬。他約在這年春間，孤身逃出被毛奸圍困的長春，來瀋找我（我爲他布置了一個高編輯的位置）；但直到十月我離開瀋陽，他仍未到，定係途中被毛奸捕擄去了。高、由兩生也即本黨兩名優秀的同志就這樣死不見屍地消逝了！那二十幾位學生是我終身所懷念的。

回頭再談沙沙墨。除了上述金庭槐夫婦和陳紹武同志的報告之外，還有幾篇報告。

德王府電臺譯電員王鍾岳同志的報告，時間約在二十四年秋季：

——「本照片係德王府日本善隣協會職員ササミ（沙沙墨）及守田敬照片，乃弟等欲使吾先知此陰謀家之本來面目，託故合攝者。中爲弟等，左爲ササミ，右爲守田。ササミ精通蒙語，守田亦勉强可說蒙語若干句。兩人均粗通我國國語。知識不高，工作技術亦很幼稚；唯日本主義之信仰極深，侵略思想遠征雄心頗大。善飲，醉後亦恆詛罵其本國。」

這幅照片較去年金庭槐同志寄來的爲佳，經於五全代會時呈繳本局。

王枕華同志的報告，時間約在二十四年九月：

——沙沙墨（譯音）係善隣協會職員，名片上但書蒙文「善隣協會——沙沙墨」。由其所負任務及其言語上推測，當爲一重要之脚色：（一）溥儀僭位之先，沙沙墨來蒙運動王公屆時赴長春朝賀，後果於二十三年二月間携德王代表補英達賴（原按：現任立法委員）及雲王代表等十餘人，乘汽車由德王府赴蒙王府，轉往長春（原按：此事結果却頗於日人不利，蓋補民返來，極力反對德王親日）。（二）德王所送留日學生霍鵬等七人，均係沙沙墨拉致而去，其一切生活教育均由沙沙墨託友人照管。（三）沙沙墨恆言已準備二十萬元供給蒙古學生。（四）在德王府之善鄰協會職員對沙沙墨均頗慕敬，有階級服從之表現。」

以上都是二十三四年關於沙沙墨的偵查。到二十五年四月，鮑國卿同志交來重要報告，大體指出沙沙墨導演僞「西藏國」的作法：

——沙沙墨……現已由德王府抵百靈廟，準備入藏。稱（原按：所謂稱，係密談時所告，他以我爲年青之親日蒙人）爲班禪送錢，又稱以二十萬元扶置『西藏國』。據我觀測『爲班禪送錢』和『以二十萬扶置西藏國』當係一事，蓋日人對班禪不斷拉攏已成公開之祕密矣。又，沙沙墨於韓鳳林案起，曾由德王府赴平援救，往長安春飯店，稱係『蒙古曬王』。回德王府報告德王稱：韓確係三團所捕殺。」

從這份報告裏，我們研判：沙沙墨所謂「西藏國」係以班禪活佛爲傀儡，在這以前，班禪活佛駐錫青海塔爾寺，係我中央政府護送班禪活佛返回後藏，被達賴活佛所拒，被迫中途停止。

這一企圖判明以後，我作了若干措施：分別指示德王府、百靈廟、黑沙圖、三德廟及新綏公路沿途各地同志和徒弟們嚴密監視羅卜僧·沙沙墨的行踪；指示金花女士於招待蒙古朋友的時候，注意他們的蒙古對話；面請民政廳祕書王新三同學轉告廳長兼省公安局長袁慶增通令綏省北路警察注意查扣，向本局提出報告。提到本局的報告題爲「『西藏國』之醞釀、破壞及預防辦法」，約四千字，日期爲四月十六日。至二十三日又補提約八百字的報告。現原稿尚存，前一報告分爲五段：一、善鄰協會內容一斑；二、沙沙墨之陰謀——「西藏國」之醞釀；三、本社對沙沙墨之破壞工作；四、設定中央處理辦法及預防辦法；五、侯扎喜、沙沙墨特徵。後一報告分爲三段：一、侯扎喜之表示；二、沙沙墨與班禪之關係；三、侯扎喜祕密離綏。

兩件報告裏所提到的侯扎喜，是我在舍力圖召發現的一條新線索。當偵查沙沙畢前往西藏，導演班禪活佛，建立偽「西藏國」的過程中，某一天，侯扎喜由公事包裏取出偽「滿洲國」傀儡溥儀全家燕居的照片給我看。就照片用紙的光潔新鮮看來，攝洗時間不會超過三個月。侯扎喜是唐古特人（甘肅的西藏人），精通藏語和蒙語，國語卻十分生澀。他住在舍力圖召的西倉，我們認識有兩個月了。他說是到綏遠來賣鴉片，時而又說是替班禪活佛運送東西，偶然又說是代表塔爾寺活佛赴長春辦事，前言不接後語。他給我看罷溥儀的照片後，說是在長春買得的。我判斷他來到綏遠以前去過長春。時班禪活佛在我方護送之下，塔爾寺在青海拉布楞，該寺活佛又有何事要派人到偽都長春去辦？因此知道侯扎喜不是一個簡單的鴉片商人。便囑咐樂軒同志用藏語、拓跋吉同志用蒙語，和侯扎喜聯絡，支出百元活動費，供他倆使用，吃小館，上澡堂，吸鴉片，玩女人，他們打得火熱。而玩女人必在金花女士的寓所，因為金花懂得蒙語，可以[illegible]侯扎喜談話。她本人不接待侯扎喜，另行介紹了一個女人。不久之後，綜合三人的報告，確知侯扎喜是班禪活佛派駐偽「清洲國辦事處」的處長夏桑登所派，護送沙沙畢去見班禪；沙沙畢是坐汽車經多倫，德王府到百靈，侯扎喜卻坐火車經瀋陽北平來到綏遠。——這一陰謀的全貌現在可以看得清楚了：當我們武裝護送班禪活佛返藏停頓的關頭，日本關東軍特務機關業已派遣中校特務沙沙畢，攜帶鉅款，並經班禪活佛駐在偽「滿」的夏桑登處長派遣侯扎喜護送，就要前往青海，蠱惑班禪活佛，僭立偽「西藏國」了。如果我不能逮捕了沙沙畢和侯扎喜，則這一陰謀雖不一定完全成功，但總能達成某種程度「這真是偽「滿洲國」（溥逆儀）、偽「冀東防共自治政府」（殷逆汝耕）和形將組成的偽「蒙古軍政府」（德逆）以外的第四個傀儡組織了。（連同俄造的僞「中華蘇維埃共和國」（毛逆澤東）在內，是日俄製造的第五個傀儡了。）

二月裏，侯扎喜請拓跋吉同志代寫蒙文信一封，寄交百靈廟的囉王，請其約定赴青海的日期，並請這個囉王在百靈廟相候。當時，我們只知道沙沙墨；並不知囉王爲何如人？正好鮑同志的報告寄到（見上引），才判明囉王就是沙沙墨。當即囑咐拓跋吉同志用蒙語問出囉王就是囉卜僧；並經樂軒同志認出這是西藏話。我又指示樂軒、拓跋吉並加派裴滌塵同志，幾次陪着侯扎喜到金花的寓處閑遊，所得結果是；一、侯扎喜持有班禪活佛的護照，蒙文部分註明「前往滿洲」；二、侯扎喜購買載運駱駝十餘匹，已赴百靈廟；三、並定做帳篷（青布白花）數架；四、侯扎喜偕沙沙墨和奧特更西行；五、經百靈廟、磴口、寧夏到青海。

上文出現了奧特更一名，這又是何人？派樂軒去找，當天便找到了。奧特更全名爲奧特更伯益爾，漢姓賴，洮南縣蒙古人，留日學生，其父爲當地有名的「賴老頭」，適與樂軒爲忘年之交。乃令樂軒以盟叔和蒙古同鄉身份，招待奧特更伯益爾，知道他係川島芳子「蒙古組」所派，隨沙沙墨赴藏，來綏係聯系侯扎喜儘量購買手槍。他倆談話純用蒙語，樂軒並爲奧特更伯益爾介紹了幾位現住西藏的蒙古喇嘛和西藏喇嘛。

這期間我和樂軒、滌塵、拓跋吉分頭去說服侯扎喜，爲他講述日本帝國主義的陰謀，並施行恫嚇，告以引導日本特務入藏，就是漢奸，必爲國法所不容。侯扎喜開始只承認沙沙墨係「友人介紹，請爲帶到青海塔爾寺拜佛的日本喇嘛」，即否認沙沙墨是日本特務，後來說出：我不能帶他（沙沙墨）。我若帶他，青海人知道我帶來日本鬼子，這我可招架不起。」（本段未完）

六、「塞上風雲」(續)

侯扎喜認識金花不久，携帶一個三十歲左右的青年，時常在夜間去到金花寓所吃雅片烟。他倆談話全說蒙古語。金花的蒙古語本來很好，自從參加我們的工作之後，我吩咐她不許再說蒙語；但要記住任何客人所說蒙語的詳細內容，告訴給我。歸納她先後的口頭報告，知道這個青年是東蒙古的留日學生，姓名王慶吉，蒙古名 Chinggel。由百靈廟來到歸綏，住在大北旅社。他和侯扎喜屢次談話的重要內容是購買手槍、黃金、白洋（現銀元）以及調查班禪左右和西藏內部的人事關係。我指示金花留他作客，並檢查他的文件。她先是不肯照辦；後來介紹另一位名叫玉蘭的姑娘給王慶吉，而自己開「乾舖」，從王某的小皮夾裏發現「關東軍囑託　王慶吉」名片，和一個少婦的照片。金花問他說：

——這一定是你的情人了？叫什麼名字？

王某告訴她這是滿洲的女英雄，名叫川島芳子。金花說：

——滿洲人爲什麼叫川島芳子？

——川島是她的日本姓，芳子是她的名字。

——滿洲人爲什麼姓日本姓？

——她也是日本人。

——日本人？你有日本的情人？

——她是我的……

——她是你的什麼？

王某半截話，也沒有答復金花的問題。她接着問：

——你是日本人？

——不，我是蒙古人。

——你是蒙古人，你有日本女朋友，你是漢奸？

——你怎麼駡我？

——我並沒有罵你。我覺得只有當漢奸，才能脫離苦海！你看我和玉蘭該多麼可憐？為了生活，出賣肉體？若是作了漢奸，聽說能賺很多的錢，也就不必再幹這種不是人的生意了。

王某沒有答復她；但過了一天，他來看金花，要求開「濕舖」；被她謝絕了。第二天他又提出要求；她又拒絕了。第三天是星期天，金花把王某確是漢奸並可能是川島芳子的部下的事，告愬給我。我指示她：如果王某再來要求，你不妨答應開「濕舖」，但以先介紹你見川島芳子作條件。這天晚間，王某果然墮入我們的謀略：他寫一個名片，在名片右下角印上右小手指半個指紋，介紹金花去歸綏某巷去見一個不知姓名的男人。那個男人告訴她一個號碼，並給她十兩黃金(當年合現洋八百元)，命令她每隔三天來看一次，並把所知道的黨政軍社會和要人行踪提出口頭報告。金花返家後，馬上派人來找我，要我立刻就去。到後，她報告了上面的經過，問我進一步的對策。我告訴她收下黃金，以後按期去報告，報告內容由我決定；王某如果要求你實踐諾言，可以答復他非見到川島芳子本人，礙難允許，因為現在所見到的只是一個男人。

晚間，王某來，她照我的指示說了。他很急色，但也不敢強橫，發了半夜小脾氣，最後說：

——我後天就走了，三個月以後回來，帶你到天津去看川島小姐，到那時你如不再開「濕舖」，我會有辦法對付你的！

——我如果看到川島小姐，豈止開「濕舖」？我會嫁給你的呦！

當晚仍由玉蘭陪他，三個人吸了一夜雅片。

第二天，查日記是四月十四日，一大清早，金花派人找我。她告訴我，王奸明天就要離開歸綏了，要乘今天把他逮捕——連某巷的那個男子在內。

離開金花寓所，我到新城去看傅主席，把有關沙沙罍、侯扎喜、與特更伯益爾、王慶吉、某巷男子的全部陰謀活動都告愬給他；但保留了有關金花部分。他說馬上要袁廳長偵辦。返回舊城以後，我去看袁廳長的主任祕書——老同學王新三，大略告以經過，並要求他在接到袁廳長的電話後，和我切取聯絡。返社，樂軒、滌塵正在等得不耐，他們已經四處派人找我半天了。

他們說：侯扎喜昨晚送來藏紅花數兩，這是他要離開歸綏的表示。我們已派拓跋吉終天跟着侯扎喜。如果不能在今明兩天把他逮捕，讓他前往百靈廟，則沙沙罍便要到青海去了。我也把看傅的事對他們說了。我們終日在社等候王新三的電話。

十五日得傅主席送來專函說：「已飭屬調查」；新三也來訪，說：袁廳長表示，綏遠的事還管不過來，那裏還能管到百靈廟和西藏？我們知道這樁案子是沒法在就地辦理了。我們只是一個通信社，又沒有行動的權力，只有把詳情報告局本部的一途了。這就是上文提到的「西藏國之醞釀、破壞及預防辦法」那篇報告了，發文係十六日。第四節「設定中央處理辦法及預防辦法」全文如下：

——「省政府處理此事，結果如何？尚不可知。茲依兩種假定，設定中央處理辦法，述之於下——

「第一、假定省政府已將侯扎喜扣留，希望中央密令綏省府至少扣留侯扎喜至班禪確已抵藏，再行開釋。侯與班禪不無相當關係，且既與沙沙罍有關係，自亦與日本人有關係，應防止班禪及日人爲之緩頰，故中央應密令省府勿得徇情。

「第二、假定侯扎喜、沙沙罍安然離蒙，則中央應——甲、由軍事委員會密令三十五軍派人喬裝土匪，在三德廟、黑沙圖之間處置侯、沙。乙、如甲項失敗，則由軍事委員會密令寧夏派人，喬裝土匪，在磴口左近處置侯、沙。丙、如乙項亦失敗，則由軍事委員會派人，偕同本社人員，飛往青海，商同青海馬主席將沙沙罍扣留保護，送之東來。丁、目前中央應密令誠專員馬參贊等注意本報告下述諸事，隨地防止。戊、中央應多派通曉蒙藏回語人材，喬裝喇嘛，潛駐蒙青甘新各大寺。己、喇嘛登記應澈底進行；蒙古人事登記亦應令主管機關趕辦。庚、通知外、參、蒙三部會注意。」

這個報告寄到局本部之後，參謀本部派一位李才桂科長（李君三十八年任師長，在新疆殉職）飛來歸綏，和我聯絡。我告訴他，應該要求傅主席派兵在黑沙圖、三德廟、哈德門溝一帶截拿。李科長去了一週，滿面風塵地跑回來看我，說是沒有抓到，並問我下一步應該怎辦？我告訴他速飛寧夏，要求馬主席，在黃楊木頭到賀蘭山之線派兵緝捕。他便匆匆飛到寧夏去了。

大約一個多月之後，忽然接到青海馬主席和李科長聯名的電報，詢問我可否派一位精通蒙語的記者，趕往西寧？覆電照派。幾天之後，專機降落包頭，我派駐在達拉特旗適來包頭辦事的谷一非同志前往。二十餘天左右，谷同志飛回，報告西行經過。

原來沙沙墨、侯扎喜、奧特更伯益爾、王慶吉一行三十多人，從百靈廟出發後，全走沙漠草地，繞道賀蘭山、阿拉善旗、額濟納旗，到達青海塔兒寺的東方，才被青海防軍邏到。他們携帶重機槍四挺、電臺兩部、白洋二十萬元，還有黃金若干。自稱全屬班禪的辦公人員，不說一句漢語，全用蒙語，裝束也全是蒙式。青海當局沒法判明誰是日本人，所以才要求本社派員去參加審訊。

谷同志到後，和審訊人員商妥，自己關在沙沙墨等一起，聲稱係被青海當局抓到，用蒙語和他們談話。他在獄中製造恐怖，說是這裏被押的蒙藏人都將被當作漢奸，祕密槍斃。不久，他又說青海當局就是懼怕日本人。我們應該出錢收買獄丁，祕密寄信寧夏特務機關，向之求援云云。沙沙墨等喬裝蒙古人，絕對不肯洩露自己的眞面目；但聽到這些消息，自然感到貪生怕死；於是他首先被谷同志認識出來，其他三個日本人也隨着被認識出來。接着奧特更伯益爾、王慶吉也被他認出，並以同鄉關係偷偷地說了漢話。谷同志依照我告訴他的川島芳子聯絡印記，用獄中墻壁上的黑灰，在白墻處打下右指半個指紋，被王奸引爲同行，終商死裏逃生的種種辦法。

一天，審訊舉行開庭，谷同志坐在法官的旁邊，分別提審，他一一指認，便把這一批日特漢奸吓得照本實說了。沙沙墨供認：姓世目（日音沙沙墨），名雄恆。年三十六歲，在蒙古工作十年，階級是少佐。奉日本關東軍特務機關的命令，來青海找班禪，送槍送款送電臺，跟班禪一道入藏。等班禪打倒達賴後，成立『西藏帝國』，他被預定是第一任公使云云。另兩日特是電務人員。另一日特是調查人員，準備經西藏赴印度。與特更伯益爾是日本關東軍派給沙沙墨的助手。王慶吉是關東軍囑託，屬於川島芳子的「蒙古組」，代表該「組」調查青海西藏的蒙古人情狀。

這年夏天，在參謀本部會見了李科長，他說：日本人還扣在青海；班禪的代表（按即侯扎善）已回班禪保釋；馱戶均已放回；幾個漢奸（按即與特更伯益爾、王慶吉等）則就地正法了。約在秋冬之間，山本澤同志從東京寄到的「調查月報」（日本侵略滿蒙回藏的善隣協會機關刊物）上讀出沙沙墨等四個日特的下文：他們在青海被捕的消息不知怎樣地被日本人知道了，向我政府提出嚴重抗議。青海馬主席只好派員把他們四人解交天津的日本特務機關去了。

我把王慶吉伏法的消息告愬金花，她一方慶幸再也不必擔心王奸所說八月回來要報復她的事了，一方也惋惜失去了深入川島芳子組織的機會。金花從四月接受川島芳子所派駐綏人員的十兩黃金以後，每三天去看那男子一次，依我的指示，把綏遠日報發表的新聞記憶三五條，當作情報說給那個男子。那個男子很不規矩，動手動腳。金花對付他的方法是，如果他不老實，她便少去一次。大約到八月下旬，日本關東軍派羽山喜郎到歸綏設立「羽山公館」，就是特務機關，住在那個男子所住的院內，不准金花再行前往，改由他到金花寓所自行聽取。由她安排，我在另一房間內窺視一番，是一個山西口音的小漢奸，膽小如鼠。判斷結果，她既無法加入川島組織，更無法滲入「羽山公館」，我吩咐她放棄這個想法，并爲她設計，把王慶吉在西寧槍斃的消息當作情報，說給那個男子，警告他公安局的外事警察已注意他的來往，如果被抓去槍斃，算他咎由自取。這個小漢奸從此以後便吓得永遠離開歸綏了。

金花姓武，本名綠琴，金花是她的花名。爲了紀念這位可愛也可敬的女友，我應該不必顧忌許多的不便，揭開這關閉了二十八年的帷幕。二十四年的秋冬之間，在百靈廟蒙政會任科長的關懷卿同學、懷卿的堂弟關起義（字翼青）、財政科長陳賡揚和我，到龍泉巷一個祕密的所在，去看起義的女友——綠琴小姐。大家玩了一陣，也便各自散去。不久，起義又從百靈廟回來，向我報告工作，我指令他把百靈廟總臺一位同志升任爲德王府電臺的臺長。我們在綠琴的家裏談了半個下午。發現綠琴不是一個壞女人，在那樣社會裏，她的心靈可以打一百分，像貌也可以打七十分。最可喜的是她還會說些蒙古語，聽懂一切蒙古語，這一點引起我的興趣。不久，知道許多蒙古朋友，包括効忠中央的和有心親日的，都時常到她的寓所去玩。起義說她不能人道，中看而不中吃，便另找新人去了。

大約十天之後的晚間，亢仁同志請客，多貪了幾杯。車過龍泉巷口，偶爾想吃點冷咖啡，便囑車夫拉到她的家去。這是我生平第一次獨身一人進入這個社會中來。正好她在家，沒有其他客人。她出乎意外地表示親熱歡迎，爲我寬去中衣，擁入溫煖的被窩，陪我小臥。我們喝了一陣汽水，談些朋友們的近況。對於起義，她說他一定是親日派。她勸我不要吃酒，多寫文藝，給苦難的男女閱讀，并把剪貼的作品，拿給我看，其中一部分是我在「駱駝草」上的作品。未免有情，誰能遣此？但她拒絕了我說自己有病；她要求我天明再走，我由於「作法自縛」（規定社員任何人不得外宿），也謝絕了她，於夜十點返社。從此以後，我便有時借她的客廳和廚師招待朋友。我囑咐她不要再說蒙古語，但要細聽蒙古朋友在說什麼。漸漸我要她把所聽到的談話私下告訴給我。她都乖乖地照辦了。她是失學的初中二年半的學生，父母都是雅片鬼，自已也染上這種嗜好，還要供應一個弟弟念中學。喜歡讀文藝小說，看俠義和間諜片，還能寫出通順的書信。我在應付的茶錢兩元之外，每月送她三十元錢。星期天的下午，她謝絕一切交際應酬，陪我談玩半天。我教她精讀了第一奇女、十三妹傳、紅樓夢、風塵女俠……三民主義和報紙等等，爲她講過西施亡吳、昭君和蕃、文成嫁藏，以至川島芳子嫁給甘珠爾布扎，興風作浪的偵探故事。我勸她禁絕雅片，去掉口裏的一顆金牙，力爭上流，我說許多「名女人」都曾經淪落風塵過，這並不必自卑。下一個星期天再去看她，金牙竟爾拔掉了。這對於她，雖不免忍痛一時，却增加了丰韻；並開始服用戒煙藥。到次年夏天，她已完全恢復了健康，可以打八十分了。她要求我用魏碑體寫一幅對聯，并須署上眞名。我也硬着頭皮照辦了。對聯是：

「一水護田將綠繞；

明朝有意抱琴來。」

上聯用王介甫句，內含「綠」字，下聯用李太白句，內含「琴」字。上聯描寫龍泉巷風景，下聯記述綏遠省特俗，凡曾住過歸綏的朋友，定會領略其中的綺旋風光，所謂「提早」是也。但她對於「提早」一向謝絕，後來才知道她患有無法醫治的「不感症」。

由於她對於間諜片無一放過，立志要作一個女間諜。她屢次問我，爲什麼要她聽着蒙古話而告訴給我？爲什麼要給她講間諜故事？我是不是一個男間諜？在感情建立了四個月并詳細考察她確實可以造就之後，我告許她：爲了抗日，爲了偵查日本特務，爲了挽救蒙古親日，我雖然不是一個男間諜，却是以記者身份，兼替國家幹點類似間諜的工作，並希望她也參加工作。她興奮得不得了，吻着我，擁着我，自動地開放了最痛苦的禁地。這天下午，我爲她擺了香堂。

截至七七事變我倆分手爲止，她至少爲我蒐集了三百件以上有關日特、蒙奸的情報。例如上文寫她供給侯扎喜和蒙奸的幾次祕密談話，和決心滲入川島組織及「羽山公館」等等，完全是自覺自動地在爲抗日而工作着。尤其二十五年日僞攻綏的戰爭中，她出力頗多。僞「蒙」軍和僞「西北聯軍」反正以後，我交給她許多反正的僞師長、僞旅長、僞團長，要求她偵查他們的言行，作爲改編時升降去留的參攷。有一個僞團長諾蒙達賴，是被裹挾而來，改編之後，仍圖叛變。一天，他和僞「蒙」派來的工作人員及「羽山公館」的漢奸，在她寓所吃雅片，用蒙語說話。她立即報告給我，我轉知傅主席。當天，他們被捕，証明屬實，這一新編團便被繳械了，諾蒙達賴和僞「蒙」工作人員被傅作義祕密正法。她的工作情緒，近乎一種狂熱。後來我研究她的原因主要有下列四點：一、她基本上具有愛國思想，反日反蒙奸；二、「不感症」限制了她精力的出路，便另找這條途徑來發洩；三、我給她足够的熱情，把她當「人」看，并收爲門徒（但我未曾給她辦理直接入黨入社，這是直到今天想來還覺得抱歉的事）；四、每月平均給她四十塊錢，約等於她的支出二分之一、川島部下送給她的黃金，使她買下一棟房屋，她卻感謝我爲她設計賺了這筆一生也賺不出的「外快」。

二十六年上半年，省當局嚴厲地取締地下女郎。她幾次要求我和她結婚。我承認我在愛她，並準備培植她眞正成爲「名女人」；但我家有妻室，公務在身，不具備爲她脫籍的條件。曾懇切地勸她出嫁。她說，那麼父母幼弟都沒有人贍養了。我說，你若嫁給我，我也無法供給你的全家。她說，嫁給你，就是不能養活我的全家，我也心願；別人便不同了。糾纏許久，她迫不得已，成爲地上女郎，我爲她改名金花，答應下半年支援她深入百靈廟。但她從我倆一度因緣之後，便完全不開「濕舖」，一方面由於「不感症」，一方面她已決心為我倆的關係而等待了。

七七事變突然發生，從此我們不再相晤。二十八年，滌塵從歸綏敵後返社，說到她仍操舊業，但我留在她家裏的用具書籍衣物原樣未動，我的照片已被放大，手寫的對聯揭裱一新，同住的精緻小屋也從不招待客人，卻又吃上雅片。次年，我託一位走私商人去接她一次；她說來不了，因為全家遷入後方，勢所不能，孤身內渡，又無法奉養雙親，但必會等到會面，再談嫁娶云云。三十四年冬，我復員返到包頭，背着太太，我倆通一回信，我告訴她，已抵包頭，馬上就回歸綏；她回信也只有寥寥數語：「我的天啊！你竟是眞亮了！」但這時平綏路恰被毛奸截斷，接着包頭被圍，我轉進寧夏。直到今天，我深深地辜負了這一位善女人。

日特沙沙墨——曾目化裝蒙人，講說蒙語，滲入蒙古，潛伏工作十年，導演了德王的偽「蒙古自治政府」，又深入青海去製造班禪的偽「西藏帝國」，幸賴金庭槐、韓鳳娥、王鍾岳、鮑國卿、王枕華、陳韻武、張樂軒、裴滌塵、拓跋吉、武金花、高不澤、谷易非諸位同志的偵查、審訊，並獲本局、參謀本部、青海省政府的支持和逮捕，使這一偽組織未曾出現。這都是諸位同志的功勞。二十五年沙沙墨解交天津日本特務機關以後，老晉說我對於李才桂科長和馬主席的處置，極為不滿。適大公報旅行寫生記者沈逸千去綏蒐集「北疆專刊」資料，我對他透露了全案輪廓。逸千回滬後，和陽翰笙合編「塞上風雲」多幕劇本，我們通函討論結果，男主角用東北青年（名忘記）的名字，女主角用蒙古青年金花的名字，日特名為迪魯瓦。男女主角實為上開諸位同志的「共相」。劇本出版後，風行一時，各大都市和學校都會有劇團公演。二十八年春，逸千又引導應雲衛（導演）、陳天國（飾東北青年）、黎莉莉（飾蒙古女郎）導演員數十人，由重慶到榆林轉扎薩克旗拍攝外景和若干蒙地鏡頭。逸千擅自爲我捧場，介紹「眞正男主角」和全體演員多次會晤，檢討劇本，修正劇情，我也只好給他們瀏覽了一部分檔案。他們爲我和陳天國、黎莉莉拍了若干紀錄片。二十九年在重慶給我放映過。「塞上風雲」電影震驚了抗戰的大後方，前線和外國，把日本帝國主義及其特務活動澈底揭穿了。

迪魯瓦也因此劇本成名，作了拉鐵摩爾的工具，據說今天還住在美國。他只是外蒙古的一個扎薩克喇嘛，并不是呼圖克圖（活佛）。二十二年左右逃到綏遠省境內的烏蘭察布盟，吃食各廟，窮困無聊。樹森遊歷百靈廟，看上了他，引來歸綏見我。我把他先後由外蒙古帶來和逃來的十七名蒙古青年送入洛陽分校，并贈他路費，去到南京，便自稱起呼圖克圖來，成爲蒙藏委員會的貴賓，其後，由於「塞上風雲」裏使用了迪魯瓦的名字，他一度被某機關所傳訊。這却便宜了他，意外增加了聲名，便被拉鐵摩爾看上了。拉鐵摩爾本是樂軒的的學生，蒙文蒙語是跟樂軒學的。先是想着要弄樂軒，要樂軒再做喇嘛，帶他進西藏。樂軒不肯，才到蒙政會電臺任台長，再轉入本社。等到拉鐵摩爾利用上迪魯瓦，迪魯瓦便跟他到美國變戲法去了。拉鐵摩爾所寫的有關蒙古各書，顚倒是非，錯誤百出，只能騙騙好奇的美國人，應該騙不了中國的專家；但抗戰期間却被譯成漢文，成爲暢銷書，豈不怪哉？

話說得遠了，還是回頭來說說沙沙墨的下文罷。三十五年冬，我返回家鄉瀋陽，偶爾看到笹目恆雄所寫的一本報導蒙古情形的日文小冊，不過二三萬字，日本投降前一年滿鐵調查科出刊。我電話葫蘆島戰俘營的朋友，問他目遣送回國了沒有？恰好要在下週上船。便請他把笹目護送來瀋。我穿上軍服，佩上階級，接見了這「可恨可殺但是很值得敬佩的日本人」（見上引鮑國卿同志報告）。他本已歸心似箭，指日回國了，忽然被押來瀋，不知將要發生什麼事情，是否要被扣留？抑是要被列爲戰犯？所以從上車直到晚間下車來見，水米未曾入口。進入我的辦公室以後，先是木然直立，接着便鞠躬不迭，我分明地看到他在發抖。我先用日語問他：

「你就是沙沙墨少佐麼？」

「是！將軍！」

他「立正」了，用日語答覆。穿着破爛的洋服，不帶軍帽，却行了個日本式的室內敬禮。我忍住了笑，說：

「你是囉卜僧王爺麼？」

這句我用了蒙語。他顫抖得更是厲害了。約有一分鐘，他說：

「將軍！我在中華民國二十六年被斥退役了。」這句是國語。我仍用蒙語問他：

「我問你的是，你是囉卜僧王爺麼？」

「王爺，不敢，不敢！」

他仍說國語。我本來只想和他開個小玩笑，試試這個日特還有沒有當年的勇氣。現在他站在我的面前，老態龍鐘，語無倫次，深恐吓壞了他。對於一個十餘年前的敵人，國家已經赦免了他，我又何必再和他爲難？於是我用日語喊了一個「少息」，幷緩和了顏色，請他坐下。他不敢入座，我再三讓了他，他才落坐。隨後喊衛士給他送茶送煙。等他情緒稍微平靜以後，我用國語對他說：

「沙沙墨先生，你是民國十五六年左右，僞裝蒙古人，說着蒙古語，背着佛經，背後是地圖，手拿念珠一百顆，手杖頂上鑲有指北針，徒步走到察哈爾的德王府去的。以後，你往來蒙古十年，長住滂江。二十四年，你引誘德王代表陳韶武，來到僞「滿洲國」，要求陳韶武討論「日蒙協定」。二十五年四月，你和班禪的代表從百靈廟西行，五月在青海被捕。後來，青海馬主席把你們四位送回天津。你拉攏德王，組織僞「蒙古軍政府」；又想拉攏班禪，組織「西藏帝國」，沒有成功。這段歷史大概不會錯罷？」

「是，將軍！日本人大大地錯了。」

「你說被斥退役了，爲了什麼？」

「軍部把我押回日本，怪罪我行踪不密，違誤計劃，坐牢快到一年，就奉到退役狀了。」

以後你幹些什麼？

開頭兩年在大阪作小商人，後到善鄰協會翻譯蒙文，招待學生。近五年受雇調查科，編輯蒙古產業篇，妻子在車站開雜貨店。

近幾年你到蒙古去過麼？

沒有，地方不太平，蒙古人反日。

這時護送的副官託我的衛士報告，說這個俘虜業已一天水米不霑了。我吩咐衛士請他們上街吃飯。

半小時，衛士帶他回來。他已知道稱呼我的姓了。他說：

萬謝萬謝將軍，您不怪罪我這有罪的俘虜。

不！上船以後，你就是日本自由民了。從今天起，請你記住我的名字（這時我送他一本競選用的小冊子，內有我的自傳），并細看我的自傳。你會知道，侵略蒙古的日本特務，死在蒙古的[redacted]已有二十名以上，被趕出蒙古的[redacted]不止二三百人，你是頂幸運的一個了。你們來侵略，我們當然要不客氣；你們下一代如果再來侵略，我們的下一代也只有不客氣。我希望你轉告當年和你一同侵略的同僚，教育你們的下一代，和中國和平貿易，抵抗露西亞人，建立安定繁榮的亞洲。

是！將軍！您要什麼日本禮物？

我希望你回國以後，蒐集蒙古資料，送給我作為禮物。現在我送給你一點禮物，並託你帶一包原稿。這包原稿，你必須親自送交佐藤博士，取得他的親筆的收條。

是！將軍！我必定親身送到。

隨後我給他一千元東北流通券，三本有關反共的拙著，一本本報（蒙文）合訂本，和約有十五公斤重量的佐藤原稿一大包。佐藤是一位天算博士，名已忘。這是修理日式住宅時，在地板底下發現的布包臘封，全屬專門的天算著作。包內附有佐藤親筆漢文信，大意是說：奉遣俘回日，不許携帶任何物品，拙稿費心血三十年寫成，尚待修改，雖視同生

（移排六二頁）

命，亦不得不洒血流淚妥藏此地。如蒙中國仁人君子發現，萬勿焚燬，請交貴國天文學者保存。倘蒙寄還小生，願結草銜環報於來世。六十老學人佐藤？？？博士敬申——通信處：東京……（地名亦忘）」云云。——沙沙墨千恩萬謝地接受了我的贈禮和佐藤原稿，由護送人帶回葫蘆島。他回國不久，便有信寄來，寫了許多懺悔的話，並索取我的照片。我題贈了他。又隔一月左右，佐藤博士面託一位日本博士（姓名全忘，時東北發起「東方文化學會」，有日、韓學者參加）來舍投送親筆謝函，有「恩同再造」等句，附照片和日本特產食品許多。以後也通過兩三次信。

「塞上風雲」電影，在當年是那樣地風靡全國；而今天由我代表全體出力同志所寫的「塞上風雲」一本事，卻是如此的稀鬆平常。這說明了間諜片的藝技價值，和間諜史的歷史價值，根本是無法相提幷論的。要麼就是歷史，毫無傳奇；要麼就是藝技，引人入勝。（本節完）

七、百靈廟行

民國二十二年九月廿五日，錫林格勒盟副盟長、西蘇尼特旗扎薩克、烏滂警備司令(中將)德穆楚克棟魯普，簡稱德王，在百靈廟召開蒙古各盟旗自治會議，成爲與動國際的新聞；中央因應得宜，於次年三月一日明令設立蒙古地方自治政務委員會，任命烏蘭察布盟正盟長雲端旺楚克親王爲委員長，錫林格勒盟正盟長索勒布坦鄂齊爾親王和伊克昭盟正盟長沙拉布多爾濟貝子爲副委員長，各盟副盟長和扎薩克及各獨立旗的總管都是委員，德王是委員兼祕書長，負擔實際政務責任。所有的王公青年感到中央明令准許蒙古地方設立高於盟旗的行政機構，蒙古人士，得以自行治理自己的地方，是清朝二百六十八年加上民國二十三年即三百年來所未有的盛舉；所有的青年（除了蒙奸），除了也具有上面的觀感之外，，并且覺得今後再也不怕日本前來侵略，甚至可以抵抗日俄的侵略了(除了共奸)；而在德王也稍稍填補了近幾年來精神上的空虛，對欺侮他的蒙藏委員會，留京蒙古同鄉及劉一飛、宋哲元、傅作義輩出一口大氣；所以蒙政會宣布成立的初期，蒙古人士的心情可以說是完全愉快的。

但在蒙政會之上，却也由中央明令設立了蒙古地方自治指導長官公署，任命閻錫山爲指導長官，趙丕廉爲副長官。這一機構，把中央和蒙政會隔離起來：中央的政令須透過長官公署才能達到蒙政會，如長官公署認爲「礙難遵辦」，則中央的政令便沒法下達；而蒙政會的作爲也須透過長官公署才能達到中央，如長官公署認爲「礙難轉請」，則蒙政會的作爲也便無法上達。而閻、趙正副指導長官是向來被蒙古人士認爲「侵略」蒙古的人物，和傅作義是沆瀣一氣的。因此以德王爲首領的蒙政會便實際上蔑視了長官公署的存在，有事逕行呈文行政院，不經長官公署的轉呈。當作行政院所以設立指導長官公署，本係接受閻錫山的壓力，不得不多此一舉。而既有指導長官公署這一機構，行政院便無法處理蒙政會越級的來文。這一法令解決，首先使蒙政會面臨「經費無着」的苦難。——行政院本來按月補助蒙政會的三萬元全被閻長官所扣留，不發一文。閻長官的意圖是控制蒙政會的胃口，以便控制蒙政會的頭腦；而德王以下却硬是不肯向閻長官低頭。這中間發生了許多許多的不愉快。

大約在蒙政會成立兩三個月而領不到中央補助費之後，一天，德王的親信青年幹部陳紹武，由枕華陪同，由百靈廟專程來北平晨報找我，正值我還未上班，他們又來復生社，談話很久。紹武先說明蒙古王公青年在蒙政會成立後的心境，次說明閻長官扣發補助費，然後傳達德王的懇託，請我在新聞輿論方面打擊閻長官。我對他們說：公諸輿論，行將加重政治上新的糾紛，不是高明的辦法；頂好是由德王組織一個代表團，前往首都，以報聘內政部長入蒙宣慰并致謝中央扶植蒙古自治的德意，遍謁各要人，就機申請補助費進行滙交蒙政會，而蒙政會上行公文也自應透過長官公署。到首都時，德王務須謁見　蔣委員長，并請求　蔣委員長介紹直接入黨，只有成爲　蔣委員長直接介紹的黨員即親自遴選的幹部，以後德王才有遠大的政治前途。紹武也應當多看看政大校長和立夫先生，說明地方情形和你在自治過程中的運用等語。

紹武等返回百靈廟後，德王採納了我的建議，開始組織代表團，計雲委員長爲代表團團長，索、沙兩副委員長及德王爲副團長，蒙政會全體委員都是代表團團員；并電請北平軍分會預備專車由包頭開行，接運伊克昭盟、烏蘭察布盟西部代表團團員

：，到歸綏接運烏蘭察布盟東部和土默特代表團員，到張家口接運錫林格勒盟和察哈爾代表團團員，轉往北平，直開南京。

這一計劃馬上受到閻錫山、傅作義的破壞，由綏遠省政府蒙務組組長陳玉甲傳達閻、傅的意旨，綏遠境內各盟旗的代表團團員誰也不許參加代表團；幾乎同時，日本關東軍多倫特務機關長松室孝良親赴德王府威迫德王，不許組團赴京，并乾脆告訴德王，國民政府每月只給你三萬塊錢，而閻錫山還扣留不發，關東軍可以每月給你三十萬塊錢，編練十個騎兵師。

德王既然遭遇到兩方面的阻力，便心灰意冷了；只派紹武一人入京，說明蒙政會委員決定全體入京答謝中央德意，但被閻、傅所破壞及日本橫施壓力，不能成行；并請求中央將補助費逕滙蒙政會，不可再滙閻長官。紹武過平南下時，告訴我代表團失敗的經過；由京返平時，又把在京的活動全部說出。他說：有一次我向果夫先生報告，如果晉綏兩方長此破壞蒙政會，而日本人的壓力和誘惑力又是如此之大，憑我們幾個軍政兩校的同學，是無法挽回德王的親日，而蒙古也要全部淪亡了。說到這裏，我不覺地流下眼淚來。果夫先生主張我謁見　蔣校長，并代為約定日期。見到　蔣校長報告以後，蔣校長說：「我去看德王」。這恐怕是敷衍的話，蔣校長怎能到蒙古去呢？

紹武逕返百靈廟把　蔣委員長的話報告德王，德王大喜。在等候　蔣委員長入蒙這段時期中，大約從二十三年五月到九月，德王拒絕接見日本人，就是松室孝良親到王府，他也不見。一直等到九月下旬，紹武三度來平，據說蒙政會經費仍然被扣不發，他認為閻、傅是「為叢驅雀」，非把德王擠到日本人的懷抱中去不可了；而　蔣委員長說來不來，也將失信於德王。然後懇託我設法敦請　蔣委員長早日光臨。我告訴他：我只能寫信給兩位陳先生，託為轉達；并建議他回報德王，個人入京。

德王決定在十一月入京；不意忽然發生了韓鳳林失蹤案。這是德王痛恨中央，決心親日的關鍵；縱有二十四年春　蔣委員長的親訪德王，也不能挽回這一逆局了。

韓鳳林是「塞上風雲」裏最初女角韓鳳娥同志的哥哥，日本士官學校畢業。九一八以後，日本松井旅團「掃蕩」東北義勇軍，韓任參謀，因爲他是松井的學生。不久，他自組義勇軍一隊，又和其他日軍作戰，這說明韓已由漢奸反正而成爲漢忠了。後來他被日軍打垮，逃到德王府，任烏滂警備隊實際上的司令（德王任司令），指揮訓練德王的「袍子隊」（純蒙古兵），成爲德王最親信的幹部。凡屬日本人和德王來往交涉，都由他擔任翻譯。德王自二十二年一舉成名之後，便被誤會爲親日派；而韓既是士官生又曾任松井參謀，遂聯帶被認爲親日派，甚至許多人傳說德王親日是他所介紹促成的。但他之確爲漢忠，我據鳳娥同志的多次談話，研判的答案是肯定的；并參考蒙政會保安處科員周裕岐（濟仁）同志在檢查來往函件時，發現多種證據，也足證明韓絕不是親日派。

大約在二十三年秋天，參謀本部組織了一個機構，由李才桂率領，到達百靈廟，搜集情報，測繪兵要。這個機構統通是南方同志，人生話不熟，并各個佩帶着手槍，致被保安處誤會爲一羣刺客；將對德王不利，便繳下他們的手槍，驅逐他們離境。韓時任保安處的科長，實際就是保安處的處長，因此得罪了李才桂。李返平後，報告憲兵第三團，由西直門火車站上將韓逮捕。這次他是由趙福海（字源川，官分會參議兼蒙政會科長）陪同，從百靈廟來平，將謁何代委員長應欽，祕密接受參議職，可以說是已經成爲我們的同志了。

德王據報，氣不可抑，馬上命令祕書廳擬稿，直接電報 蔣委員長，要求立刻釋放韓鳳林。祕書廳擬了幾遍電稿，他都不滿意，痛罵祕書，親自擬稿，內有「中央如此對待蒙人，用心何在？是否德某也在逮捕之列？」云云，尚有「迫人外向」之語。這個電文，由百靈廟拍到張家口分臺，徐增堃同志曾於轉拍之後，把密碼譯出寄給我看，我才知道韓被捕了。後來知道： 蔣委員長接到上述電報後，十萬火急電令何代委員長迅即釋放；何代委員長找來蔣孝先一問，才知道已經處死了。何將軍是從來不光火的，那一次也痛罵了蔣孝先，并面令他以後捕人處死必須先行請示，不可胡爲。——但大錯業已鑄成了。

二十四年春天，蔣委員長親自蒞臨歸綏，召見雲委員長和德王，乃爲實踐去年答應陳紹武「我去看德王」的前言。事前布置時，德王無論如何也不肯到歸綏來，首先是他怕傅作義「要於路而殺之」

其次是怕身蹈韓鳳林的覆轍。經他左右軍政兩校畢業學生的從中慫慂，和各方人士的函電說服，他們才準期赴謁。這次謁見，蒙政會的經費逕滙無誤，并獲面允可用外交方式應付日人。

關於各方人士說服德王赴綏的來電，給我留下最深刻印象是某將軍的密電。原電首述「宜生係弟至友，并已去電切實關照。介公為全國領袖，一行一動均將為天下萬世所共見，豈有鳩人羊叔子哉？」德王當時似為這紙電報所折服，坦然成行。這由他當時虛心向敖雲章請教「鳩人羊叔子」的出典，可以推知。

本社在歸綏的開業，往遠處說：是本文第二段「東土默特的幼苗」裏所提及的「我和柏師長相約，抗日勝利後，要在蒙旗大舉興辦教育」的提前實踐；往近處說：是本文第三段「走上西土默特的征途」裏所提及的「中華民族分化實在如水決堤了：當前的第一要務，是爭取這一水頭不流向日本海」——就是防止德王等人的親日：因此開業前後的布署，重在「黨的建設」，我的企圖是在蒙古地方建立起堅强的黨，使黨成為一張網羅，把親日的王公青年擋在網裏，逃不到日本方面去，縱使溜出了第一網，第二網還是要把他們撈了回來。這一企圖所需要的條件，先後承各位友好和陳先生、徐先生、齊先生和其他友好的協助，截至二十四年八月受任邊疆力行社書記、蒙旗黨務特派員為止，無論職權和財務，可以說都已達到「放手做去」的地步了。而我的黨「網」已在百靈廟、德王府、張家口、歸綏這一四角形地帶無影無形地逐漸伸展擴大開來。九月五日到十九日，先派樹森、鐵符、拓跋吉三位同志，由社動身，經武川、百靈廟、固陽、包頭，半徒步半乘騎，走了一轉。主要為聯系黨員，并介紹樹森訪問德王(九月十一日)。他們返社提出「內蒙採訪紀」，上卷自五日至十三日係鐵符所記，下卷自十二日至十九日係樹森所記。百靈廟的黨員和徒弟都希望我親去一趟，德王也再三囑咐樹森，務必請我前往一談。

一個月以後，即十月五日，我開始百靈廟之行。下面係五到十八日的日記，現在一字不易，發表於下。這段日記的最重要地方是我和德王的幾度長談，為以後十年(二十四年至三十四年)德王由親日到反日，由反日到成為我方「最高級情報人員」，并於完成任務後，飛渝叩謁　領袖，及以後遊擊反共的基本淵源。凡日記中記載不詳的地方，均加括弧予以補註。

(本節未完)

七、百靈廟行（續）

——「十月五日（民國二十四年）六時起床，整理行裝，計棉被一條、皮褥一條、行李毯一條、毛毯一條、棉衣數件、遠鏡、呼吸囊、照像機、漱具等。七時赴蒙政會辦事處，知開車尚無消息。借樹森赴新綏汽車站，送東北義勇軍眷屬赴新疆。此次赴新眷屬共爲百四十餘人，滿載六大卡車，擁擠不堪，人人不能舒服正坐，如此遠征，未免太苦！車九時後始開。返來，十一時吾輩所乘之車亦開。同行者計蒙藏委員會駐歸綏調查組組長楊蔭村（芬）先生，組員孫博華先生，蒙政會職員馮君，百靈廟利蒙商行店員某，連我共五人。車係篷式車，楊　孫坐後座上，我坐在他倆中央，楊趺坐，孫太胖，我被擠在中間，動彈不得。車出歸綏北門後，直向北走，大青山橫亘眼前。（陰山山脈在寧夏稱賀蘭山，在烏拉特旗稱烏拉山或狼山　，在綏遠則稱大青山。）十二時左右到達蜈蚣壩南端，村人來告新綏汽車在二道壩口翻車。蜈蚣壩係歸綏、武川之間唯一汽車路，，山球狹窄，僅容一車。前轍既覆，我們只好停車，與楊、孫諸先生徒步上壩（即爬越陰山南麓）。在熱河時（救國軍時）每天走路爬山，亦不覺苦，不意雙腿一歇三年，却養成嫩脾氣，用酸楚反抗我了。走上二道壩口，見覆車係郵件車，並未傷人，不禁代人暗幸。休息片刻，我們的坐車也開上來了。這時覆車已被抬起，讓出正路。我們因爲山道險巇，不敢乘車，乃隨車上山　。下午一時始達壩頂——立在陰山最高處了。南望歸綏如一小村落在煙雲靉靆中，黑水如帶，青塚若礪。過此頂點再往北走，這在古人就算出塞，背誦隨園「陰山風大」及昌齡「秦時明月」兩詩，茫茫興然家國之悲。上車，下壩，至一小村落，有餅師店，新綏車數輛停留於此，蓋候後面覆車者。下午兩點抵武川，進早餐，三半啓身，出武川北門，仍向北走。武川以南，路上多山多石多沙多溝，車行顛頓；以北，車在陰山與阿爾泰山間高原上行走。陰山若係匈奴語，當為「以赫西那」（Yihe Sina）意為大山）的譯音（若用漢文寫則為「奕赫山」；阿爾泰山確係匈奴語也即今之蒙古語「金山」的音譯（Alfan sina造為阿鏐鎏山等字）。此間土質堅實，雨量稀少，經年汽車來往，已將道路壓得平坦光潔了。汽車沿故轍前進，似有軌電車而無其噪音，非常舒服。沿途商號孤立草原之上，鄰無居民，圍以高原土牆，有古代堡壘氣象。內蒙許多縣局——如武川、固湯、安北等，俱係以一大商號為奠基，易言之，即若干年前各縣局僅係一孤立商店，以其雄厚資本開拓一生產交換總過程——商業資本生產關係，組織起來許多農民，漸漸變成集，變成鎮，又變成縣局，較東北之由農耕村落擴大成集成鎮成縣者，迥不相同：故研究西北社會組織者不應忽視此商業資本殖民事實也。沿途除了經過幾道小沙河之外，均是起伏處女地，土質灰黃，毫無沙粒。所生牧草，高可及踝，亦有高可及膝者：內蒙沙質似相當肥沃。一般人提及蒙古，就都想像這是「平沙無垠」的所在；其實蒙古是一片土山，並不儘是黃沙白草（只上帝不對這地方興雲佈雨耳。）黃羊（麈）百十成羣，行進絕速。六時左右，冥色上來，向西望去，殘陽的銀光把無數黃羊俯首前奔的黑白畫面映了車窗，這光景該多麼值得旅人破顏微笑？夜九時許，前途現出幾星燈火，司機（豈學騫）告以已到百靈廟南山坡上。又行十餘分鐘，隱約見左前方有白色建築，知此就是國際知名的百靈廟了。十時抵蒙政會稽查處門与停車。該會保安處代科長于復廣君（同志徒弟，東北人，西北軍事幹部學校出身，在馮玉祥部下作過營長。四十年和欒法章同被共奸槍決）來迎（係奉德王之命及紹武電囑招待我和楊組長），囑司機把我的行李載往豈家，我隨于君寧其太夫人。于宅爲備豐富晚餐，有酒有肉，盛意可感。飯後赴豈君處，由其尊翁子惠先生陪往集義公（商號）訪于煥章，夜下榻豈宅。豈君係哈爾濱工業大學工程學士，九一八事變前任東鐵（長春鐵路）段長。子惠先生亦曾任俄國憲兵官佐。父子收入月逾千元，家產甚富。變後被逐，流亡關內。子惠先生逃來百靈廟，開小舖賣紙煙茶葉，學齋君則購汽車一輛，在歸百間載客。來時所乘篷車即學齋所有（此人二十七年加入僞共）。

——六日百靈廟分河西河東兩區（中間係哈爾紅河，由南向北流）。河西係百靈廟（喇嘛廟），廟後右方坡上團聚着蒙古包暨帳篷九十四座，即係蒙政會。該會迄無固定建築，頗富蒙古行軍況味。河東係商業區及住宅區，沿河形成南北小街一道。房屋殆全係「晉式」建築：一面有簷，後脊特高，略如吾鄉之「一坡水」。街中間有泥製蒙古包數座，街南端有毡包數座。泥包係用土坯所造，有樑有窗，門亦較高，內部隔成數間小室，有灶有炕，仿毡包之外型而改良其內部者也。毡包係眞正老牌的蒙古式建築，以木爲架，四圍及頂上覆以毛毡。頂有孔，門向南，門低，出入均須俯首。包內正中置火爐，燃牛糞，用以取煖作飯煮茶，煙由包頂圓孔透出。天寒則將包頂圓孔用毡覆上，否則撤開，放入天光。陰雨之日，門孔俱閉，包內即成黑暗世界。泥包不能移動，毡包拆裝兩便，確係遊牧生產方法的產物。自泥包出，表示營業生產已代替了遊牧生產。泥包首先發明者已不可考（但當爲晉籍人士所創始）；百靈廟的最新式泥包，係蒙政會保安處科長朱實夫等所設計。朱（西土默特旗人）係黃埔學生，曾留學俄國。蒙政會未成立前，百靈廟商戶均係純蒙古式貿易，現亦有專爲供給該會需要的商店。所謂純蒙古式貿易，即輸入品係蒙人日用品——茶、布、綢、米、首飾、鍋勺等，輸出品係蒙古生產品——牛羊皮毛、牛、羊、馬等。交換過程上無貨幣爲媒介：以物易物。商人投資亦用貨物，並無硬幣。蒙人購物，可以記帳，帳面價格雖用貨幣表示，但還帳時仍是商品牛羊之類。輸出入商均係大資本的，無如內地零星小賣者，現這種純蒙古式貿易在百靈廟（和全蒙旗）仍佔絕對勢力（雖已日漸衰落）。新興商業多係小賣店，如利蒙商行，新集義公等，均係官僚資本，亦均因記帳太多，賠累不堪。百靈廟在羣山中，有九條道路和外界交通，俗名「九龍口」。百靈河（即哈爾紅河）自南方流來廟前，繞南東北三面北流，水清澈，深五六寸。沿河多沙，有小魚。冬日表面封凍，不涸。早晨空氣澄鮮，氣候也未覺太冷。九時赴電臺訪張佛泉，因精神早有聯絡，故承臺上諸君盛意招待。十一時稽查處主任李岐山請客。李曾任熱河軍營長，二十一年「羊山之役」曾與亮山（即前文救國軍第九師師長劉存起）對壘，一老成人也。十二時陶立濱來訪。下午一時半，由于君引導，赴河西訪問德祕書長（即德王）。德亦住蒙古包，包在雲委員長之包的右前方，其下即爲祕書廳及其一二三四科。于君囑在祕一科稍候，他去傳達。入祕一科包內，張子明君（科長）方在辦公，晤談親熱。此君係軍校學生，蒙漢文爲全蒙政會之冠，人稱「鐵面無私張科長」，因其不管閑事，不恂私情故也。談約半小時，于君來傳見，隨入，德起身相迎。楊蔭村先生藉機辭出。德送楊出包，返包讓坐，我坐於西方（賓位）德坐東方（主位），于君坐於東南方。侍者獻奶茶，「前門」煙。這是德王的辦公室，包的體積面積較一般蒙古包高大，內面的布置很是富麗：架子都是朱紅的，內毡均裹紅綢。地上舖着地氈。正中靠北是五寸高下的矮榻，蒙着虎皮的坐褥，前面擺着漆金的木桌，上有文房四寶和文卷書籍，這是德王平日辦公的坐處。榻左右都有描金的木櫃，榻左櫃上有小擺設如北平造的烏銅雕花鏡框等，榻右櫃上供奉成吉思汗寫眞。右櫃之南復有櫃一排，上面堆置漢文的「蒙古源流」、「元朝祕史」及商務版名人傳，另有日本陸軍省出版的三巨冊「蒙古大辭典」等約一二百種。包正中放置炭火爐，爐左右分設漆几，几後鋪着坐褥。上邊是天窗，滿包光明。全包紅金兩色甚爲調合。德王着馬蹄袖淺藍色棉袍，腰繫藍帶，穿回回絨快馬靴，垂長辮，面色紅潤，長鼻如蒜，這就是他引以自豪的「王者像」了。他很禮貌地很自然地招呼我吃煙。談話開始了，他說着道地的北平話。

——軒轅先生，我們是久仰大名的了，常聽紹武、枕華介紹。在自治的時候，您的新聞很能說出眞象，在我們看，您是同情我們的，我們都很感謝。漢卿先生有信來，說您要來看我。我們就是沒有他的介紹，也是十分歡迎您的。」

接着我的客套和一些不要緊的談話之後，談到「西公旗事件」，他說：

——我現在是很痛苦的。傅作義硬在那裏欺侮我。中央、「天高皇帝遠」,信了他的話。西公旗梅力更召事件沒有發生之前，因爲石貝子資格不够作扎薩克；雲王以盟長地位，當然可以撤換他。我還替他向雲王說過許多好話，又派陳祕書（紹武）去調解多次，讓他到會上來，希望他能覺悟。不成想他不但毫不覺悟，反而變本加厲，勾結傅作義，屢次抗命，我才贊同雲王的主張。我既然同意罷免他，就非作到不可。中央如果不答應，我們就總辭職。這一點小事，我們若不能辦，我們也就不必再在邊疆上負責任了。

他又說：如果綏遠非幫着石貝子和本會開戰不可，我們決不惜一戰。我們有一千兵，打光了仍然有兵可用。（原註：其意指借日本兵，蓋包悅卿對人宣布，蒙古和綏遠打仗，借日本兵穿蒙古衣裳，誰也認不出來。）天天喊着「打倒帝國主義」，中央對於蒙古，眞比帝國主義還兇。

他說話的態度雖是鎮靜的，但成見是這樣的深。我預定是同他詳談的，不是採訪。我先把中央和地方分作兩方面，告訴他地方的舉措，不一定是中央的授意，地方有地方的作法，連中央有時也是管不了的，請他不要囫圇吞棗地旣反地方，又反中央。我說：

——你會相信罷？雲王和你一到歸綏，見了蔣委員長，蒙政會的經費馬上照發；可見中央是好辦事的，只要你信賴它。至於蒙政會和傅主席的糾葛，兩方都有責任：綏遠省統治多少年的地方，蒙政會忽然來設治，要練兵、要收稅，要辦學，當然發生職權問題。但這要平心靜氣求得解決；越鬧意見，越是失敗。但失敗者必是您這一面。我對自治的前途是悲觀的；除了大家相忍為國。

——可不是嗎？我們非失敗不可，這是我知道的。俗話說：「胳膊硬不過大腿」，我們當然鬥不過傅作義。人家有中央可靠；我們可去靠誰？傅作義是中央的親生子，我們蒙古是後娘的孩子！他們漢人，不會知道蒙古是五個指頭裏（原註：（他舉起右手）的一個指頭（原註：他指着中指），漢、滿、蒙（原註：他立起中指）、回、藏！

我看他的感情激動起來了，便籍末尾幾句話奉承他一番，先平抑他的憤慨。我說：

——你說：「漢人不會知道蒙古是五個指頭裏的一個指頭」，這可謂一句名言，極有大政治家的風度。你如主持中央大政，必會不偏不黨，五族平等的。

他笑了笑，說：

——我德某是蒙古人裏第一個翊贊共和的：民國元年，孫先生就臨時大總統，我是唯一赴京參賀的蒙古人。我以後二十年來，總覺得孫先生號召的五族共和，再好也沒有了。但近些年使我失望，我知道孫先生也沒有把我們蒙古當做五個指頭的一個，而把蒙古當作外國人看待！

糟了，他不但反中央，現在又反　總理起來。我連忙說：

——您在私人談話時，可以批評任何人；但我善意地建議給您，萬萬不可批評　國父，這樣不單有損於一位政治家的風度，而且對您自己也是沒有利益的。

——是的，我們是私人談話，我知道您不會登在報上的。但孫先生這千古偉人，為什麼要把蒙古看成外國人？

——那裏有這話？這必是日本人說的。

——你不要賴給日本人。這是我從三民主義裏親自看出來的，上面說「中國兩次亡國，一次亡於蒙古，一次亡於滿清」。中國亡於蒙古，這不是說蒙古是外國人嗎？自己本國人打仗換朝代，能說是亡國嗎？

我沒有想到德王會從三民主義裏看出這幾句話。現在遺教皇皇，證據鑿確，真讓我一時心神失措，不知怎樣答覆他的疑問才好。我裝做拿煙點火，一面構想，然後含笑說道：

——國父的三民主義，主要是「中華民族自求解放，國內各民族一律平等」，這是重心；其他的話都是幫襯。他既說「中華民族」，這裏邊也就包含蒙古在內；他既說「國內各民族」，這裏邊也就包含蒙古在內，怎算把蒙古人當作外國人？而且國父手訂的約法，民元以來的國會，現在的中央黨部、國民政府，都有蒙古議員、中央委員、國民政府委員，若是把蒙古當作外國人看，豈有外國人當選中國議員、委員的道理？您希賢先生，和雲委長以下各位委員，如果被漢人不當做五個指頭中的一個，怎會做着國民政府的官呢？

這時他微笑不言，似已心許。他說：

軒轅先生，我想招呼侍頭喚茶，但先要請問您一聲，這可不是「端茶送客」呀！我頂喜歡和您長談。

說罷哈哈大笑。我告訴他，不必這樣客氣。接着我說：

——你讀書很多，久住北平，你會知道內地有一種名爲「家譜」的東西，記載一個家族的歷代祖先傳記世次等等。不曉得蒙古世族有沒有「家譜」？

——有的，不但各家都有，就是全旗全盟也都有。我們有「黃冊」，從成吉思汗一直記載下來。

——「家譜」裏所記載的人物，必定是一位祖先的子孫，絕不會把外姓人寫入「家譜」吧？

——當然。

——國家也有「家譜」，這就是「國史」。寫在「國史」上的人物，必是本國的人物，而不是外國人物；如果把外國人也列入「國史」，這和把外姓人寫入「家譜」，不是一樣荒唐嗎？我們中國有一部「國史」，就是你這書架上的二十五史（我指一指右手的開明版二十五史），這就是中國的「家譜」。「國史」裏的人物都是中國人，誰被載入「國史」，誰就被承認爲中國人而不是外國人。你看中國的「國史」裏就有一部元史，又有一部新元史，元史是明朝政府欽定的，就是說明朝就沒有把蒙古當作外國人；新元史是民國政府明令列入正史的，就是說民國也沒有把蒙古人當作外國人。您說「漢人不把蒙古當作五個指頭的一個」，我要代表明朝和民國政府向您提出嚴重的抗議了！

我大笑起來，同時德王也大笑起來，坐在他下手的于君也大笑起來。德王說：

——我接受抗議，並鄭重道歉（笑）。——但我還是建議給您，回到中央，請求把孫先生的這幾句話刪去，這在我們蒙古人讀起來，眞正是害怕的。我們不是日本人，不能做日本人，我們也不是俄國人，也不能做俄國人，如果中國再不承認我們是中國人，你說蒙古人不成沒娘的孩子了嗎？

（本節未完）

七、百靈廟行（二續）

——國父遺敎是國民革命的經典，和論語是中國文化的經典一樣，沒有人膽敢「刪」它一字，不過等我回到內地去以後,可以建議中央黨部,在這幾句遺敎下邊加上註釋：從民元　國父正式提出「五族共和」以後，無論漢滿蒙回藏乃至苗傜黎夷都成爲中華民族的不可分的一個支脈了。　國父二次亡國的說法，是講歷史上的老問題，立在宋朝的立場講蒙古，立在明朝的立場講滿洲；不是講今後的新問題，立在民國的立場講蒙滿。立在民國的立場講蒙滿回藏苗傜黎夷，是「國內民族一律平等」。「國內民族一律平等」是說漢滿蒙回藏苗傜黎夷如兄如弟，平等相處，這是民族主義；凡屬革命民衆都應享有民權，如果溥儀也能參加革命，不再親日通敵，當然也享有民權，這是民權主義；凡屬革命民衆，都由國家滿足他們衣食住行樂育的需要，滿蒙回藏苗傜黎夷當然都包括在內，這是民生主義。可見全本三民主義幷沒有國內民族界限，當然沒有蒙漢界限了，這還不是五個指頭麼？說到這裏，我也擧起右掌，並特別撳動一下中指。

他聽到這裏，眉飛色舞，中心喜悅。他接着說：

——先生的話，是很對的。你們有學問的新聞記者，是這樣的；但傅作義還是照舊把蒙古人當作外國人，當作老韃子，處處欺負我們。請您先生要把這番大道理說給他們聽一聽。

我覺得他已心服，遂把話頭移到日本問題上來。我說：

——方才您說傅主席欺負您，這我是親眼看到的。我如站在您的立場，也會生氣的。但這是政治問題，自有政治的解決。也可以說是技術問題……

他打斷了我的話，問道：

——什麼技術問題？

——這很明白：傅主席不會公開罵中央，也不會私自招待日本人，更不會祕密派代表向溥儀叩頭……

這時我看他的面色有了變化，笑容盡斂。接着便說：

——傅作義，我不知道；閻錫山也私自招待日本人呀！為什麼我德某就不可以招待日本朋友？

——正因為閻錫山私自招待日本人，中央早已不信任他了。您德先生為了爭取中央的信任，在技術上，我想還是不要招待日本人，才好。

他沉思了一會，說道：

——現在我可以告訴您實話了，但要請您保守祕密。趙福海上長春，我已報告何代委員長了。春天，我去謁見蔣委員長，他也答應我可以敷衍日本人的。請您千萬要守祕密。

他以為我還不知道他和何代委員長（應欽）的談話及 蔣委員長對他的指示；其實，我比他知道得還多。我遂做作地說道：

——謝謝德先生，不把我當作外人，告訴我這個大祕密，我必守口如瓶，絕對不會洩露給日本人知道。但我也可以告訴您一點祕密。

為了讓他急於知道我要說的祕密，并注意這個祕密，我慢斯條理地點燃一枝新紙菸，然後再呷了一口乳茶。他似乎已等得好着急了。我才說：

——您知道蔣委員長為什麼答應您可以敷衍日本人麼？

他在思考我的問題，雙眉深鎖。我說：

——蔣委員長早就判斷您一定親日；但蔣委員長也判斷您將來必會後悔。他很愛惜您，希望您將來真能成為一個蒙古政治家，替中央在蒙古負責，為中央分憂，所以雖然判定您一定親日，現在也不肯毀您。您必知道，蔣委員長要想毀您，是非常容易的呀！他是等您後悔之後，重返中央。他所以答應您可以敷衍日本人，是知道答應您，您也親日，不答應您，您也親日，現在既然捨不得毀您，只好答應您了。

他聽得非常用心，面上沒有什麼光彩了，口在張着。他說：

——我該怎樣好呢？蒙古，我離不開，我有土地，我有人民！中央又不能為我守蒙古，我該怎樣辦呢？

他的聲音是哀婉的，表情十分痛苦。我說：

——您可以長住百靈廟，不回德王府；再不得已，您到青海去，到南京去。

他想了良久，說：

——中日問題到什麼時候才能解決？中央老是不能抵抗麼？

——中日問題，必須大打一仗，才能解決。三年五年，都很難說。但一般新聞記者的看法，中國必不會亡，抗日必能勝利，這是沒有問題的。

——我的母親已很老了，身體不好，離不開家。先生您看，我如果落到日本人手裏，前途怎樣？

——不客氣點說，那您便成了溥儀。

溥儀不也有代表去見蔣委員長麼？

——但溥儀總是國賊了。

——溥儀練了不少的兵。如果中央抗日，溥儀不可以打日本人麼？

——這是夢想。溥儀的兵由日本人統馭，他一個人也指揮不動。

——那麼溥儀該怎麼辦呢？

這時我完全挖出德王的心事：他想在親日之後，訓練蒙古兵；等到中央抗日，他再反正。這是九一八以後失意軍人投日的一般想法。我答復他說：

——溥儀如果想着當中央抗日的時候，舉旗反正，是萬萬作不到的。日本人把他監禁在「皇宮」裏，讓他一動也不能動；他本人毫無魄力，也沒有軍事學識。為溥儀計，他只有一條路……

——什麼路？

——設法接近中央派駐長春的工作人員，提供日本重要機密情報；如果可能，儘量設法重用中央工作人員，讓他帶兵。這樣，日本失敗之後，溥儀還可以見諒於國人。

他半晌沒有說什麼，又指示于復賡招呼侍頭換了一回茶。他吸了第二枝紙菸。我覺得他似乎有什麼話不願意于復賡旁聽，便說一些百靈廟的掌故，於四點半鐘告辭。他陪我在左右散步一週，我返集義公。沿途訪吉爾格朗（致祥）、陶立濱、楊蔭村。適金勳卿（民元國會議員，曾赴廣州護法）、托克托胡來，罵中國，捧日本，滿口「滿洲國」，我斷定托克托胡一定是漢奸。六時至電臺晚餐，遇程文韶，不意其在此也。頗以密聞相告，如日人送給德王飛機等事。時祕書廳四科科員錫拉捧來告，德王囑第四科招待食宿。佛泉乃飭人把我的行李由營宅移來集義公東屋客房，和南京治平社社長唐明帆聯床。七時，余斐（蒙政會醫士，軍校學生）來談，傅作儀以漢奸待他，幾乎扔入黃河。我勸他以後不必再談，因被日本人聽去，諸多不便。

——「七日晨，登東山，遇孫博華正作體操。他問我遊蒙感想。我告訴他，想保持蒙古現在和中央的關係，非要中央變無政策爲有政策不可。如常此濾預敷衍而坐視地方欺負蒙古，不久一定會逼上梁山。」——因爲孫係蒙藏委員會所派來者，舉我所知以告，期其有以轉報也。

十時過河西，訪蒙政會實業處科長蘇寶豐。蘇說：蒙地開墾，不如牧畜有利。蓋蒙地天寒雨少，氣候乾燥，墾地一頃（百畝），需資本甚多。稍遇歉年，恆至毫無所穫。假如種植牧草，改良牧畜，再行牛羊產品加工，所得可百倍於農云云。該處正計劃「定牧」事宜，即擇水足土肥地區，開闢牧場，種植牧草，將遊牧人民集中牧場四週。蘇又說：定牧成功，則蒙古可由遊牧時代一躍而入工商業時代，不必經過農業時代云云。蘇又說：蒙古礦產甚多，經本處勘驗者已有數處，五金煤炸俱全云云。言下指包門外左前方土山稱：該山名牛嘴山，與南方之黑山一脈相連，藏煤頗豐。僅牛嘴山一處，即用土法開採，每年亦可出煤一千八百噸，足供本會五十年之用云云。余詢以擬用某種資本？據答：特稅交涉成功後，本會每年劈得一百八十萬元，提出一部作爲開礦資本；亦歡迎國內及華僑資本云云。余又詢以雲委員長迷信風水，不許開礦，有此說否？蘇答：委員長不贊成開礦，非因迷信風水。其本人以爲年事已高，不願主持此種破壞祖宗遺制之大事，則係實情。但此事無多大關係云云。說至此，余吸烟靜默一會，想到治蒙應從經濟方面着手，順應蒙古人士「反對開墾」之要求，而定一工商業計劃，使蒙古經濟與國防經濟構成一環。余談及現在蒙政會的一籌莫展，實因中心未必親日，而口頭恆罵中央，致引起許多誤會。勸蘇建議德王勿再濫罵。近日余恆以此說勸人，蓋以德王如不罵中央，則日人不能乘虛而入。

離實業處至張子明包內小坐，又至吉爾格朗包內小坐。吉偕余赴祕書廳後看蒙文古碑，字作雙鈎體，余僅能認二三字頭。詢之吉君，亦云不可識，僅能推知係元順帝時古蹟。去年出土，距該會東北若干里有一古城遺址，碑曾淪陷古城中。

下午一至六時，會客五小時。(會客云者，個別邀見本黨同志及徒弟談話。日記未記詳情，爲防洩露。現已完全不能記憶。）七時訪該會巴克細敖雲章，遇楊蔭村、金勳卿、托克托胡。一楊橫陳，正在噴雲吐霧。金仍痛罵中央，謂蒙古非獨立無出路。十時，楊及兩奸散去，余留與敖暢談。問金之來歷。敖稱：金係議員，老國民黨，且曾南下護法。後任北平蒙藏學校校長，被張溥泉（繼）所排……至此，敖喟然嘆曰：現在已非我有了！敖說甚多，擇記如下：（一）一般人均謂滿清利用喇嘛教制蒙，其實蒙人及德王均不承認此說。德王謂喇嘛教在元朝已竟流行（原註：按此亦係事實，元×帝時宮中即大作「佛事」），他曾遍查理藩院條例，並未規定家有小孩，僅留其一，餘作喇嘛之規定。（二）民族主義中扶置國內弱小民族一說，引起國內各民族之自覺。內蒙自治可謂係三民主義引發出來者。（三）蒙古和清廷本係兄弟之國。清之「老汗王」所以稱「汗」，即寓有兼爲蒙古皇帝之義。據此爲解釋，則清廷既亡，蒙古本可獨立。後因政府喊出「五族共和」口號，保持王公制度，訂有優待條例，始未隨清廷退出中國。但蒙人仍自承有政權有國家（蒙古的國家）。（四）德王如果親日，即再也不責備中央，譬如摩登男女在朝夕勃谿之時，因爲仍要作夫妻，才會如此；如長久反目，忽然不言不語，定係暗中作打算，各找對象，準備離婚矣。（六）在小問題上，余當然須順從德王心理，而於事後設法改變其言論與路線。在最大必要時，余當然爲德王消火，使他不去親日。此點不希望黃慕松知之。（原註：敖與黃係北京參謀本部老同事，關係頗深）。

余與敖談話中，請其勸德王明大體，察利害。。談到蒙古前途時，敖慨然曰：中央對蒙，如再縱容地方當局，將來必無好結果，民族大分裂即在目前矣云云。恰與今晨余對孫博華所言同一見解。關於借電臺向復生社發稿事，託敖代請，不知邀准否？

（本節未完）

七、百靈廟行（三續）

——「八日」昨夜與敖顧問長談，今晨二時始辭歸。九時起床，略進第四科送來點心。自七日起，該科早晚為送飯各一次，四菜一湯饅頭白飯，每天大美麗一廳，西洋糕點一斤。知交來調笑，謂盼余多住，可借光聞香味也。補記五六七日日記，至十一時始畢。開飯間與唐明帆長談，唐詢余何以識蒙人許多？告以大多數為余之同鄉。唐問研究心得，因為詳述蒙古自治始末一小時許，結論與告孫博華者相同。唐識要人甚多，期其有所傳達也。下午一時，第四科派車送余等（楊、孫、唐）赴阿爾泰——蒙政會新會址——茂明安旗主山遊覽。阿爾泰在百靈廟西北約十餘里。該會新址在一石山東土坡上，其下為哈爾江河。西北有奇峯，有古樹；惜無泉水。否則眞是塞外桃源也。此間係該會之新村區。該會新址分政治、實業、教育、新村等區；商業區則仍設百靈廟河東。大家擇峯嵐最奇處攝影二幅。五點，張子明、陶立濱請客，在百靈廟唯一飯館××園。黃紹竑當年曾請客於此，較天橋小飯棚如尤不若，陰而穢。九時訪敖，又作長談。敖說如下：（一）蒙古人以為五族皆係兄弟之邦。現在老大（漢人）當家，他就向老大要此索彼。不給，就像老弟似地，大鬧起來。由國家眼光看來，這是分離運動；其實蒙古沒有想到這一層。蒙古對中央說東道西，不過是誤解自由，誤解五族共和而已。（二）蒙古非不能永久與中央一致；但須中央改變對蒙態度。我問他：

——不知您所說的『改變態度』應是什麼態度

？未「改變的態度」又是什麼態度？

——就是解決懸案。

——懸案都是什麼？

——像許可德王練兵而不資助；許可教育費而不撥發；設卡……等等都是懸案。

——您這些意見，太值得重視了。我希望您能把所有的懸案，具體地告訴我一下。拜託您今晚想一想，明晚再說給我聽。

（三）民族主義裏歧視蒙古的地方很有許多，譬如說漢族要同化滿蒙回藏，又說中國亡於蒙古，這都是蒙古人看來生氣的話。這種話存在一天，對於五族關係留一天不良的印象。孫先生當年說這些話，眞是何苦來呢？我說：

——您提出這個意見，六號德先生也和我談過。但三民主義是我國建國寶典，不能更改一字呀！

——到必要時，也可以聲明孫先生這話，是一時權宜之言。

——蒙古人士相信麼？

他沒有答復，我續稱：

——聲明是沒人敢聲明的；倒是重提五族共和四字爲佳。

敖亦云然，借電台事敖稱德已答應。

「九日」昨夜與敖雲章談至今晨二時。九時起，過河拍發復生社電。發電後，與陶立濱同志談話（包內只我等兩人）。陶決抓定教育處。他說：我決心將黨義注入教育，將教育普及蒙古。我告以用同志，勿多言。出包，看鮑國卿教蒙古小學生行軍禮。昨天這些孩子們還穿着長大的袍子，項上掛着銅佛，頭上垂着小辮，脚下不穿鞋襪；今天却換上綏遠呢的制服，穿上五眼帆布鞋子，銅佛雖仍然掛着，但掛到制服裏邊去了，辮子披散開了，彷彿長的背頭。軍禮，行進，雖然都還可笑；但這可笑的事會一天比一天少下去。鮑用蒙語施教，很是親切。

時蒙政會三屆委員大會正準備開會。幹部教導隊、保安隊、袍子隊（純蒙古兵）舉行分列式。號令全用蒙語，行進不甚整齊。成凵形，北向集合於雲委員長之包前，距約十五丈。包外，左爲該會職員席，右爲蒙古小學席，皆相向立。雲委員長之包作爲禮堂，內可容五十人（立）。正面南向供奉成吉思汗遺像（俄人僞造的遺像，與故宮所藏眞像迥異）。曰『供奉』者，謂遺像前陳列茶點香爐也。無總理遺像及黨國旗。場外初懸黨國旗；後撤下黨旗，改懸國旗兩面。十一時鳴號開會。祕書長德王戴紫頂雙眼花翎，穿黃緞馬掛，藍袍，絨靴。委員及代表只到十餘人，均著淸朝服裝。德王領頭，委員、代表、敖雲章、漢奸金勳卿、托克托胡、日本特務中澤、松島（均著便服），緩步自西方走向禮堂。軍樂大作，士兵舉槍致敬。德王先入禮堂，次委員，次代表，次金勳卿等。初，吉祕書轉達德王意旨，希望我列席並演說。至此，吉祕書延我及唐社長亦入禮堂。德王以目招呼我等就來賓席（包內西北方）。立我前者爲敖雲章、金勳卿；後者爲唐明帆、托克托明、中澤、松島等。時禮堂外軍樂復作，東北角有司儀人跪來供桌旁，用蒙語唱報開會程序。我原以爲行三鞠躬禮，候其唱到敬禮，擬即躬身；不意他唱了『第一』一詞，德王及大家都跪了下去。我始知要叩拜，亦趕跟跪下。全用三跪九叩禮。回顧中澤、松島，則半跪而已，並未叩頭也。次，德王用蒙語致開會詞，約十分鐘，聲音很低，態度不很自然，且時時目睨來賓席，似有所畏。次，金奸勳卿演說，亦用蒙語。次，德王以手式請余蒞席。余向成吉思汗行三鞠躬禮，用國語作簡短演說。大意是希望兄弟們都能『要強』。中華民族是由漢滿蒙回藏苗傜黎夷等組織而成，數千年前原是一族；現在雖然分化數十個小族，但文化、風俗、宗教、語言仍然大體一致。合則共存，分則同亡。只有團結一致，共同奮發，才有前途等語。我故意把態度作得安詳些，言詞修飾些：因座有『外客』，我不便爲主人添麻煩也。次，德用仍用手式延中澤；中澤搖頭不應。至此，司儀宣佈禮成，德王領先，大衆隨後離開禮堂。參加的部隊、職員及學

蒙古后妃所生

生也都先後散去。草草半小時而已。

　　我們都到德王包內小座，進茶點。德王正坐，中澤、松島坐賓位，我、明帆、托圩坐主位。入坐之先，我即選定主位，意在示意中澤輩，我是賓中主也。大家談話甚多，我但沈默，藉作觀察。托圩恭維德王為第二成吉思汗；明帆則和托圩辯論偽『大亞細亞主義』（原註：托圩所信仰的『主義』即日本侵略的護符），辭鋒甚利，逼得托圩不知不覺間流露出『我們中國』字句。德王則談蒙古歷史，如明成祖係元某帝骨血等。言畢復由架上抽出『蒙古源流』為證。他也說到外蒙赤化問題，說：

　　——中央如果信任我德穆楚克棟魯普，給我十萬精兵，我不單可以收復外蒙古，也可以收復西伯利亞。言畢，睨睹中澤，面頗甚久，不知是何心理。懼日人知其雄心乎？抑以此言見好日人，藉圖勾結，而五衷自愧乎？唐明帆問：

　　——祕書長是蒙古英雄，可以從俄國手中收復外蒙古，這是名正言順。你為什麼還要收復西伯利亞？我們中國只說抵抗侵略，似乎不應該主張侵略。

　　——唐先生你是南方人，不知道蒙古歷史。您以為我說收復西伯利亞是侵略俄國麼？這樣您是錯了。西伯利亞這塊廣大的地方，在我們蒙古歷史上，名為「西必兒」，那裏的人民都是我們蒙古人，成吉思汗的時代就是蒙古的領土了。那裏有七十馬站，直通莫斯科。蒙古人統治莫斯科二百多年，後來被俄國打敗，不但失去莫斯科，連西伯利亞都被俄國領佔了去。以後蒙古一定強大起來，收復一切失地，北邊到西伯利亞，南邊……南邊到大青山。德王說至此，囑托圩抽出『元朝祕史』，自己略一翻檢，折上書角，遞給明帆，并說：請唐先生看看這本原文由蒙文所寫的書，上面載明『西必兒』是蒙古領土。這不是今天才寫的。唐接書後，面孔發紅。我怕唐說得走板；兼之德王不斷當着中澤罵中央，如云：『何代委員長對宋明軒說：『你什麼都可以給他，就是不可以給他槍。』這不是怕我老德造反嗎？這還叫信任嗎？等語云云，我亦恐德王罵得太烈害，遂提議讓主人休息，大家乃散。我和唐返集義公吃飯。二時，吉祕書來訪，對張氏父子（張作霖父子）的蒙疆政策頗表讚揚。晚，電台趙清泉請客。

夜十時，德王派郭王來迎，同赴河西夜話。入坐後，郭王辭去，更深人靜，朔風怒吼，包中炭火旺盛，溫煖如春。德王首先說：

——先生向我們的祖先叩頭，聽說是很恭敬的；那兩位（原註：指日本人）聽說好象看笑話。

——禮當如此。成吉思汗是中華民族的一位祖先啊！我們兩人作了八小時的長談，話題便從成吉思汗係中華民族的祖先一句話開頭。我接着說：

——成吉思汗是中華民族的一位祖先，由於近幾十年考古學的突飛猛晉，巳經完全證實了。希賢先生，您是讀過史記的（原註：他點點頭），那上邊的匈奴傳，不是有一句說：「匈奴，其先祖，夏后氏之苗裔也」？匈奴就是漢代的蒙古人，司馬遷早巳考訂他們是夏后氏的子孫了。換句話說，夏后氏是今天蒙古人的始祖。

——史記的話，太簡單了。

——這句簡單的話，太有價值了。司馬遷寫了這句話，在文法上，和杞世家，越世家是相同的（原註：由架上抽出開明板史記，翻杞、越世家示德王）。您請看杞世家說：「杞東樓公者，夏后禹之後苗裔也。」再請您看越世家：「越王勾踐，其先禹之苗裔，而夏后帝少康之庶子也。」司馬遷上距夏禹約二千年，他記杞爲禹後，可由論語作證明；記越爲禹後，可由今天浙江發現夏璽作證明；記匈奴爲禹後，可由括地譜作證明（原註：檢匈奴傳索隱示之），這裏說：「夏桀無道，湯放之鳴條，三年而死。其子獯粥，妻桀之衆妾，避居北野，隨畜移徙，中國謂之匈奴。」這是樂彥所說。下面張晏也說：「淳維以殷時奔北邊。」這兩位都是唐朝以前的人，所見古史，現都失傳了。但我相信，他們和司馬遷一樣，無須乎說假話的。

——您對歷史，很是熟習，令人欽佩。可是，雖然匈奴是夏后氏的子孫，您又何從知道今天的蒙古就是匈奴？

——近代中外學者正爲考證這個問題而努力。研究兩個乃至數個名字不同的民族是否一族，有許多方法，通常是使用比較法。譬如比較兩個名稱不同的民族，是否經常活動於同一地區？比較兩個名稱不同的民族，是否使用一致的語言和文字？比較兩個名稱不同的民族，是否文化相同宗教相同。綜合中外學者的研究，匈奴和蒙古，活動地區相同，同在內外蒙古一帶；文化相同，同是遊牧文化；宗教相同，同是崇拜天神；而主要的是語言相同。日本學者●白鳥庫吉，就古書所載匈奴語十幾個，和蒙古語比較，兩者是相同的，而且更有意義的是，匈奴語和漢語也竟然相同。

——這本書我也看過，放在北京了。說匈奴語和蒙古語相同，我是相信的；若說匈奴語即蒙古語是合漢語相同的，那簡直是開玩笑了。蒙古語和漢語不同，蒙古文也是漢文不同：語文不同，蒙漢怎會是一國人？

——蒙古語和漢語是相同的，蒙古文和漢文也是相同的。

——您在和我開玩笑？明明不同嗎！

——不敢！

然後我問他：

——希賢先生，漢滿蒙回藏苗傜黎夷有一種共同的風俗，就是每個人都有屬肖。在邊疆上，有史可考的始於鮮卑北周。子年生人便屬鼠，丑年生人便屬牛……元朝祕史也用子鼠丑牛紀年。您屬什麼？

——我屬虎。

——好了，現在向您請教：子鼠的鼠，北平人喊爲耗子。請問蒙古話怎麼說？

——耗魯嘎那。

耗魯嘎那還不是耗子麼？子，古音嘎。

他想了想，說：

——耗魯嘎那，耗子，第一音對了，但不念鼠呀。

——鼠廈勒不也是耗子麼？

——鼠廈勒不常用。

——不管常用不常用，鼠廈勒總歸是鼠吧？

他又仰頭想一想，說：

——也算你對。往下呢？（本節未完）

七、百靈廟行（四續）

——丑牛、蒙古話是牯牛（三歲牛）、惰牛（四歲牛）；寅虎，蒙古話是彪勒斯、彪、小虎也，見康熙字典，大虎是虎賁勒、虎賁見尙書；卯兔，蒙古話是兔來；辰龍，蒙古話是龍；巳蛇，蒙古話是蟒蓋、蟒、玉蛇也、見爾雅；午馬，蒙古話是馬瑞；未羊，蒙古話是羊駡嘎；申猴，蒙古話是猴木介；酉鷄，蒙古話是塔雞呀，雞、古音奚；戌狗，蒙古話小狗是狗勒格，狗字見孟子，大狗是獒害，獒字見尙書；亥猪，蒙古話是豥亥、豥、小猪呀。這十二屬，蒙漢全同，只有複音和單音的區別。（十二屬各字須念聲母，如牛爲尼、羊爲以。）

他仰頭良久，拿起前門烟來，送給我一枝，自己也燒起一枝。又想了片刻，說：

——蒙漢文都是這樣相對麼？

——截致目前爲止，因爲我才學了半年蒙文，漢字也認不到五千個，但可以說蒙漢相對的字已經認定七八百個了。大體上，蒙古話是漢話加頭加尾，漢話是蒙古話減頭減尾。（此係二十四年的見解，現知蒙古語爲夏殷原語，漢語爲夏殷語的分化。）

——誰給加減的？

——這還不知道。

——兩種字誰古？

——漢字是蒼頡造的，四千多年了。蒙古是元太祖時候造成的，七百多年了。但有史可考的，蒙古話和匈奴話相同，也二千多年了。

——匈奴話「天」念「騰格里」，蒙古話也念

「特格里」，匈蒙語言相同是不成問題的。漢語念「天」，不念「騰」也不念「特」呀！到是「把克細」「正和漢書」「僕射」同意同音，北京話念「把什」，都當老師講呢。

——「天」，古音「太」，是入聲，後來才念成平聲：「天」正是「特格里」的「特」及「騰格里」的「騰」；只是漢語減去了尾巴。

——先生，這是什麼緣故？

——我正在研究，並由八名學生幫我細找。我想，蒙漢語文在古代大概是相同的；後來蒙古話說得複雜了，漢話說得簡單了。（現知此說不確。眞像是：蒙古話是夏殷複音語；漢話是此複音語的簡化。）

——這樣說來，蒙漢從古就是一國人？

——只要穿上長袍馬掛，蒙漢人的面型、膚色、身材都是相同的，風俗習慣也是相同的地方多。如果語言再要相同，便不能說蒙古人不是中國人了

德王這時面露喜色，狐疑消逝，頻頻點頭。接着說：

——日本人和我說過：「日蒙一元」；日本話有些也和我們蒙古話相同。這又是什麼道理？

——日本話根本是我們隋唐兩朝的話。那時他們派遣不少和尚到我國來念書，學會了中國話，回國去就教中國話，難怪他們的話也有些和蒙古話相同了（現知日語爲秦以前的齊楚語）。關於「日蒙一元」，那是他們要來呑併蒙古，先拉交情，和他們要來呑併整個中國，便說「中日同文同種」，一樣都是騙人的話。

這時他喊侍頭來，吩咐煮兩碗掛麵。在麵來之前，我們談一些念私塾的往事。我才知道他和敖雲章是私塾同學。吃麵完了，談話轉入正題上來。他問：

——日本人說「欲征服世界，先須征服中國；欲征征中國，先須呑併滿蒙」，滿洲已經被他們拿去了，東蒙也跟着淪亡了，平津也入了他們的掌握

。這樣不抵抗下去，下一步就要輪到西蒙了！您前幾天說，要我上南京，我想了好幾天，沒有結果。如果我全家上南京去，怎對得起我的人民？到了南京之後，如果再有遷都的事（原註：德所指係一二八遷都洛陽），我怎能再向旗下要錢？您說中日必要大打一仗，如果蔣委員長也敗得像馬將軍（原註：馬占山將軍）一樣，自顧不暇，誰還管這些流亡眷屬（時馬部經俄入新，眷屬經百靈廟赴新，行旅悽慘）？我還是要走投無路。因此，我不想上南京。這樣，只有留在蒙古，日本來了，我想他們不會太不客氣。也許會要我管理蒙古，我便認眞地替旗民消除兵災。一方我練起兵來，越多越好。中日戰爭打勝了，我扯日本的後腿，中日戰爭打敗了，我保留一枝蒙古兵，日本人還得讓我管理蒙古。您看這兩條道那條要好些？

這是德王的心事，現在全盤托出。（他旣然不懼我發表他的祕密，以知已朋友相待，因此我當年也就毫不客氣地爲他說出下面的路。）我考慮一下，吸完兩枝紙菸，然後說：

——我同意您不上南京的想法，也贊成您留在蒙古的計劃。但您必須先向蔣委員長報備了這個計劃，頂好是密請蔣委員長或×××給您一個地下工作的名義；否則一旦我國打敗日本——這是我們堅信不疑的[illegible]，您便要受賣國處分，而且罵名千古了。

——那麼，可不可以請您轉達蔣委員長？

——我還沒有這個資格。——要讓我轉達給×××，卻可以辦到。

——××××不敢說話罷？

——他在埋頭苦幹，不是不敢說話，而是不說空話。早晚他會取道西北，打回東北去的。我想他正需要一枝蒙古騎兵。您和他很有交情，他會代您向蔣委員長說話的。

——蔣委員長不會信任他的。除他之外，桂永淸怎樣？

——桂先生確是理想的轉達人；但他不會再到

蒙古來了，他已作了師長。您何不親自去見蔣委員長？

——不便。（原註：德與日人有約，不再入京。）

——那麼派紹武去謁見怎樣？

——他正對抗石貝子。

——補英達賴怎樣？

——喝兩盅酒就會胡說的。

——那麼您看應該怎辦？

他沈思良久，沒有作答。我說：

——您是否黨員？

——不是。

——我現在沒有資格對蔣委員長去轉達您的大計；但我有資格荐您成爲蔣委員長的特別黨員。如果您成爲蔣委員長親自選拔的特別黨員，那麼您願意怎做就怎作，他都會爲您負責。

——一個黨員能够這樣？

——我說的不是普通黨員而是特別黨員？

——什麼叫特別黨員？

——就是蔣委員長親自介紹直接入黨的黨員。

——什麼叫直接入黨：

——就是不經小組、區分部、區黨部層轉中央批准，而由蔣委員長直接介紹的黨員。

——蔣委員長怎樣直接介紹？

——翁文灝您知道吧？他是地質學上第一等人才，本不是黨員；蔣委員長要他做特任官，便當面介紹他入黨。

——那麼我還得上南京？

——不必。只要您同意，我會替您送到蔣委員長親筆簽名蓋章的直接入黨申請書來。

——入黨以後怎樣？

——那便成了蔣委員長的最親信的幹部，直接向他報告，不必經過任何人的轉達。

他又沈默下去，點起紙菸，但并不吸。良久，他問：

——宋明軒是不是這種黨員？

——不是。
——傅作義是不是？
——也不是。
——溥儀是不是？
——一定不是。
——您怎知道？
——德松坪（按：溥儀的祕密駐京代表）幹不出這樣大事。
——蔣委員長會要一個溥儀作黨員嗎？
——如果溥儀有這樣魄力，能作出工作。
——什麼工作？
——供給日軍機密情報，必要時領導抗日。
——被日軍抓到要槍斃的。
——一點不錯。但日軍不會抓到。
——爲什麼？
——中央會保守絕對祕密。
他思考一會，喊侍頭送來兩杯牛奶。我把話頭移向另一問題：
——昨天您說西伯利亞是蒙古的領土，我還是第一次聽到。您可不可以告訴我更多這方面的歷史？
——西伯利亞是蒙古話，意思是貢糧獻物當差的地方。這話說起來是很遠了。當英雄阿提拉遠征歐洲的時候（現知德王的說法並不正確，戰國時已見鮮卑一詞），他收降了今天瓦剌（按即烏拉特——衛拉特）的地方，讓他們貢糧獻物當差，喊他們爲西伯克沁。後來他們向東遷入內外蒙古，內地人喊他們爲鮮卑，臣伏於曹操（現知早在曹操以前，漢光武已封於仇賁爲鮮卑王）。西晉末年，他們自稱北魏。（我不覺地「阿」了一聲。）您覺得奇怪麼？西伯利亞就是鮮卑，您沒有看過梁任公文集？
——讓您見笑，看是看過的，只是沒有注意這個問題。
——梁先生有過考證，王桐齡先生也有過專文。鮮卑冒稱北魏，疆土南到長江、西到金山、東到高麗、北到西伯利亞。北魏滅亡以後，大部分鮮卑人回了瓦剌，一部分留在西伯利亞，就是今天的烏梁海、布里雅特。成吉思汗又收降了他們，那時叫做西必兒。元朝一代、後元朝一代，直到清朝，西伯利亞都是蒙古朝廷的疆土，人民也是蒙古人。明朝，俄國強盛，蒙古退出俄國；清朝，俄國更強，便把西伯利亞全部佔去了。在旗下的時候，我接見了不少的由西伯利亞逃來的難民，現在都在我的隊伍裏當官，門外站崗的兵就是布里雅特。如果中央給我十萬騎兵，我不單可以擋住日本，收復東蒙和外蒙，就是西伯利亞也能指日而下，因爲那裏的蒙古人沒有一個不痛恨俄國人的。

——謝謝您，使我頓開茅塞。您是否和中央談過這個問題？

——和桂永清談過。我請求蔣委員長在滂江設立軍分校的計劃書上也提到過，

——軍分校何以沒有成立？

——馮玉祥鬧抗日同盟軍，中央停止設立分校。

——這樣說起來，蔣委員長對您總算很好了，您如果再成爲特別黨員，相信不久還會幫您設立軍分校。

——現在很難說了。您手下現有特別黨員申請表？

——沒有；社裏有。您想一看麼？

——我想看一看，請寄一份好麼？

——我可以派人專程送來。

——那倒不必，勞民傷財。

——我擬派張樂軒給您送來。您還記得他麼？

——他來看過我，我派他到土默特電台，後來他到北平去了。人是個老實人。現在幹什麼？

——在我的社裏任訓練班主任。

——好。什麼訓練班？

——邊疆語文訓練班。

——畢業了幹什麼？

——新聞記者。

——有多少學生？

——每班四、五人。

——現有幾班？

——兩班，九個學生。

——您對蒙古語文、新聞爲什麼這樣有興趣？

——民國二十一年我在熱河抗日，領導的義勇軍裏有幾百蒙古騎兵，師長也是東土默特的台吉。聽他們說蒙古語，寫蒙古字，覺得它好像是古代的蝌蚪文，便跟他們學。後來看出蒙古話漢話有點相同，譬如「賽因」就是「善」，「佳佳」就是「佳」，「白納」就是「拜納」，「討魯蓋」就是「頭顱蓋」……樂軒到北平去，我又跟他學。關於新聞，我回國後便作新聞記者。前年您倡導自治，我正作記者。今年便到歸綏來設立通信社。

——您到過那國？

——日本。

——您對日本觀感怎樣？

——日本人，除了要吞併中國的那些日本人以外，都是好人。

——日本人心眼小一點。

——您看中澤怎樣？

——他蔑視成吉思汗。

——那麼何不要求松室孝良另派人來？

——他和松室沒有關係，屬於華北駐屯軍。

——長城以北的特務工作，和華北駐屯軍無關，他們爲什麼要派人來。

——不是派遣來的，百靈廟掛青天白日旗，我拒絕日本任何屯駐軍派人。他倆是臨時參謀旅行。

——您不覺得他倆可以引起謠言？

——宋明軒的面子。

——宋明軒正和傅宜生鬥法，您小心他給您栽贓。

——鬥什麼法？

——傅宜生大發雅片財，宋明軒也要撈一票。

——栽我什麼贓？

——要傅作義更替您宣傳親日，使您更討厭傅宜生，這樣在外間看來，就是「宋德聯盟」爭雅片；何況您的部隊又進駐西公旗？

——外間有這話？

——比這話還兇。

——那好了，明天就請中澤、松島走路！我是堂堂正正奉命劈分特稅，但我德某絕對不走私販毒！

——您不必得罪宋明軒，「下不為例」可矣！

他笑了笑，隨手寫了一張蒙文條子，壓在鎮紙之下。我雖然不便看，但知道我在說笑之間打走了中澤和松島。他返身落座後，問道：

——最近看紹武沒有？他有電報來，要我特別招待您。這不用他說。您還記得他春天代表我去和您談的話麼？

——您是說請我作宣傳？

——可否賞光？

——現在對您來說，宣傳已是不急之務了。如果日本人不再向西來，您的急務是怎麼解決綏蒙糾紛，再謀蒙政會建設工作的展開；如果日本人釘着您不放手，您的急務是準備忍辱負重，深入虎穴。我對於解決綏蒙糾紛，願意從中發生一點調和作用；對於您深入虎穴，我願作一個見證人。因此，幫忙宣傳，用不着我了。

——好！先生，我請您作蒙政會的巴克細。雲章是政務巴克細，您是外交巴克細。

他說着站起身來，坐到辦公桌前，取出一張宣紙信箋，寫了三行蒙文，蓋上雲委員長的私章，他的私章，然後從腰囊裏取出蒙政會的大銅印，蓋在年月之上。再提筆寫了一個大封套。站立起來，恭恭敬敬走到我的座位旁邊。這時我已站起。他用國語說：

——茲敦聘先生為本會巴克細　中華民國二十四年十月十日　委員長雲端旺楚克　祕書長德穆楚克棟魯普

我雙手接受過來，也說：

——慈承雲委員長德祕書長榮聘本人為蒙古地方自治政務委員會巴克細，願誠敬受聘。

然後幾乎同時彼此相向一鞠躬，分別歸座。我向他說：

——這一聘書，不必發表。因為若要辦事順利，總以不居名義較為客觀。設想傅宜生知道此事，必把我當作蒙政會職員看待，那麼我便無法使他相信我的立場是中立的了。他點頭稱是。隨後喊侍頭進來，斟了一杯白酒（馬奶酒），一杯紹酒，我吃了紹酒，他吃了白酒，又各吃了一碗掛麵。這時已是凌晨五點了，他派人打着燈籠，送我返寓。

七、百靈廟行（五續）

——十日晨六時就寢，九時起床。早點後補寫昨天日記。得樹森佳電，知通信社登記證已由省政府放行。云放行者，以此證早經內政部頒發，而被省政府扣留迄今之謂。近午××[illegible]（日記原寫××，係張佛泉）來以今晨德王致紹武電稿相示（密電告知紹武已聘余為巴克細，并詢應送車馬費若干），另有電二件（記得其一係通知補英達賴，云已[illegible]公[illegible]護送中澤赴王府轉張家口回北平）。余知中澤昨曾建議德王，驅逐此間抗日份子（指楊蔭村、唐明帆及余），并擬赴梅力更召刺探（不意今天先被護送赴平[illegible]。午餐後決定返社，因此間風沙太大，氣候乾燥，大感水土不服，兼之諸事已畢，不必久留矣。下二[illegible]約于（復賡）赴會訪德王，值渠觀察新會址，未在，留片。後歷訪各廳處辭行。晚七時，張佛泉、李佩珊請客。九時訪敖（雲章）辭行，唐（明帆）亦至。敖談渠任航空司令時，設廠自製「牛伯爾式飛機，每架僅費三千元，而以之戰勝東北軍。十一半辭出。今終日狂風，蒙古包搖搖欲墜。

——十一日返綏無車，欲行不得。十一時赴會，再到昨日未辭行處辭行。十二時訪德王，僅為辭行，適座上無客，因得暢談。德王問：

——中央對蒙有什麼政策？

——我沒有研究過。不過我想應該是根據總理的三民主義及國內民族一律平等，處理蒙[illegible]事務。

——不，我是說在對日外交上，中央有什麼政策。您看日本不斷西進，大兵駐在多倫，特務遍及蒙古，飛機到達烏德、烏里雅蘇台、寧夏……我看他們現在是不願佔領蒙古，如果願意，眞是隨時可來。中央沒有一兵一卒駐在蒙古，我自己練兵，中央也不答應；宋明軒正在親日，不會幫蒙古打日軍；傅宜生更惟恐蒙古不亡！您看中央是不是要放棄蒙古？

——啊，您問這一點，我是知道的：中央不單不會放棄蒙古，就是連華北、熱河、東三省也不會放棄的。可以說凡屬民國繼承滿清、明、元乃至唐、漢以來中國的領土，中央絕對不會割讓給日本的。不過，請您注意，在軍事上，今天中央的力量，確是無法防守北方，自然對於蒙古也是鞭長莫及了。——這就要靠蒙政會自己，尤其您個人的力量來防禦蒙古了。

——我有什麼力量？只有二千枝步槍，怎能對抗日本的飛機大砲坦克車？關麟徵、黃杰兩師擋不住，十九路也擋不住，我的保安隊又有什麼用？中央爲什麼不幫我訓練十師騎兵？在蒙古作戰騎兵是日本人所最怕的，他們和我說過。

——關於您這幾年想練騎兵的問題，我曾和徐庭瑤軍長談到過。他是騎兵專家。他說：這是絕對不可能的：第一，蒙古馬不行，這種馬只能算作挽馬，將步兵運到前方去，而不適於近代的馬上作戰；而且也購不到五萬至十萬匹適齡的熟馬。第二蒙古沒有一位騎兵軍官，不用說師長、團長、營長找不着，就是連排長也找不着。主要的更缺乏士兵。訓練蒙古騎兵當然要由蒙古青年當士兵；但今天錫烏伊三盟、土默特旗、阿拉善、額濟納兩旗都算在內，不過四十萬人，女人小孩喇嘛除外，不會有三萬以上的合格壯丁。如果都强迫來當兵，那麼就要生產停頓，家屬挨餓，牛羊倒斃；如用招募方法，包管招不到三千自願兵。第三，假定十萬騎兵組成了，頭一件是芻秣問題就絕對不能解決。旣是騎馬就不能放青，也沒有足够的草原可以放青；必須喂養，便又沒有草原可以耘植牧草。蒙古牧草經化驗，只有後，并不够騎馬馬乾標準；美國或荷蘭的牧草又不適合在蒙古高原上移種。其次是補給問題，若依內地騎兵給養，無法適應蒙古高寒地帶，而且也不是蒙古兵所願意吃的；若依十三世紀的蒙古騎兵給養，就要在寧夏、青海建設黃油、奶粉、肉粉、炒米等等工場，都不是容易辦的。第四，自從機關槍、坦克車出現，騎兵已成落伍的兵種，各國都在淘汰騎兵，或只作爲斥候部隊，不再是作戰部隊了。第五，一師騎兵的經費約等五個步兵師，十師騎兵便等於五十個步兵師。中央如果有這筆錢，便不會用在組織騎兵上面。而且第六，時間來不及了。

德王聽得很用心，也很灰心。（他素以成吉思汗自命，熟知蒙古鐵騎橫掃歐亞的歷史。總以爲十萬騎兵在手，可以收復東蒙、外蒙乃至鮮卑利亞。）但他說：

——徐庭瑤到過這裏，黃紹竑曾命令他逮捕所有王公青年，包括我在內。他雖沒有幹，但對蒙古人總懷有成見。您說的這些話，他並沒有和我說過。方才我一一想來，多少有點道理；但並不全對。我們可以一師一師的練，先改練各旗保安隊，以連爲單位，自備馬匹給養，這都解決。打仗的時候，一聲令下，馬上就是幾十連，編成營團，便能作戰。成吉思汗當年西征，並不是早幾年就練成十萬騎兵的，也是這種辦法。遇到敵人，就吃敵人，成吉思汗並沒有從後方運糧運草，他是連餉也沒有發過的。我們蒙古人當兵是天生的義務，當兵自帶馬匹弓矢服裝乾糧也是天生的義務。

（當他說到此處，我認真看出他是一位「不知有漢」的空想家。但我並沒有反駁。）

——計劃早就擬好。第一步先調訓各旗幹部，但中央不給錢。

——需要多少錢？

——每月一萬二千元。

——不多嗎？中央爲什麼不給？

——怕我造反！我什麼時候想到造反？傅作義他們宣傳我親日，我心裏何嘗親日？日本要吞蒙古，要奴化蒙古，我比誰都知道得多！表面看起來，日本人常來，給過我四部汽車，四挺機關槍，十部電台，這是他們給我的，也不是我要的。而且我心裏有數，日本人給我一元錢，他要收利一百元。去年日本人來擾，我派陳祕書（紹武）赴南昌謁蔣請示，蔣先生告以「不亢不卑，委蛇應付」八字。本年五月，我赴平謁何，叩以日人是否對蒙提出要求（原註指日人要求中央軍及黨部自華北撤退），何先生絕對否認。我又叩以「如日人對我有所要求，如何應付？」何先生良久不語。後來我說：「我有意見，如何先生承諾，我就據以實行。」因稱：「我決在不損失土地人民主權範圍內，應付一切。」何先生點頭者再。如果說我今天是親日，也得說我是奉命親日；怎能說我造反？

——誰說造反？

——楊永泰！還有何應欽！

——楊永泰怎麼說？

——他對蔣先生說：「蒙古人的要求，是做買賣。」蔣先生說：「做買賣，就讓他做去好了。」後經人解釋，蔣先生成見才釋然了。何先生也說「不要把槍砲給德王」，就怕我造反。

——我想，您不必聽這些傳言雜語，只要遵照「不亢不卑，委蛇應付」做去，隨時呈報「應付」經過，幷從此對人不再說中央長短，不久總會雨過天晴。您更應考慮入黨問題。

——我相信您的話都是一片好心。從今以後，我多多和中央聯絡，也請您多做宣傳。關於訓練騎兵幹部的經費，也請您主持正議。

——只要您從今對人不再罵中央，我一定願爲您効勞。

——幹部學校辦起來的時候，您不必再幹新聞記者了，請您帶領全部人員來作教育長。

——謝謝您，至少我可以介紹幾位教官來幫您的忙。

——方才您說要返綏遠，不好多住幾天？我頂愛和您長談。您是東北有爲的青年，學問好，知道各方面的情形。您不妨到各地去看看，我有汽車可以送您。您到敝舍去看看好不好？到梅力更召去看看紹武好不好？

——我倒有意去看看紹武。

——好，那天去？

——明天怎樣？

——好，我派車。

這時他改就正座，親題像片一張，幷着侍頭請攝影師來，在包外合攝一影。郭王正好趕了來，欣然加入。

辭出，赴陶士韜包內小坐。陶自承係僞「蒙政部」的「囑託」（日本官名，等於我們的參議）。我勸他「嚴守蒙古民族立場，外交上儘可與外國往還，但決不可將蒙古送與他國。不如此，決非成吉思汗子孫也。」幷告訴他：如願與××××聯系，我可代達。因他自說係講武堂畢業，留日係××××所送。

三至五時由程君引導，遊百靈廟，訪玉守義（原註：軍械官）。庫藏七九步槍五百枝，迫擊砲、重機槍數挺。晚飯後訪朱科長（實富）、豈老先生、李主任、于復賡諸君辭行。又訪胡瑞岐、曼頭。慰曼頭，曼頭泣下。返寓途中訪金崇偉、金養浩。兩位詢問韓鳳林消息；余違心對以「鳳林健在，至於何日釋放，要看百靈廟動向。」夜九時即睡，以多日談話看人想事，構思過累，心跳較前更劇。

——十二日晨起，約唐社長登山，詢以來蒙所見。他相信德王不親日，中央有變更政策的必要。早點後，于靜寰來稱：德王囑面邀午間吃全羊飯後送您赴梅力更召。張佛泉來告，公爺頗欲一談，託爲轉達。我說「行客拜坐客」，我們先去看他。因偕訪之，未遇，留片。途遇德、敖、金、陶。午，在雲王包內吃全羊。（蒙古主人用全羊饗客，爲餐宴中之最優禮隆重者。現記得大致如下：主人肅客併坐，面均向南，左右爲陪客。自客行近、入包、就座，均奏細樂。樂隊在入門處之右側，似爲八人。坐定，樂停。侍者四人著滿清式服裝，共昇紅盤，內放整羊一隻，置於桌上。身塗紅色，頸繫紅帶，熱氣騰騰。樂又作，主人起立，手持小刀，在羊頭上劃兩刀。侍者又畀盤出包，不旋踵，小紅盤紛紛獻上，從頭到脚均已肢解。主人讓客，客下刀後，主人即離座告辭，意謂主人辭去，讓客開懷大嚼也。吃肉後有掛面一盌。進餐中，奏樂不停。陪客者計敖、金、陶、吉（吉爾格朗）、蘇（寶豐）、胡（瑞岐）均處長級職員。餐畢，胡私語我應走謝主人並送「哈達」，遂請其陪至德王包內道謝，並送「哈達」兩方。德王面許余爲知禮，當即坦白告以此係現在拜師學來者，三人大笑。）下一點開車，德王等送至車右，一一握別。額寶齋亦送來失單。公爺趕來，上車相送，談至百靈廟前始下車去。其人有乃父風，國語較其父稍差。（公爺爲德王長子。二十五年春會專程來社，盤桓數天。拜師，並爲之開山門。抗日勝利後被俄軍俘去，生死不明。）汽車向西南行。百固（固陽）之間，仍係饅山、路平，土質亦佳。滿地紅草，時見黃羊三五。下五抵固陽。城內甚凉荒，僅東街有商號三五十家，東門外三四十家，均小門面者。建築以天主堂爲最壯偉。據小飯館老闆說，數十年前僅係一商號名廣益魁。後因包頭對外蒙貿易興旺，人口漸多，乃成縣治。自外蒙「獨立」，商旅絕跡，遂致蕭條。商人多改業開墾。夜與榮崇仁（原註：隊長，黃埔四期）、程文紹談甚久。告以日人通知德王不應收容共產黨、國民黨及抗日份子。蓋榮係本黨同志，且曾任一二八戰役時十九路連長故也。（二十五年春夏之交，德王苦心締造之保安隊，由傅作義鼓動叛變，爲德王以後親日基本原因之一。榮崇仁爲首要之一。）

——十三日晨六時起床，在三義源吃湯臥菓六枚。七半車開，九半至壩口（陰山與綏包平原銜接之處，下壩即由陰山降至平原），十二時十分抵梅力更召（原註：即西公旗地，蒙政會討伐石貝子駐兵處）。晤紹武，彼此甚快。（下略）

上邊係二十四年十月五日到十三日的日記。原擬發表至十八日，因字數過多，使全文失去平衡，只好略去五天了。這五天記載我在梅力更召（乾隆賜名昌梵寺）的見聞和布署，及對蒙政會的歷史、敖雲章所謂「懸案」、特稅問題、石貝子問題作深入全面的採訪。在布署上，爲陳紹武盟誓加入邊疆力行社、爲鮑裕如等數人辦申請直接入黨、爲數名軍官拜師並開山門、爲全體官兵講抗日救蒙等。關於巴克細的車馬費，紹武密電德王月送四百元。

十九日我返回本社，次日派樂軒赴百靈廟見德王，手交直接入黨申請書三份。以後便埋頭整理日記（即現在所發表者），並寫成長篇報告，於第五次全國代表大會時，派樹森赴京面呈徐先生希望本局能由舉卷中查出，另本面呈陳先生、齊先生。這篇報告，不知何時失去，現在遍覓不得。但它內容重要，我大致還可以寫出要點；另有「蒙古軍政府之性質及對策」長文約二萬字，尚有底卷，四十對策部份也和上述報告中的「對策」無多出入，用今天的話說就是「政治作戰」了。現整理轉錄如下：

一、德王對中央應日人之請撤退華北駐軍及停止黨務活動，認係放棄華北。其推論爲華北都可放棄，則放棄蒙古乃不成問題之事。渠自認對蒙古土地人民主權有保護之責任，即作日本傀儡亦可保護土地人民與主權。

二、蔣先生面告渠之代表陳紹武，對日本「不亢不卑，委蛇應付」，何先生（敬之）亦允諸渠「在不損失土地人民主權範圍內，應付一切」，渠認爲作傀儡亦爲「應付」方法之一，而此亦係中央指示。

三、渠以成吉思汗自命，並堅信相術，認爲自己有「王者相」；且思統一蒙古，與中國聯邦：故積極練兵。現在向中央要協餉，向綏遠索特稅，固爲練兵；即作傀儡後亦必向日本要錢練兵。以爲十萬騎兵在握，中日均必重視。渠尚有一想法，即中央抗日而日軍將敗時，他可以扯日軍後腿；中央不抗日，兵如練成，日本亦莫奈之何。

四、蒙古王公青年（德王爲青年的王公）百分之九十九均爲狹義的民族主義者，心目中只有蒙古民國，並無中華民國；其視中華民國與日本、蘇聯同爲外國。左傾青年之聯俄，一般王公青年之親日，均自視與親華相同。既可親華，又何嘗不可親日？不可親俄？即在中央軍政兩校畢業者，亦不例外，一致如此主張。

國卜一。

五、中央對蒙政策，似過於重視閻、傅意見；而閻傅一切作爲無不以晉綏利益爲本位；因之儘力排擠蒙政會，打擊德王及青年。中央在此種種作爲上，無異爲閻、傅得罪蒙古。反之，日本則多方拉攏，討取王公青年之歡心。相形之下，親日派逐漸得勢，少數中央學生亦無能爲力。

六、蒙古王公家族、財產乃至生命均在日人隨時宰割之下，青年職業及生活亦只有依賴蒙政會之一途。一旦蒙政會落於日人之手，陰山以北入於日軍掌握之中，似乎很少王公青年自動流亡；——抗日游擊，更不待論。

綜上論定：德王及絕大多數王公青年，在一二年內必將不幸淪爲傀儡漢奸，成爲第二個僞「滿洲

八、偽「蒙古軍政府」的登臺

從百靈廟返回歸綏以後，寫了一篇很長的報告，附上這段期間的日記，抄寫三份，一份給陳立夫先生，一份給本部，一份給××××，結論是「德王及綏大多數王公青年，在一二年內，必將不幸淪為傀儡漢奸，成為第二個偽『滿洲國』」，并貢獻若干防止及延緩偽組織成立的對策。陳先生和局本部怎樣處理我的報告，不得而知；××××把這份報告「抄呈　委座」。（他給我的親筆信）

我則一面布置邊疆通信社發稿，一面設法緩和綏遠省政府主席傅作義和德王之間的衝突。發稿是為了溝通地方和中央之間在新聞方面的認識。二十四年十一月一日刊出第一號社稿，油印五十份，供給平、津、察、綏、寧各報採用，并將要聞逐日電報拍發北平復生社。社稿用「邊信社訊」，復生社社稿用「復生社訊」，頗承新聞界同業的重視。每月定價三元，能收進的稿費每月約在百元以內，可以維持一位編輯，一個工友及紙張油墨之需。

每週發行蒙文社稿一份，這是本社的特色。據我們所知，在本社發行蒙文社稿之前，似乎從來沒有以新聞為重心的蒙文刊物在蒙古出現。蒙文月報、週報之類，偶爾有之，都以文告政令之翻譯為重心；附有一月大事記或每週時事的刊物，可以說是絕無僅有。——我們的蒙文社稿則純粹譯刊每週新聞。平均每週十版，約三千蒙古字左右。選稿原則大要如下：中央準備抗日、日本對蒙古陰謀、蒙漢關係、中國文化介紹、蒙旗新聞……每期都有一二、條；最後是一篇小評或小型論文，分析時事，介紹國父學說。全文都由我親撰，交樂軒親譯。有時分配給學生們流値翻譯，但也由樂軒修正。各王公、各衙門（盟旗政府）、各召廟、各學校都贈閱一份，每期發行一百份。蒙旗似乎也向來沒有看過蒙古字的新聞，因之本社的社稿受到意外的歡迎：每當社稿遞到，便有精通蒙文的讀者當衆宣讀，并自動把社稿傳佈到有人能讀的地方去。一個月後即刊出四五期之後，社稿便不適用郵寄或託人帶交的發行方法了，而承各旗讀者按期來取了。每逢星期日的下午，舍力圖召（本社在舍力圖召的偏院）的西倉至少有二三十匹各旗所派來的取稿專騎峙候着，收到社稿後快馬加鞭跑回原旗去傳閱。這都是各旗王公親自派來的。百靈廟和其以東以北各旗，初由新綏汽車公司及兩家客運汽車行遞寄；一個月後，德王特別派一位報務員來，在他的土默特電臺用蒙文拍電，經由百靈廟總臺抄收翻版。漸漸地流傳到東蒙（淪陷在日本手中）和外蒙（淪陷在俄國手中）去。蒙胞視同奇貨，輾轉傳播；日本人和俄國人不通蒙文，不知道這些油印品說些什麼？何處出版？此後十年中，我們迄未發現日俄兩方査禁這份社稿（及二十八年以後的蒙文「邊疆通信報」）。

本社的蒙文社稿，除了上述選稿原則爲防止親日，發動抗日以外，還有兩個特點：第一是，我們在蒙文正行加寫漢字。蒙文係成吉思汗時代（西元一二〇〇年以後）由乃蠻部學者塔塔統阿借用維吾爾注音符號若干個（一說三十個），紀錄自古相傳的蒙古語言而來。大約經過二百年，到蒙文「元朝祕史」著成時代，蒙古語才形成正式的蒙古文。每一個詞都是複音，即由兩個到五六個音（單音者極少），組成一個詞。這些詞有遠古傳來的「基本詞」，例如「日」爲 èdür「月」爲 ür，「天」爲 tèkri，「地」爲 tariya，從幾千年前直到今天都沒有改變；也有元朝迄清朝由基本詞變化而新造的「孳乳詞」，例如在 èdèri 詞下綴以 büri 成爲 èdèrbüri ，其意義也由「日」變爲「每日」，在 tariya 詞下綴以chin成爲tariyachin ，其意義便由「地」變爲「種地的人」了。這些個「基本詞」可以稱爲「語根」；「基本詞」下綴的詞可以稱爲「語尾」，「語根」不變，「語尾」則隨着應用而變。詞中的動詞也分「基本詞」和「孳乳詞」，例如 idèmüi 是「正在吃」，若在ide和müi之間綴以jëgė，而成idėjégėmüi，便是「齊在吃。另有後置詞，不變化詞等等，文法全爲「倒裝句」——本社的社稿用塔塔統阿借用的維吾爾注音符號經蒙古官方「約定」的三十個字母寫成，但遇到確經我們認定某一蒙文必是某一漢字的場合，便將這些漢字寫入正行，而把蒙文寫在漢字旁邊，成爲「日文式的蒙文」。例如，我們確知ēdēr [illegible]是「日旦」，便寫成：

ēdē
日旦r

ūr是「月朗」，寫成：

ūr
月朗

tēkri 是「天」，寫成：

tē
天kri （註：現知爲「天三一」）

idèmüi 是「食」，寫成：

i
食dèmüi （註：現知爲「食餒」）

tariya是「地」，寫成：

ta
地riya（註：現知爲「田里野」「地理也」）

ēdērbūri 是「日備」，寫成：

ēdē bū
日旦r 備ri

開始使用這樣的蒙漢對音對義的蒙文，不會超過二百個詞；到盧溝橋事變以前即發稿近於兩年之際，使用着這樣的詞約近兩千個了。我們油印一冊「蒙漢字典」，隨稿附贈。原來以爲印一百本（那時的「掘井式」油印機每張蠟紙勉强可以印刷一百份）總够分發了；不意各旗各臺各校紛紛來索。苦無存書，只好再行石印三百冊。蒙古讀者不單沒有一位抗議本社創造的蒙文；反之加以好評，說這樣蒙文極便於蒙人認識漢字，幷於翻譯蒙漢字時可以很容易地找出適用的對音對義的字。特別是四子王旗扎薩克潘德恭扎佈親王（潘王），竟於盟、旗政府呈諸中央及綏遠省政府的公事文書上使用這樣的蒙文；接受這種蒙文的指導長官公署和綏遠省政府蒙事組組長陳雪嵐（玉甲）先生，都說十分方便。

第二，我們把漢文翻成蒙文，始終保持「蒙俗化」的原則。我們從學習蒙文的一天起，便覺得北京蒙文學社由漢文教科書所翻成的蒙文教科書，不够通俗；其後使用陳翊周先生翻譯的民族主義作敎本，覺得譯文雖說做到信達雅的境界，但在蒙古人士看來，直同佛經一樣。他們天天在唪誦蒙文，但絕不十分明白經裏究竟講些什麼。本社所譯蒙文社稿所以必須由我親自寫出漢文，就是爲了先把漢文「蒙俗化」。拙作「蒙漢合璧三字經序」提到「蒙俗化」問題，說：

——「基督徒所譯的蒙文新約，就比我們譯的三民主義容易懂得多；這一點，我們眞該愧煞。二十五年，我的小著『中國必勝日本必敗』譯成蒙文，據各旗報告說，也較爲成功。有幾個旗的小學校採作補充課本，學生對他十分愛讀。當我寫這本小書的時候，曾極力顧及邊地人的文化水準，談到中國開戰之後日本食料不足的問題，『食料』二字都寫成『牛乳、炒米』，這雖然不合日本實情，但蒙古人是懂得的。樂軒兄翻譯的時候，更費了不少心血，力求『蒙俗化』，題目是如上述，但我們把它譯爲『中國和日本打仗，是中國勝呢？是日本勝呢？』蒙古人一看也就明白了。」

所謂「蒙俗化」就是「通俗化」、「大衆化」的意義；但不僅「通俗」，而且得「通蒙古之俗」，不僅「大衆化」，而且得「蒙古大衆化」，因此在翻譯技術方面，我們樹立三個原則：

——「一、概念要短——普通書刊，常用三百五百字說明一個概念。其中正述、反述、直筆、曲筆、烘托……這些漢文中的得意之筆，如果直譯成爲蒙文，必成了千八百字的洋洋大篇。蒙古人讀起來，十之八九尋找不清頭緒，抓不着重心，讀後很難得一概念。針對着這個結果，我們譯漢文爲蒙文時，首先得删盡浮文，獨標本義，能用一字譯出，絕對不用兩字，形容詞要少到極點，形容句更要不得。一大套的連環概念，必須先變成單個概念。

——二、章句要簡——成本作品，本分章，章分節，節分項，項又分目，如果依樣譯成蒙文，蒙人讀起來在我們認爲層次井然，有條不紊；豈知他們却得到山重水複，無路可走，不得其門之苦。系統的譯本，他不能接受；平舖直敘的文字，他最歡迎。所以我們如果非把成本的文章譯成蒙文不可的時候，在章節方面要極力壓縮；卽使更動原文章節，用列舉形式翻譯，也無不可。

——三、註釋要多——許多名詞，許多事物，在蒙文字典上找不出來，在蒙胞腦筋上完全沒有，譯者用了許多工夫，造成一個新詞或新句，在你認爲既信又雅；他看起來，却根本莫名其妙。卽以蒙文三民主義（民族主義）而論，據我們研究結果，在字的方面，僅有三十幾個字用錯了，在詞的方面，僅有十幾個詞造錯了，可算許多蒙文譯品裏比較用力用心的作品；但蒙胞讀起來，一樣是不解的。——理由便是缺乏註釋。」（引自趙成璧著「蒙漢合璧三字經」拙序）

截至二十八年七月一日本社發行蒙漢合璧的「邊疆通信報」，不再油印蒙文社稿爲止，前後編印一百五十多期這種「蒙俗化」及夾帶漢文的社稿。盧溝橋事變後的十月，綏遠黃河以北全部淪陷，但劉鐵符、徐增堃兩位同志帶領土默特電臺受我方蒙族獨立旅收編，撤退到伊克昭盟（黃河南郡王旗）赤老兔溝，仍按期拍發國文社稿到歸綏（改名爲「厚和市」）的僞電臺，德王以下傀儡人士更珍之如同瓌璋，公然油印傳觀，藉知抗戰初期我方實況，獲知中央重要文告擇要和　領袖訓詞全文。

關於綏和傅作義和德王之間的衝突，作了不少工夫。現在可以記憶着的，約有下列[illegible]點——

返綏後我便去訪問傅作義，在整個一下午的長談中，我把百靈廟的政治、軍事、財政、人事、各旗與蒙政會的關係、日本人和德王的往來，源源本本報告給他；把德王遲早必定落入日本懷抱的結論，也告訴了他；并就西公旗事件和特稅問題，請他儘量讓步，以延緩德王投日的時間。我向他說：

——「可能我已說服了德王，直接入黨。我已派員爲他送去直接入黨申請書。因此希望你在他尚未入黨之前，把『黑臉』稍微放『白』一點。等他在申請書上簽了字，蓋了章，我們便可用這『轡頭』控制住他了。」（二十四年日記）

其四，我在十月到次年四月，大約爲北平晨報寫了四五篇長篇通信和專文，并代雨時先生爲晨報寫了三五篇社論，及在社稿文字裏行間，不斷鼓吹綏、百和衷共濟，一致對外。這些文字全署筆名，傅、德誰也不知出自何人手筆。大體說來他們兩人，還算顧忌輿論的，因此立在輿論界的立場，給他們一些壓力，總算會經收效於一時。對於中央關於蒙古的決策，有時我也使用輿論的力量。二十五年二三月，整個內蒙古降落了近百年未有的大雪。「蘇尼特[illegible]、百靈廟蒙古包埋在『雪平線』下，草當然更是無影無踪。馬牛羊沒有東西吃，十幾天的工夫一齊餓死。蒙古包本來沒有院牆；現在却有了院牆；用死牛死羊和死馬堆成一堵牆。立委補英達賴原有一千隻羊，現在祇賸了十三隻」。接着，我在文章裏先對德王加些壓力。

——「大雪停，牛羊死，蒙民怨。百姓說：『這都是德王的外國飛機、外國無線電那麼一「烏烏」，就把雪勾引來了。』堪布喇嘛說：『我們的王爺不像先前了：先前有一點小災行，就送來賑米賑麵；現在親日養兵，開汽車飛機，不管這些事了。』德王說：『是嗎？我幹得不對了嗎？』於是他成了一個懷疑主義者，他腦子裏幾年來洗掉的宗教觀念又復活了。」

同時我對中央說：

——「如果蒙古雪災問題有個圓滿的解決，則蒙古外交問題一定也有圓滿的解決。具體點說：德王今後的態度，完全要看中央這一次怎樣解決蒙古雪災問題，始能作最後的決定。」（蒙古雪災問題與外交問題，載二十四年四月二十七日北平晨報）

當時中央只給災情不重的綏境蒙政會（沙王爲委員長）六萬元賑款，却對災情嚴重的百靈廟蒙政會一文不給。我拍了幾個電報給中央社，幷向本局寄了專報，力主縱然德王親日，也該撥發賑款。最後用眞名發表了這篇文章。還好，不知是否「文能通神」？總算要出來四萬塊錢。當這四萬元送到補英達賴手中，德王電令他就近在張家口分賑察北各旗；幷派公爺來綏向我致謝，帶來我這「巴克細」的半年車馬費。我收下四百元，退回二千元，指明賑災。（未完）

八、僞「蒙古軍政府」的登

其三、關於西公旗事件的折衝。什麽是西公旗事件呢？對於內地讀者，這些蒙古事件，在發生當時，便感到難懂，何況二十幾年以後的今天如果不較詳敍述一過，人們更會不知所云的。這一事件，是接着黑沙圖事件而起的綏蒙兩方的軍事衝突。在德王作了百靈廟的新主人之後，他首先要和綏遠省主席傅作義爭稅——特稅和雜稅。特稅是甘肅寧夏的烟土，經過百靈廟運到綏的過境稅。據說在旺年百靈廟一關抽收的特稅便有八百萬元，普通年頭，也在四百萬元（抗戰前的銀元）左右。這是綏遠省軍政費的主要來源。德王要在特稅原額上予以附加。據他算來，附加每月可得二十萬元。這樣一來，傅作義便命令土客避開百靈廟不走；改走三德廟——黑沙圖——梅力更召——歸綏這條路線——所謂南路，對百靈廟的北路而言。傅對於這條路是特別保護的。傅和德的衝突便開始了，德王一面具呈北平軍分會，向何代委員長處控傅，力爭恢復舊路，准許附加；一面允許察哈爾省宋主席哲元以及蕭振瀛，組織西北公司，撥出資本，由二十九軍軍用汽車，自己去甘寧運土。這事的跑封人，是劉風竹（前東北大學的院長，因爲貪污，被校長張漢卿免職）他和蕭是同鄉，便幹起烟土公司的老板來了。汽車開赴甘肅運土返來之後，傅派兵去黑沙圖——汽車必經之路，橫在中途。汽車逗留寧夏，不敢東來。據劉老板對德王說，傅如果出兵刧土，宋主席也會派隊迎接的，宋主席是有「打」的決心云云。現在綏遠的兵已經封斷交通了，但察哈爾的兵是請也沒有來的。德王祇有自己派兵之一途。於是，因爲韓鳳林案受有告祕嫌疑（後來證明這是誤解）而在被監視中的白海風，才被派帶着德王的「袍子兵」，也開往黑沙圖去。兩方相持，幾乎開火。幸好白深明大體，應付得當，才免得兵戎相見。相持數月，烟土在寧夏賣了，白也脫離羈絆，逃往綏遠，這問題就消散了。——這就是黑沙圖事件。

黑沙圖事件中，德王是失敗了。客商運土仍走南路。他又在南路的要點哈德門溝設立一個稅關，企圖附加烟土稅，兼徵雜稅。派西公旂的曼頭——額寶齋的兒子——作分局長。額寶斎是西公旂的台吉，原是該旂扎薩克石王（實是貝子）即石拉布多爾濟的反對黨。曼頭和石王的福晉（夫人）據傳有染。石王把福晉毒殺，要殺曼頭。但曼頭跑到百靈廟去，謁見德王，受委局長，便趾高氣揚地回到西公旂，公開同石王對抗起來。以後傅作義嗾使石王派兵又將曼頭擊跑，分局搗散。額寶斎父子逃回百靈廟，曼頭失職，受押。我在百靈廟看過他，帶着脚鐐，是一個身體雄壯，性質愚魯的青年。他向我控告石王；額寶斎也向我告狀。

德王為這設卡收稅的事又失敗了，氣更不平。他和雲王接受了額寶斎的呈控。雲王以盟長資格，在呈請中央撤換石王的扎薩克職而未得到批覆的時候，便發表由額斎代理扎薩克。石王的扎薩克職，據說是行賄得來的（在馬福祥都綏時代），他是喇嘛，又屬故扎薩克的遠族——隔房侄輩，論資格說，固然是不如額寶斎的。但依着法規，扎薩克任免事宜，須由盟長和省主席會銜，咨文蒙藏委員會轉呈行政院決定。雲王的處置是不適當的。何況內幕動力是德王要藉機掌握西公旂，因而爭奪特稅呢？在石王是定要掙扎的，在綏遠省政府也必然予以後援，在法理上既然說得通，在保護特稅上自然也有必要的。

中央對於雲王的呈請壓置未辦。石王拒絕了雲王的命令，照常行使職權。雲王和德王更怒不可遏了。於是在德王密令之下，額寶斎帶着兵，聯合石王另一反對黨的大喇嘛要實行武裝接收。到梅力更召，便被石王的兵（實為傅作義的兵）打敗回來。紹武帶兵進駐梅力更召，是在第一次衝突後一個月的事情，我到達該召的時候，已經隔了三四個月。

——這是西公旂事件的眞象。

我在這事件中發揮什麼樣的輿論力量呢？二十四年十月十四日這一天的中午，秋天的陽光溫和地摩撫着陰山南麓莊嚴華麗的大召，我的車子開到了。陳和隊長鮑裕如，熱烈地歡迎着我。鮑是熱河淩源縣木頭城子人，和寶師長恩溥是親戚，西北幹部學校出身，曾任石友三部軍官。他倆住在梅力更召活佛特給佈置的神徵房間裡。我也借榻此間。吃着全羊。談着，笑着。硝烟氣息，是在三月前就消失了，僅是帶兵住着，聽候德王的命令。他們中心希望這個事件能夠早日解決，並且切望我從中出力。經過整整三天三夜地長談，三人同意了下列幾點：一、事件基本原因的特稅問題無從談起；二、但事件本身也可以解決；三、辦法是石王要去給雲王叩頭，向德王認錯；四、陳鮑保證德王決不留難石王；五、石王仍作扎薩克，雲王的成命置之不提；六、我領着石王去百靈廟認罪。陳鮑電告德王，德王同意了上述辦法。然後，我們遊山。又過幾天，我經由包五公路，回到社裡來。

德王這方面，我的輿論是說通了；剩了石王方面，於是我於返社後派裴春霖同志去看石王。他住在包頭。對於他，一向由裴同志保持聯絡，以前他到社裡來看我，我是照例不見的。裴同志電報回來了，報告石王同意是同意了，但有所畏懼。他再三勸告他，他仍然答覆不敢前往這是蒙籍朋友的劣根性：多疑，沒有主見。蒙古事情糟到這般天地，都是這性根在作崇！假定石王大胆由我陪同前往，事件本身無疑的是解決了。由表皮的解決，漸漸進到內層的解決，石王、大喇嘛、曼頭都可以不死。（西公旂事件演變到二十五年冬，大喇嘛和曼頭陣亡，石王病死。）德王親日也可停止，西北大局和蒙漢關係或可一新面目，想來不會演到七七事變前後那樣子的惡化罷？

其四，是特稅交涉。上文談西公旗事件的基本原因，是德王和傅作義爭奪雅片烟稅，就是當年絕未見報的所謂特稅。在前章提到的呈交徐先生的「

蒙古軍政府之性質及對策」報告第三章「蒙古軍政府何以發生」中，我寫道：

「綏遠當局何以極力破壞德王統一并妨害德王政令乎？實以特稅問題爲中心基本之原因。按西北軍人全以特稅爲生命線。特稅者即甘涼雅片運來內地之過路稅。蒙政會未成立之前，雅片東來經過百靈廟一卡者，旺年可抽特稅八百萬元，常年亦可得四百萬元。蒙政會成立後，德王亦在百靈廟、黑沙圖、三德廟等地設卡，企圖劈稅，於是引起二十四年春李之黑沙圖事件，即省方武力化裝石王部隊驅逐蒙政會設卡糾紛也。此後，省方即不許雅片商隊經過百靈廟等地，并驅逐後套霸王王英殘餘勢力，爲烟商保護寧夏、三德廟、包頭一路來綏。

——「雅片商隊既經包頭東來，百靈廟稅卡遂毫無所得，於是德王控訟傅作義於何代委員長。侯成說：「祇有察綏兩省收的，沒有你們蒙古收的！祇有察綏，沒有蒙古！蒙古？歷史上有，地理上沒有！」最後，何代委員長召集綏、察、蒙代表（包悅卿）會商解決辦法，於二十四年三月三十一日發出命令。此令係密件，經蒙政會顧問敖雲章出示，原電如下：「急。雲委員長、德祕書長。（治密）：茲規定處理綏蒙特貨辦法如下：（一）凡甘寧青東來特貨，用駄子運輸，經過三德廟、黑沙圖、百靈廟等處，或赴綏遠，或去張家口，聽商人自便。（二）東來特貨經過第一條所列各地，由綏蒙兩方查驗掛號，並由商人出具應繳稅款保條後，即予放行，不得留難。（三）東來特稅應收稅款，經上述各地逕赴張家口者，綏方應收兩角四分，蒙方應收八分。（四）東來特貨必須經過上述各地；如有繞越，應由察蒙兩方負責。（五）以上各條，如實行發生困難時，得由綏蒙察三方隨時修正之。希即查照辦理爲盼。何應欽令戰世印。」德王對於此令，雖不滿意（欲與綏平分），亦決遵辦，蓋八分（每兩雅片抽八分）雖少，每年亦可收入七十至一百八十萬元。而綏方則終不甘心蒙方劈去八分，仍嚴令雅片商隊不許經過第一條所列三地點。德王屢次派人要求傅作義遵守世令，取消禁令；綏方諉稱商人自動繞越，非有禁令也。嗣又派人要求，如綏方不能禁止商隊繞行，蒙方擬在太陽廟設卡；綏方亦不同意。後又派人交涉，稱既不准設卡，又無法禁止商人繞道，可請同意在綏設立稽查會辦，檢查綏方收稅賬目，而由總賬扣下八分；綏方更不同意。」

我在百靈廟訪問期間，和德王、敖雲章、包悅卿、蘇寶豐都說過特稅問題，侯成的一番話就是德王親口對我說的，下邊還有不少痛罵中央的話，爲了另作專報，所以沒有記入日記（見上段「百靈廟行」）。遊歷梅力更召，和陳紹武說得更詳。十月，蒙政會三次委員大會閉會後，敖雲章、包悅卿、吳鶴齡、陳賡揚等蒙政會代表八人來綏，住在綏遠飯店。敖雲章對我說：這是最次一次交涉，成功了，國家之福；失敗了，德王之禍——他非被日本拉去不可云云。包悅卿則只往決裂上說，他是心願德王親日，自己好充當僞師長。樓下雙方開會，我在樓上他們的房間裡聽取結果，幷製造「輿論」：我對蒙方代表說「給多少，要多少」，因爲祇有讓德王先得點利益，才能暫緩親日一步；對綏方代表曾厚載（省府祕書長）、李廳長說：「傅主席準備把『黑臉』放『白』一點了，你們諸位不可多給他抹『黑』！」因爲大家都搞得很熟了，我分別和兩方一道吃，一道玩，烏烟瘴氣，鬧得不堪，甚至父子聚麀小玉蘭，都得由我從中調護，以免碰頭。省方根本不承認世令的八分，只說商隊根本走了西安，特稅一文也沒有收到；蒙方則以命令在梅力更召的「袍子兵」，截斷包頭以西商路，及發表世令等等爲要挾。漸漸地省方加價，蒙方落價，兩方相持於每月二萬和四萬兩個數字上。最後一天，我只好再去訪問傅作義，請他多給一萬。由我當面起草一電拍給陳立夫先生，務請轉請中央另增蒙政會經費一萬（連前共月四萬），電由傅用密碼拍發，以免他不信任我眞發電。他好歹算答應了。下午開會，李廳長承允三萬。敖雲章、陳賡揚、亢仁覺得可以接受了；但包悅卿拍案大罵，有「要不出四萬來，你看我們打出四萬來！」明白打出勾結日寇進攻綏遠的王牌，便把綏方罵出火來，由曾厚載半途退席去報告傅作義。一會電話打過來，傅作義說：「散會好了」！從此特稅交涉完全決裂。

八、偽「蒙古軍政府」的登台（二續）

其五，是反對蒙政會的分立和百靈廟兵變。自二十二年十月九日，德王等在百靈廟召開會議，向中央提出「蒙古高度自治」要求，往返折衝，到二十三年三月一日，中央在原則上批准「蒙古自治」，但係「地方自治」而不是「高度自治」。據蒙古人士說：「高度自治」乃蒙古自立國家而與中國爲「邦聯」；「地方自治」乃中國內政上的自治，并非蒙古獨立建國。德王及其領導下的王公和青年，原本堅持「高度自治」；迨中央公佈「各盟旗地方自治政務委員會組織法」，德王等也便不再堅持「高度自治」而遵行了「地方自治」。於是蒙古各盟旗地方自治政務委員會在二十三年十月九日宣佈成立，中央明令特任雲王爲委員長，索王、沙王爲副委員長，德王爲委員兼祕書長，并月撥政費三萬元。二十四年十月九日我所參加觀禮并演說的一次會議，蒙政會方面名之爲「三屆委員大會」，即以二十二年十月九日爲「一屆」，二十三年十月九日蒙政會宣布成立爲「二屆」，二十四年十月九日爲「三屆」，以紀念近代蒙古自治的過程。

蒙政會一屆委員大會——即二十二年十月九日的會議，因係倡議「蒙古高度自治」，出席列席的王公和青年凡一百五十餘人，雲王親自參加，察綏兩省境內的王公有的親自參加，有的派代表參加，總算相當熱鬧。二屆委員大會，因係蒙政會成立的大會，所有委員本應全體出席；但除雲王、德王等百靈廟以東以北的委員參加外，綏遠省境內的委員誰也未親自出席，只派代表，已令百靈廟暗然無光；二十四年十月九日的三屆委員大會，只有德王一人是正式委員，雲王等委員都是派代表參加，綏境委員一個也沒有去，代表也都未到，不但德王覺得毫無面子，就是我們新聞記者也感到這是不祥之兆。原來這純粹是綏遠省主席傅作義一手所阻止的。——他在五月間召請烏蘭察布、伊克昭兩盟及西土默特旗總管（這都是中央任命的蒙政會委員）在綏遠開會，示意由四子王旗扎薩克潘王和東土默旗總管榮祥領銜提案，建議分設「綏遠省境內各盟旗地方自治政務委員會」及「察哈爾省境內各盟旗地方自治政務委員會」，旨在分化蒙古各盟旗地方自治政務委員會（即德王領導的百靈廟蒙政會），而將德王趕出百靈廟。此案經伊克昭盟盟長沙王和其他各旗扎薩克一致反對，未得通過。但通過另一提案，即烏、伊兩盟委員不再出席百靈廟任何會議；否則由省政府請求中央免黜其扎薩克或總管職；并發表一重要通電，對百靈廟蒙政委會頗有微詞。會後，傅作義卻矇混中央，報稱綏遠省境內蒙政會委員自動集會，通過決議，建議中央分設「綏遠省境內各盟旗地方自治政務委員會」及「察哈爾省境內各盟旗地方自治政務委員會」，并經閻錫山在側面、蒙藏委員會副委員長趙丕廉（閻傅一系）居中運用，行政院認為既屬蒙古王公自動建議，便決議交蒙藏委員會研擬實施辦法。到九月下旬蒙政會召開三屆委員大會通知發出後，傅作義即派員通知綏遠省境內各委員，訂於同日在綏遠省城舉行秋季賽馬大會，邀請各委員參加，暗中則告以如不參加即為反對傅主席，勾結親日的德王，必將受到處分，并發表潘王為剿匪司令、阿王為護路司令……各委員都是什麼司令，月予津貼千元左右；在百靈廟開會前夕，傅派員警告各委員遵照五月決議，不得出席亦不得密派代表之外，并在百靈廟以南搓搓（地名）等地，設置檢查站，扣留各委員所密派的代表。

我在七月到達歸綏設立通訊社後，綜合各方消息，知道傅作義正運用蒙政會分設案。最初，我由省政府蒙務組組長陳玉甲處得悉，便期期以爲不可。我的理由很簡單，就是此案必將逼迫徘徊中的德王走向親日的方面；而且省政府以未通過之案向中央呈報爲通過之案，是既欺君罔上，又使王公感到被主席所出賣。陳組長於無意中洩漏了本案，又聽我說出其中利害，當時大感恐慌，當時堅請我不可發表新聞，尤其不可向任何蒙人透露，并馬上報告傅主席，自報此案，以圖減去他洩漏的責任。傅作義立即請我吃飯，有陳玉甲、陳樸民（公署組長）作陪。傅問：

——聽說中央有電報給尺子兄，查問蒙政會分立之案，原電問些什麼？

這一問題出乎意外，因爲中央并沒有這樣來電。但我馬上猜透這是陳組長爲了躲避自己洩漏本案的責任，向傅作此妄報。爲了我是奉命和傅作義合作，及當下不能開罪陳玉甲，乃略作思索并看了陳組長一眼，答道：

——沒什麼重要，來電只是問一問分立的利害

當陳接受我那一瞥時，他很不自在，等我替他圓謊以後，他又滿面飛紅。傅又問。

——尺子兄怎樣答復的？

——還沒有答復。我也正要訪問傅先生，您的意見怎樣？

——潘王提議分設察綏兩個蒙政會，用意很好。他們知道百靈廟蒙政會是親日的，要把蒙古整個出賣；若成立兩個蒙政會，只能出賣一半，不會全部賣光。我很贊成。

——傅先生！我曾向您報告過，中央派我到綏遠來，根據傅先生和齊祕書的談話，關於應付德王問題，地方裝「黑臉」，中央裝「白臉」。我奉命裝這「白臉」，這您是知道的。因此，地方如何裝「黑臉」，傅先生自然可以任意運用；但，地方的「黑臉」似乎不應妨害中央的「白臉」。如果中央批准分立案，不也成爲「黑臉」了麼？現在百靈廟只是不滿意地方；若中央也成了「黑臉」，豈不連

中央也被列入不滿意之列？

——那麼尺子兄是要覆電中央，說明分立的不對了？

——不，現在還沒有決定如何復電。分立的利弊，正在研究之中。傅先生能否爲我分析一下？

——好的。分立有百利，只有一弊。一弊是得罪了親日派；百利是，第一、蒙政會不致被整個出賣；第二、日本勢力進不了綏遠；第三、綏蒙王公接近不了日本特務；第四、適合綏境王公的要求；第五、綏境蒙政會成立，可以收容許多蒙古失業青年；第六、綏境蒙政會配合綏遠行政、經濟、教育、保安，免除百靈廟蒙政會的自成系統，防害綏遠政務；第七、防止百靈廟蒙政會破壞盟旗行政，石王事件就是一例；第八、梅力更的武裝衝突立可停止；第九、蒙旗商業立即復活；第十、中央勉去北顧之憂……。

他一邊按着手指，一邊申述理由。陳玉甲接着說：

——主席說的都是光明正大的理由；我還有點補充，這就是從百靈廟鬧起自治，主席應付，精疲力盡。如果分立，可以節省主席許多時間和智慧；處理政務，建設綏遠。

我一邊靜聽他們的談話，一邊考慮應否駁覆。因爲傅作義的想法，除了如他自己所知「得罪親日派」即逼德王一派親日之外，主要是得罪了要求自治的全體王公和青年。日本人正把中國「分而治之」，因之激起全中國人的團結；傅作義要把蒙古「分而治之」，當然會激起全蒙古人的反抗。這一反抗更會逼得不親日的王公和青年也痛恨政府。一個政治家是要高瞻遠矚，爲國家今後千百年前途着想；不應只顧本省政治上的方便，爲國家得罪蒙古人士。但我仔細考慮之後，決定不在樽組之間惹他反感，這對於我們以後工作必然無益；何況我可以報告中央，在上層打消分立的原案？因之，在陳組長說完之後，我答道：

——謝謝傅先生的說明和陳組長補充的。我打算日內電覆中央，把兩位的十一利和一弊作爲內容。

傅、陳面有喜色，舉杯盡歡。散席後同看一場小型電影。陳玉甲在黑暗重重中握着我的手，似在感謝我沒有當面否認他的謊言。

次日我整天關在房中，起草一篇數千字的報告，題爲「蒙政會分化政策的來源、經過及其利害」，立在國家、民族和中央的立場，澈底批判「分化政策」的誤蒙誤國，結論極爲簡單：綏境蒙政會成立之日，必爲日本拉攏德王親日成功之日，亦爲王公、青年痛恨中央的開始。複寫三份，送北平航寄。

早在這篇報告尚未送平以前，適本社駐察北僞「興亞軍」的×××返綏，提出察北綏東僞軍的詳細報告。經整理研判後寫成定本，除分寄中央以外，以事關綏遠省省防，乃專送傅主席一份。傅收到後，便餐爲×××迎風，隨後送來三百塊錢及一千元錢，三百元指定酬謝×××，一千元補助本社。我把三百元交給×××，幷囑他訪傅面謝；那一千元原璧歸趙，幷說明本社奉命不得接受地方任何津貼，謹當心領。我知道這筆錢是藉端要我「上天言好事」的餡糖。

閻、趙、傅的政治力量太大了，到二十五年，行政院公佈「綏遠省境內蒙古各盟旗地方自治政務委員會組織法」及「察哈爾省境內蒙古各盟旗地方自治政務委員會組織法」，幷特任雲王爲綏境蒙政會委員長，沙王、阿王、潘王爲副委員長，康王、圖王、特王、林王、石貝子及榮祥等爲委員；閻錫山爲指導長官。對察境蒙政會人事未予發表。

我於讀報後，心所謂危，難安緘默，拍一個密電，分上陳先生、局本部及齊祕書，電云：

——前呈綏信字第二十一號專報「蒙政會分化政策的來源、經過及其利害」，陳述蒙政會現應聽其自然，萬萬不可採用晉綏所擬分化政策，於結論中云：「綏境蒙政會成立之日，必爲日本拉攏德王親日成功之日，亦爲王公青年痛恨中央的開始」；

嗣經信機效字第七四四、九二一、九五四及信機駉字第二〇一、四一三累電續請維持蒙政會完整，幷多方運用，使成爲「遠東共和國」性質之反日機構等情，諒邀洞鑑。近閱報載察綏兩蒙政會組織法，與本社屢次函電所報情況及政略，可謂南轅北轍。查晉綏分化政策，爲淵驅魚，爲叢驅雀，挾天子以令諸侯，令諸侯而圖自私，本社誠不知中央何故代其負責？今而後百靈廟非我所有矣。心所謂危，不敢不告：可否運用行政院暫緩施行？幷電召補英達賴入京，囑其返報德祕書長安心工作。……

隨後又發出一個長篇報告和幾個電報。但二十五年二月二十三日，「綏遠省境內蒙古各盟旗地方自治政務委員會」（以下簡稱「綏蒙會」）仍然誕生。

上文所談：晉綏當局的分化政策，當然爲百靈廟蒙政會所反對，便是傅作義勢力所及的綏遠省境內王公，除潘王和榮祥以外，也無不反對。當中央公佈兩個組織法以前，事涉機密（我當然不會洩露，本社社稿也不提一字），所有王公青年根本不知；迨組織法見諸明令，傅作義所發公報，完全掩蔽此案係他假借王公名義向中央呈請運用而成的真象，却在宣傳中表示完全出於中央的決策，使王公誤認中央正在分化整個蒙政會。（本社社稿則完全删除此係中央決策）下邊抄錄拙作「蒙古軍政府之性質及對策」第三章「蒙古軍政府何以發生」裏原文一段，以見傅作義處心積慮及王公態度的一斑：

——「自綏省與百靈廟發生特稅糾紛後，綏方……在省政府內部祕密成立一『蒙事研究班』，訓練學生若干人，以蒙語爲主要科目，準備至各蒙旗作分化工作。及去冬（二十四年）百靈廟各委員與綏方直接討論特稅問題後，學生未畢業即分發各王府；省政府參議趙仲容亦被派往沙王府；省府並在沙王府設五十瓦電臺，除通報消息外，並擾亂蒙政會總臺與沙王府分臺通報。趙參議從事遊說沙王，收買沙王左右；學生則從事變換沙王左右之思想。收買成功者計白演倉等七人；祇有協理僧格林沁終未就範。

——「初，省當局向京方運動成立綏境蒙政會；迄今年（二十五年）春節，得京方許可，於是省府一方宣傳新蒙政會形將成立，一方令所派員就近堅邀各王公來綏開會。沙王於接到邀請後，即派其西協理等四人赴百靈廟，探查眞象。此消息經省政探得後，即派蒙事組組長陳玉甲赴包頭堵截。陳抵包後，西協理已離包頭赴百，陳一面逮捕留宿西協理等之松宅主人，一面電固陽縣政府截留，亦未成功。省政仍堅邀沙王來綏；沙則堅拒。後趙參議令白演倉等勸駕，復威脅僧格林沁，謂『如違抗中央及主席命令，阻止沙王，定即撤消協理現職。』僧懼，不再堅持，於是沙王始來。至其他王公亦多用此法邀來。」

根據上文，可知綏蒙會係傅作義用權術所促成，及沙王和其他王公始終不願破壞整個蒙政會。

在綏蒙會召開成立大會的前夕，即二月二十一日，另有一樁鑽心透骨刺激德王立即決定親日的大事發生，便是蒙政會保安隊也被傅作義策動譁變了。

八、偽「蒙古軍政府」的登臺（三續）

綏遠省政府主席傅作義，既竭全力促成中央頒佈察、綏兩個蒙政會的組織法，以分化蒙古地方自治政務委員會；并在更早以前便設法策反蒙政會亦即德王兩年來所建立的保安隊。德王於蒙政會在百靈廟成立後，調其所屬烏滂守備隊一個連進駐百靈廟，通稱為袍子隊，係純蒙籍的官兵；另責成蒙政會保安處實際上的處長韓鳳林，編組保安隊，則係招募漢籍士兵，由蒙籍軍官統帥。韓被憲兵三團逮捕處死以後，保安隊隊長由白海風繼任。二十四年上半年，由於西公旗事件（已見前文），保安隊約一個中隊被綏遠省的王靖國軍化裝為石貝子部隊所擊潰，白海風逃來綏遠，以後投奔胡宗南將軍。德王另派袍子隊一個連，保安隊兩個連，由陳紹武、韓裕如率領，再行進駐西公旗的梅力更召，事在下半年的七月。

當我從百靈廟遊歷到梅力更召，訪問陳紹武的時候，也和韓裕如建立了私誼和友誼。我們三人同住一室，暢談數日。我勸陳、韓永久留在德王部下，現在亟力影響德王，不可墮入日本圈套；如德王不幸成為日本傀儡，仍要掌握兵權，以待德王嘗過傀儡滋味，有意重歸祖國懷抱時，助他脫離日本的枷鎖。我為他倆講過全部「遠東共和國」的歷史，尤其特別鼓勵韓裕如要作加倫將軍。當民國八年日本出兵鮮卑利亞的時候，列寧密令遠東局所指揮的俄國共產黨人，表面和日軍合作，成立「遠東共和國」，打敗白軍高爾察克、謝米諾夫等部，內面保障了遠東俄國利益及列寧的政權。其後國際國內情勢變化，日本撤兵，「遠東共和國」立即宣布自行取消，其「國土」、人民、主權仍復回爲俄國的一部。這種軍事歷史，應爲德王將來必走的一條路。所有百靈廟的愛國愛蒙而眞心抗日的靑年，必須本照這種目標而埋頭苦幹。屆時裕如便是加倫，紹武也成爲維丁斯基了。他倆都表同意，紹武本是黨員，我爲他監誓加入邊力社；裕如不是黨員，我介紹他加入本黨。我從梅力更召返社以後，曾針對德王所說建立蒙古騎兵計劃，專報中央，力主儘可能撥予餉精械彈，訓練蒙古騎兵。也許德王會率領這批騎兵投降日本；但將來這批騎兵總有一天會成爲日本的敵人。當時我策動若干失意軍人去聯絡僞軍或製造僞軍，現在用以消耗日本特務機關的財力，將來可以反戈抗日，已有兩三年的經驗和歷史的研究，堅信這是一樁划得來的謀略。

返社不久，我也曾和傅作義談過這個問題。他對我的批評是「這太冒險了」；却很注意我所建立的僞軍，並詳詢在百靈廟方面所認識的軍人。我大致告訴他：在察北有呂存義、金甲山、李守信三部，這是日本人爲了進犯察綏而編組的；但他們都是中央有案的假牌僞軍，不會認眞聽受日人的指揮。在百靈廟方面，暴亞傑、寶子臣、劉繼廣、鮑裕如、周東義……都是同志。

沒過幾天，傅派他的參謀處長李英夫上校來訪本社，要我介紹他和鮑裕如一談。英夫是傅部三十五軍四大金剛之一，東北同鄉，經濟祕書介紹，彼此頗有往來。我詢他爲什麼要和鮑見面？他說：「鮑正在西公旗指揮百靈廟的部隊，誼屬同鄉，休兵聯歡，並無他事。」我便派裴春霖同志引導英夫到梅力更召去了一趟，見到裕如，也見了亞傑。不意英夫瞞過我和春霖，又自己到梅力更召去找裕如，以中校爲餌，要求裕如率領保安隊接受三十五軍營長的委任。裕如覺得這和我鼓勵他作加倫將軍的前言相背，當時未答，並隨英夫來綏看我。我才知道傅、李是利用我和裕如的關係要作策反工作。當即密囑裕如，只應和英夫保持良好關係，現時萬萬不可輕舉枉動。

這一來往，引出極不良好的連鎖反應：在傅作義方面，認為我不幫忙並始終懷疑我在支持德王，反對綏遠；在德王方面，把裕如調回百靈廟，押入獄中。德王不久便派他的公子來社，報聘百靈廟之行，並詢問真象。我對這位天真無邪的青年不能說謊，只有告以我只介紹李處長和鮑隊長做朋友，絕未想到李處長要拉攏鮑隊長；至於鮑隊長到綏，我也囑他始終追隨德王。德王據報，雖然釋放了裕如，但以後九年中迄未重用。迨傅作義拉攏保安隊叛離德王，德王在通電中尚提及傅作義派李英夫策動鮑裕如叛變的舊案。直到二十八年我見到德王，詳談往事，才算渙然冰釋。

因此我知道傅作義於分化蒙政會之外，也正在分化蒙政會的武力。我不主張分化蒙政會，更不主張分化保安隊，這是為百年或十年以後的大計設想；傅作義則只為綏遠省一時利益設想。

傅的想法，在綏蒙會成立的前夕，畢竟如意地實現了。

綏蒙會定二十五年二月二十三日召開成立大會。事先由西土默特旗總管榮祥，和中央監察院委員巴文俊（西土默特人）聯系百靈廟蒙政會保安處科長朱實夫、總隊長雲繼先、科長任秉鈞（均為西土默特人），乘舊曆春節，先後來綏，停留半月。元宵節後，朱等返回百靈廟；繼有隊長榮繼珍（亦西土默特人）的來綏。榮到綏即日携帶省政府載重汽車十一輛，匆匆返百，於二十一日之夜，開抵百靈廟南方二十里處停留。約於同夜亦即二十二日上午一時，三十五軍住在搓搓（百靈廟南數十里地名）的部隊，前進到百靈廟南方，佔領陣地。一聲號響，震驚了整個百靈廟。

朱實夫等事先準備停當，於聽到號音後，下令緊急集合，官兵都從夢中起床。總隊長雲繼先宣布：「三十五軍向百靈廟進攻，立即應戰」！當即打開槍械庫，掛滿子彈，並向西南方向前進攻擊。但時榮繼珍率車開到槍械庫，由帶來的三十五軍官兵，把庫存步槍五百枝、重機槍幾挺暨其他軍用品載上汽車，運往槎槎；卸下後，再開往百靈廟西南，車運保安隊，集中槎槎：這時全保安隊（不過三百員名）才知道是「脫離親日的百靈廟蒙政會，効忠綏境蒙政會」，並沒有什麼三十五軍進攻百靈廟的事！

這一兵變，由傅作義親赴槎槎布署。他原定二十一日正午十二點歡宴來綏出席綏蒙會的王公和委員。過時主人未到。參議趙仲容電話詢問省政府交際處，交際處叫通槎槎，傅主席接話，告某王公說：「本人因百靈廟突然兵變，須調兵派車截堵。」宴會即請趙參議代表本人招待」。赴宴各王公和委員，當時（十二點）得知兵變，相對啞然。事後證實確有兵變，但時間為當夜十二點以後，晚於傅作義所說之二十一日上午十二時者為十三個小時，於是王公和委員有人曾說「傅主席未卜先知」，也算「謔而虐」的笑話了。這祕密也馬上傳到百靈廟去。

百靈廟兵變後三年——二十八年，任秉鈞在榆林無意中透露了一個當年的故事。他和我說：「榮總管於請准傅主席，改編保安隊的時候，預定是把德王也搶救到祖國來，並把百靈廟蒙政會完全焚燬，所有蒙政會人員一律搶回，願留者在綏蒙會中升級安置，不願留者給資遣散。不意德王於十二月返回王府，直到舊曆正月還不回來，而綏蒙會成立期迫，只好放棄原定計劃，以致德王終非我有。至於當時所以不會放火及未能搶出蒙政會同仁，則因担任蒙政會警戒任務的是袍子隊，頑固不化，勢須開火，自己打自己終是不幸，所以只有一走了事。」

保安隊叛變到綏遠，請回白海峯任總隊長。七七抗戰，編入東北挺進軍馬占山將軍部下，稱蒙旗獨立旅，防衛伊克昭盟。後又開往甘肅，編入胡宗南將軍的序列，稱為×十×（三十？）師。大陸淪入匪手之前，白海峯率之[illegible]，[illegible]仍不免遭到毛匪的清算。

上面敘述德王和傅作義的衝突，我們看過便知在政治上，德王奉准主持的蒙政會，被傅作義剖成兩半；在財務上，德王奉准劈分的雅片稅，被傅作義整個獨吞；在軍事上，德王奉准編組的保安隊，被傅作義全部瓦解；在蒙政上，雲王有一半權力處理的石貝子事件，也被傅作義橫加阻攔，無法解決。在有雄心無大略的德王看來，誠如他對我所說：「安祿山是不想造反的，楊國忠逼他，他有什麼辦法」（二十四年遊百靈廟日記）。

德王於百靈廟兵變後，接受錫林格勒盟日本特務機關長田中久的建議，策動偽「多倫警備司令」李守信的偽軍六卡車，由韓國傑率領，增防百靈廟，並以察境蒙政會副委員長名義，發出魚電，痛詆傅作義分化蒙旗之計，鼓動保安隊叛變。雲王本定春天入京，就任國民政府委員；也因傅作義導演綏蒙會和兵變，大表不滿，因而中止。

偽李守信部開入百靈廟，便表示日本勢力進入綏遠省境內了；不久，日本關東軍也在百靈廟設立了特務機關，由盛島角[illegible]擔任機關長。盛島角房早在民國十二年或更早，便化名「僧大喇嘛」，駐錫綏遠省西南黃河以南伊克昭盟達拉特旗的王愛召。他自稱係東蒙某召的喇嘛，說着流利的蒙語，廣結善緣，手頭闊綽，對於蒙古王公、仕官、喇嘛饋遺存問，無所不用其極。十幾年來，「僧大喇嘛」的大名，婦孺均知。他在蒙古社會中的地位，高出盟長、扎薩克及歷任綏省都統主席馬福祥、傅作義之上。例如伊克昭盟準格爾旗新舊兩派內戰多年，盟政府和省政府都無法制止或調解；「僧大喇嘛」卻可杯酒談笑，使雙方罷兵。他出名邀請奇文英和其反對派，在某召見面。兩方便信任了他，簡從而至。見面後，他讓兩方把手槍交他保管。兩方也信任了他，交出武器。然後他讓新派首領向奇文英叩頭（新派首領行輩低），再讓奇文英發表新派首領作協理。兩方仍信任了他，照辦不誤。隨後他發表一篇大道理：「蒙古人絕對不許打蒙古人，只須團結對付漢人。有我『僧大』一天，誰若再打內戰，我就不承認他是蒙古人，也不是我的朋友」云云。這並非

「僧大」的催眠術，而是他的領導力。二十五年，我派谷易非同志以達[illegible]特旗小學教員名義，偵查該旗，因擅長蒙語和技術，很快地便認出「僧大」是日本特務，遂與該旗保安隊連長李文山合力，把「僧大」捉住，審明無誤。但保安隊長森蓋麟慶得訊，先是派人要李連長放人，隨後親自帶兵把「僧大」搶走釋放。森蓋的理由是：誰不知道「僧大」是蒙古人？怎樣說他是日本人？這也可以看出蒙旗宜力派對「僧大」是如何[illegible]盲目信仰了。——直到「僧大」用眞姓「盛島」出現在百靈廟，被達拉特旗的錫拉[illegible]看到，轉話告知森蓋，他才張口吐舌，大驚失色。

當盛島機關成立後，百靈廟以北以東直到錫林郭勒盟，全在多倫日本特務機關掌握之內，便是德王不想投日，也由不得他自己作主了；何況他恨透了傅作義也恨透了對傅作義言聽計從的中央？

局面醞釀到四月二十四日，錫、烏、伊三盟「代表」五十六名在蒙王府集會[illegible]，我們不幸又看到一幕僞「滿洲國建國會議」的笑劇。

這個僞會議，我的百靈廟小組組長鮑國卿同志被指定爲「代表」，并擔任紀錄（因爲他蒙文蒙語均佳）。他於會後請假赴張家口治病，實際是赴綏向我報告僞會議的經過。這篇機要而絕不見諸記載的報告，擇要如下：

——「（一）去年十二下月旬，日人中島、漢奸陶克陶脅追德王飛往長春，約定內蒙自成組織，按月由日僞補助費用五十萬元。醞釀至於本（二十五）年四月二十四、五、六日，錫烏伊三盟代表五十六名在蒙王府開會。由蒙王主席，吳鶴齡任大會祕書長。關東軍派田中隆濟（中佐）列席。通過要案如下：

一、『蒙古軍政府』組織法，

二、『蒙古軍政府』人選，（附圖）

三、『蒙古軍政府』成立日期及地點（日期：五月十二日，地點：加卜寺），

四、『蒙古軍政府』旗式（紅黃白滿地藍），

五、「蒙古軍政府」紀年（成吉思汗紀元七三一年），
六、王公制度不許破壞，
七、喇嘛教不許反對……
——「（二）關於「蒙古軍政府」組織及人選，列圖如下：

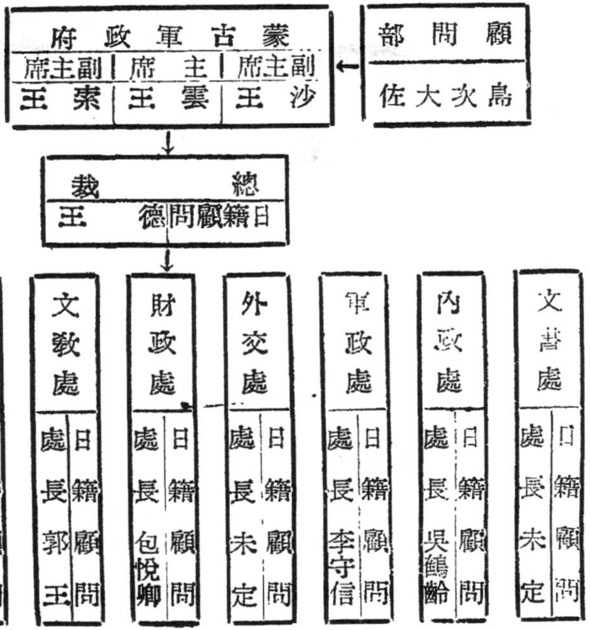

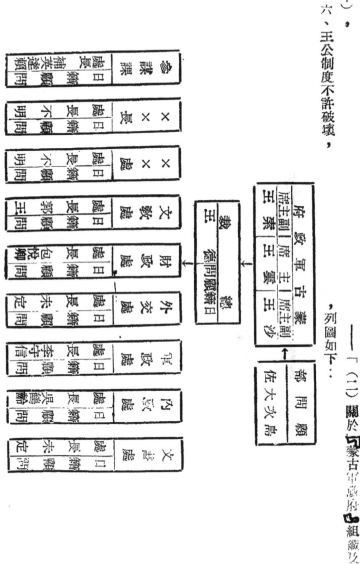

「(三)旗式：

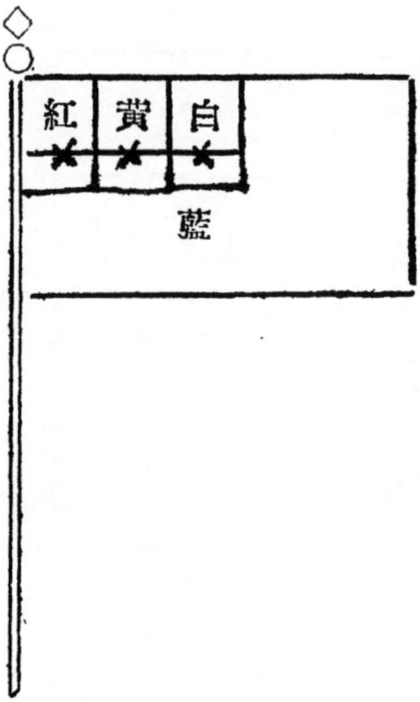

「(四)在未開會之前即決定「蒙古軍政府編練軍隊三個軍，以李守信長第一軍，寶子臣長第二軍；開會時又決定包悅卿長第三軍。

「(五)索王府開會後，德王等即趕到百靈廟，召開蒙政會四次全委會(仍懸青天白日滿地紅旗)，通過要案如下：

一、蒙政會仍設於百靈廟，

二、繼續向綏遠交涉特稅。」

以上全錄鮑同志報告原文。至五月十二日，僞「蒙古軍政府」如期在加卜寺(察哈爾省)舉行正式成立典禮。日本關東軍派參謀副長今井少將監誓。日籍顧問來賓及僞察北七縣縣長五十餘名均參加。禮堂交插「蒙」、「日」、「滿」僞旗(「蒙」在中，日在右，「滿」在左)。即日將成立經過通告日、僞；但未對國際宣布及要求承認。(未完)

八、偽「蒙古軍政府」的登台（四續）

鮑國卿同志的報告續寫道：

——「七、截至學生離開德王府時止，『日滿蒙防共協定』草稿，已由德王祕書陶克陶及關東軍駐德王府（錫林格勒盟）特務機關長田中久大致擬定，簽字日期則尚未定。全文共二十餘條，要點如下：

一、日『滿』『蒙』共同防共，

二、日兵得自由在內蒙設防，

三、日『滿』援助『蒙古軍政府』收復失地，

四、日『滿』『蒙』互換使節……」

按帝國主義對外侵略，依據歷史的定例，它必於事先製造一套「理論」以麻醉被侵略國的官民，而在被侵略國內組織起接受它這「理論」的官民，建立偽「黨」，和被侵略國的中央政府展開「黨爭」。列寧、史大林替此種侵略術命名為「共產主義的革命」；莫索理尼則名之為「法西斯的革命」；希特勒則名之為「納粹的革命」。日本軍閥侵略中國，沒有「革命」的美名可資利用，便由軍閥中的理論家」構想出「防共」一詞，作為麻醉中國官民的「理論」。它要求國民政府和它「共同防共」；我們懂得「共同防共」的後幕是日本軍閥要滅亡整個中國，因而予以完全拒絕：於是它便利用「共同防共」的「理論」，製造了一個偽「滿洲國」，一個偽「冀東防共自治政府」；到了二十五年五月十二日，又製造了這個偽「蒙古軍政府」。到這一天，中國國內已被製造了三個偽組織；加上宋哲元的「冀察政委會」，共為四個。偽「滿」有偽「黨」，（

協和會）偽「皇帝」（溥儀）偽「五色旗」偽「年號」（康德）；偽「冀東」有偽「主席」（殷汝耕）偽「黃色旗」；偽「蒙古軍政府」有偽「主席」（雲王）、偽「總裁」（德王）、偽「紅黃白滿地藍旗」、偽「年號」（成紀）。這三個偽組織完全不接受國民政府的任何政令。「冀察政委會」有「主席」（宋哲元），好在還掛着青天白日旗，仍奉中華民國的正朔和國民政府若干政令（限於無關抗日者），只得算它半偽，不能說它不偽。

帝國主義除了製造「共同防共」的「理論」之外，還替它的偽組織製造「理論」。例如列寧、史大林為了侵略我們的外蒙古，便抬出「民族主義」的理論——所謂「蒙古人民自決」；希特勒為了侵略捷克，便抬出「蘇台德人民自決」的理論。日本帝國主義替偽「滿」製造的「理論」是「王道主義」和「收復失地」（即進犯山海關以內）；替偽「蒙」製造的「理論」是「蒙古民族自決」和「收復失地」（即進犯陰山以南）。——我們根據中外史證，再看上面鮑同志所報告的「日滿蒙防共協定」，兩相比較，便知第一條所謂「共同防共」是日本帝國主義侵略中國的「理論」；第三條「收復失地」是日本帝國主義替偽「蒙」所製定的「理論」。這兩項「理論」，在侵略戰的守勢方面是「日兵得自由在內蒙設防」，日閥藉此可以囊括內蒙為己有；在攻勢方面，偽「蒙」軍為向陰山以南進攻，乃是「收復失地」，日閥藉此可以隨時佔領察哈爾、綏遠、寧夏和青海（這三省都有蒙古人民）。

當鮑同志提出「日滿蒙防共協定」要點以後，我便為他說明上述日閥侵略術的全貌，并指示他今後工作的方針：一、繼續注視偽組織的動態；二、設法影響德王，叫他無論如何不可以在「協定」上簽字，而留下出賣蒙古的萬代罪名。鮑同志續報導：

——「八、日方補助費已領得三、四、五月份（共一百五十萬銀元），一、二月份待領。

——「九、通告日『滿』之公文用蒙文，年號係成吉思汗紀元七三二年。

「十、各重要人物對『蒙古軍政府』態度如下：

一、雲王——表示年老，不就主席，亦不赴南京就國府委員；

二、索王——表示身體肥重，就職而不負責；

三、沙王——尚不知有此事；

四、吳鶴齡——心在中央，表面就職。

五、德王——應付、利用成份各半（觀其不用『蒙古國』而用成吉思汗紀元，可窺微意）。」

鮑同志的報告最後說：

「學生現被任爲文書處人事課交際股股長。特藉故來綏，徵求趙社長意見。承促任職，俾潛入工作。校長如有命令，學生赴湯蹈火，亦絕對服從；如不同意學生留於僞組織之內，當即日退出，赴京待命。」

鮑同志報告中所稱校長即中央政治學校兼校長今　總統蔣公，所稱學生係對校長的自稱。我所代爲恢復組織的中央軍政兩校學生，凡有報告，上款都稱校長，由本社寄交陳立夫先生轉呈。

這份機密迅速的報告寄呈過後，我囑鮑同志即日返百靈廟，并按月付予交際費四十元（銀元），以後依法幣貶值的調整數逐年增加。二十八年以後改由德王發給。詳情將在後面敍述。

僞「蒙古軍政府」成立以後，日閥爲它大事練兵，兵源來自僞「滿」，軍官均由烏滂警備隊士兵和李守信僞軍中提升。截至二十六年七七事變止，共編成九個僞騎兵師，每師約一千二百員名額，共約騎兵一萬餘名。駐百靈廟、大廟（烏蘭察布盟）、嘉卜寺迄商都（察哈爾省）一帶，形成從西北至東南包圍綏遠的外線。在這防線以外，就是王英的僞「綏西聯軍」；我們這方面與僞軍對峙的就是傅作義的三十五軍和湯恩伯十三的軍（綏東戰後始開往者）。因此事實上察綏兩省在這外線以北以東的地區，於二十五年夏天便淪陷在日閥的手中——表面上掌握在德王和王英的手中了。就歷史的見地說來，如果傅作義不依本段上述各節分化蒙政會，逼德王上梁山，則這片地帶應在二十六年十月以後才告淪陷。傅作義確是弄巧反拙，促成國土的提前喪失及此外線之中蒙漢人民之提前淪爲奴役。

僞「蒙古軍政府」成立的新聞，是由田中久在張家口發布的。雖然寥寥數語，却給中外新聞記者極大的重視：平津京滬的報紙和平津的西文報紙，都刊在第二版（當年第二版爲要聞版）及第一版（西文報紙以第一版刊要聞）。益世報并發表社論，指出德王是溥儀、殷汝耕以後第三個傀儡政權。社論認爲這是日閥侵華的向西邁進一大步。我則在北平晨報刊出專論，採要公布了索王府會議內容（即鮑國卿同志的報告）技巧地暗示了中央和地方政策的失算；但鄭重地指出，德王脚踩兩隻船，在嘉卜寺他是僞「總裁」，百靈廟他是察境蒙政會的副委員長兼祕書長。一手向日本要錢，積極練兵，準備「收復失地」（包括內外蒙古）；一手向國民政府要錢，興辦蒙古復興教育。」「如果他把兵練成了，把蒙古復興教育辦好，恐怕將要蹬掉現在的兩隻船，而自駕一條船。」這篇文章的內面意義是一、分化日閥和僞蒙的關係，相信日本人如果看懂必然加緊控制僞蒙。這樣德王就要吃些苦頭，以便利我方進行爭取的工作；二、讓德王暫時陶醉於中立主義，自居爲半個傀儡，保留將來返歸祖國的餘地。

我的文章係署筆名，并切實要求北平晨報社長田雨時保守祕密。時該報已由「冀察政委會」（蕭振瀛）接辦，絕對灰色，不談抗日，事實上等於半個天津庸報（日本華北駐屯軍機關報）。雨時發表這篇文章，雖不算得罪日本人，但也應使日本人心裏感到不舒服。但他還是提起勇力把它刊出了。

當時德王的政治「巴克細」（顧問）敖雲章正受蒙奸親日派陶克陶、金永昌的壓迫，并感到個人力量無法從日本特務控制下援救德王，託詞醫病，由百靈廟返回北平。他把益世報的社論和北平晨報的專論剪下，加圈加點（硃筆），祕密帶交德王。不久之後，他到北平舍下來說：「德王對於益世報社論，甚表畏懼，因爲這是報紙上第一次把他喊爲傀儡；對於北平晨報專論，要他查明係何人所寫。

」他詢問是否我的作品；我加以否認。又託我打聽
究為何人？我於次日告訴他，原稿來自張家口，報
社也不知道究竟是誰。我們對於德王注意專論作者
，加以種種推測。首先認為德王可能疑問索王府會
議內容係被何人所洩露？因為參加會議者都是蒙古
人士，很多不懂漢語漢文。而如此祕密的文件怎會
迅速完整地達到專論作者的手中？其次，他既然懼
畏益世報社論罵他傀儡，是否對於專論指出他僅是
中立主義而將來可能「自駕一條船」感到輕鬆一下
？抑是怕日本人知道他的心事而對他不再供應軍費
？良久不得結論。最後我倆同意第二種為可能，并
決定由我寫一封親筆信致敖雲章，倒寫日期，而由
雲章把這封信出示德王，試探德王的眞意何在。這
封信如下：

「雲章先生偉鑒：別無多日，相思山積。知暫
不返，為之浩嘆。蒙政會中非無幹才，如紹武、子
明兩先生，則因避謠，不敢負責；如滙川、裕如兩
先生亦以被謠，不安於位。今先生亦重遭誹謗。尺
子實不知彼輩究何辦法，苦撐危局，而必欲盡排正
人君子以去，前曾將先生被謠經過，函告×××；
接其覆函，深致惋惜，并囑尺子面致慰問。知交殆
亦無不代抱不平，亦如蒙古前途悲也。昔項王不用
范增；咎不在項王，尤不在范增，乃漢高祖善用陳
平計耳。切盼先生[illegible]淡然視之。

「昨據田中久說：『蒙古軍政府』十二日正式
在嘉卜寺辦公云云。尺子忖度先生，今後縱使水落
出，恐亦未必合污同流，返百之事，殆將無期延期
。政見未能貫徹，大家難辭其咎。在先生總算聊盡
本心，無愧天職。詳細經過，尺子自能親對×××
×言之，并為謀壽世之方也。

「據尺子觀察，德王無國賊相，并無橫死相，
當不會終作殷汝耕，亦不會招致[illegible]下場，而其心
實未嘗忘國家；故尺子謂先生似應祕密為在外布置
重返中央之線索。度亦德王所心許者。不知尊意如
何？……」

下面署上「五月十二日」（實際此信作於五月
二十幾日），由綏遠寄給雲章。第一、二段為他親
中央路線打氣，鼓勵他不要脫離德王；也警告德王
勿中日本特務的反間計，要把雲章待如范增。第三
段，利用德王最相信的相術，說[illegible]『無國賊相』，

是爭取他重返祖國懷抱，不致久作溥儀和殷汝耕；說他『無淩陞相』，是安慰他身入虎穴，不致被日人殺死。（淩陞係呼倫貝爾特別旗的扎薩克，僞『滿』初期被迫親日；因與外蒙古聯絡投奔自由，被日特發覺處死。淩爲郭道甫以後東蒙頭等人才，蒙古人士無不痛惜。）最後說是請雲章「祕密在外佈置（德王）重返中央路線」，實際係建議德王派雲章作代表赴中央，一如溥儀派代表德松坪駐京。雲章在段祺瑞時代紅極一時，但宦囊不富。他對德王每月送的五百銀元，十分需要。現已被漢奸擠出，早晚可能停餉。如德王派他作代表，仍有這筆錢或許更多一些銀元好拿，對於雲章必爲求之不得者。

果然，雲章於收到此信後便帶給德王。德王閱後，立即派公爺赴平，迎接雲章返百靈廟，并切囑陶、金諸奸，應本蒙滿一家（撤係滿人）宗旨，勿再生事。他說：「親中央時，大家都親中央；親日時大家都親日。誰也不准再說撤顧問是中央派在百靈廟的工作人員」等語。雲章在七七事變前仍隨德王，雖未曾派他祕密作代表，但這封信的目的完全達到：一、測出德王仍保留中央路線；二、送雲章重行滲入百靈廟。

以後我從五月十二日到二十日埋頭寫了一篇「蒙古軍政府之性質及其對策」，共分五章，第一章「內蒙最近動態」，第二章「自治之本意」，第三章「蒙古軍政府何以發生？」第四章「蒙古軍政府的性質」，第五章「中央的對策」，約二萬五千字。呈報立夫先生，局本部，副本帮交XXX。第一章「內蒙最近動態」係根據鮑同志的報告，說明僞「蒙古軍政府」於五月十二日在嘉卜寺傀儡登場。接述各僞「處」人選。下面分析僞李守信部「不堪一擊」。僞年號採「成吉思汗紀元」，日方本來讓用僞「康德」，德王不採，「表面理由是『德』字不得置於任何一字之下，故宋哲元設『化德縣』都得改爲『德化縣』；眞正的理由是德王認爲蒙古固不應屬於中國，也不應屬於『滿洲國』」最後述「百靈庵蒙政會事實上不遷移。各有理由：在日方則以其駐百靈廟特務機關（盛島）和『蒙古軍』監視這一條中蘇大道；在德王則表示不承認綏境蒙政會。德王不主張遷移，還有一個內在的理由：他不願和中央斷絕關係，想保留這一條交通線。」

八、僞「蒙古軍政府」的登台（五續）

摘著「蒙古軍政府之性質及其對策」第二章「自治運動的本意」，開頭寫道：「十二日這一天，德王是正式地不宣佈地另起爐灶了（指僞「蒙古軍政府」之成立）。但在民國二十二年十月九日以前，他絕對沒有想到有這一天。」「所謂民國二十二年十月九日，就是他領導的內蒙自治運動正式揭幕的一日。他在那一日之前，不但沒有想到有十二日這一天，而且他所想的問題，絕對與這一天的結果相反。」那麼德王所想的是什麼？

這第二章約二千餘字，係根據幾年採訪的資料和亢仁同志（組織的同志）的「回憶錄」（未發表的密件），研判出在九一八以前德王的想法是「蒙古必須統一」；到了二十一年冬天，東三省全部及熱河東北部已淪陷日本手中，而侵略箭頭正指向西蒙古（熱河省中南部、察哈爾省），德王的想法是「外蒙亡於俄，東蒙亡於日，西蒙眼看着也要淪陷；而蒙古同鄉仍在南京做官，蒙藏機關仍在敷衍塞責。」下面引用亢仁「回憶錄」一段：

——「自治運動主要原因是應付日本。日本侵略東北四省以後，可以說已經完成滿蒙政策的大部分，吞併西三盟（錫林格勒盟、烏蘭察布盟、伊克昭盟）不過是時間的問題罷了。在去年夏曆四月初八日（按係民國二十一年），日人田中久乘汽車三輛，帶隨從日人數名及哲盟扎賴特王衞兵十餘人，往錫盟烏珠穆沁索王府，對索王（錫盟盟長）威嚇脅迫，並指出三條道路：一、歸屬僞『滿洲國』；

二、投降外蒙古；三、脫離中國宣布獨立。强迫索王任擇其一，以脫離中國爲原則。同時想用暴力把索盟長本人挾往長春參謁溥儀。經索王再三解說，謂因身體肥重，不便行動，數年來已不親理錫盟政務，田中久才允許另派代表參加，此事便算應付過去。此後索盟長日夜籌思，神志竟致錯亂，乃於五月中召德副盟長（卽德王）商議保存領土辦法。所以百靈廟會議完全是因爲受了日人之威嚇而召集的，絕非受日人之利誘而脫離中央。」（「回憶錄」第二章）

這是亢仁同志的史筆。當年我從他寫「回憶錄」而又浚寫完，並堅囑我看後不可發表的跡象上推定，他所紀錄的必是事實而不是宣傳。在「回憶錄」中他又引用德王在內蒙自治會議第一次會議的報告說：

——「蒙古自治，（一）對外關係：外蒙已陷於俄，東蒙又滅於日：非起而自救自決，絕無出路。至外傳蒙古自治有外人背景；其實僞組織對於王公制度任意予奪，直同廢除此一制度；日人松室孝良在多倫迭次來電相邀開會，我們不願參加。同人苦於赤化之危險，日本之逼迫，非大家精誠團結，事先籌劃，絕難挽回今日已演成的現象。」（「回憶錄」第二章）。

我對這段報告的研判是：「德王這段話是用蒙語說的（會議中絕對禁用國語），國文筆記雖有些詞不達意的地方，但大體上能表達出他們不親僞不親日的理由（恐懼王公制度不能保留），在了解王公心理的我們看來，不敢認爲是『不由衷』的話。」

下面是第二章的結論：

——「以上，我們從亢仁的回憶錄、我的日記（按見「大漠十年」的「百靈廟行」）、陳紹武等入蒙抗日歷史上研究，不能說明內蒙自治運動的本意除了抗日以外還有其他的作用。這個運動是以抗日救蒙爲其動力的。」

「蒙古軍政府的性質及其對策」第三章是「蒙古軍政府何以發生？」開頭寫道：

——「內蒙自治運動的本意旣是應付日本的，它的指導者——德王的雄心又是如此之大，它的來歷根本又是蒙古青年的一種政治工作，爲什麼從十二日這一天起，德王畢竟反轉來跑到日本的懷抱裏去了呢？」下文用去五千餘字，寫出「我們認爲內蒙政局和德王態度之所以轉變到十二日的地步（由反日變爲親日），新聞、社論、情報三者是首先不能辭其咎的。」

——「因爲一個政局的動向，一個政治家的進退，和新聞的報導、輿論的批判，有很密切的關係。譬如一個政治家基於政略（按：當年我用「政略」一詞等於今天的「謀略」。）的原因，要有某一種表現，當然他的目的不會給新聞記者知道；所能知道的只是他的行爲。這時如果新聞記者根據行爲論而作報導，無疑地要把這政治家污衊了。在有魄力有長久計劃的政治家是不放在心上的；但對青年的政治家，這種污衊有時很能發生『逼上梁山』的後果，讓他發生自暴自棄之感。而在政治上層或社會方面，根據這種行爲論的新聞，又對這青年的政治家發生不信任等現象，甚至從而妨害這青年的政治家（有時且要暗殺他），於是更進一步地促成他『逼上梁山』的結果。輿論也是如此：不明眞象的批判，它的影響比新聞還要壞！

——「情報是直接給政治負責人所看的新聞，它的正確與否，對於青年政治家的進退，影響尤爲重大。如果政治負責人沒有正確的情報，而根據錯誤的情報處理事件，害處眞是不可勝言的。」

接着我指出內地各報所載德王親日的報導，是把他「逼上梁山」的因素之一：

——「查內蒙自治運動消息最早流傳出來是在民國二十二年九月十八日。這一天是『九一八』二週年紀念日。新聞記者（我們復生社是林霽融）們各自抱着一顆悲哀的心，走進二十九軍（宋哲元）駐平辦公處，而劈頭聽到的消息（秦德純發布）就是『德王獨立了』！這樣的一個中日局面，這樣的一個日子，聽到這樣的一個官方消息，我們當然相信德王眞有日人作背景而獨立了。雖然我們（雨時先生和我）爲愼重計，當夜沒有發出這個消息，郤被天津庸報當作『特訊』於次日刊出了，這是內蒙自治運動第一次見報的新聞：『北平特訊：內蒙錫林格勒盟德穆楚克棟魯普親王前由北平回滂江德王府，因受日人鼓動，於六月二十六日在百靈廟召集各盟旗王公舉行會議，德王親自出席，宣布內蒙實行高度自治，並要求各蒙古親王代表簽字，發表宣言……』（按：所謂德王受日人鼓動，於六月二十六日在百靈廟舉行會議，發表高度自治宣言一節，後經證明並無其事，均係庸報僞造。庸報這時已被日本華北駐屯軍收買，成爲漢奸報，所以藉秦德純一言而大肆造謠，唯恐中國不亡。）

——「內蒙自治會議一開始便被戴上『受日人鼓動』的帽子。以後『高度自治』、『獨立』、『日本背景』的流言與新聞就甚囂塵上了，竟致北平的蒙古紳士們也沒有一位不相信德王倡導的高度自治確有背景。

——「但那時這條新聞僅爲上層少數人所注意；它之成爲全國全世界的問題，則應歸功於大公報、北平晨報等報把這消息當作『頭條新聞』。大公、北晨是當年的權威報紙，大公報的『頭條新聞』當然更會馬上把這問題變爲巨大問題，而『德王親日』的觀念遂深植於各階層人士的心裏了。」

大公等報的「頭條新聞」（大公報標題爲「蒙事之探討」，全文見『大漠十年』第三章（續六），其餘各報標題不錄）於十月九日發行全國，；八日晚京滬漢各報記者已均根據原稿拍出電報，所以九日這一天全國各報都刊載着德王和僞滿訂立三條密約的消息，十日平津英文日文報紙也全部譯載大公報的「蒙事之探討」，十日倫敦泰晤士報也把所謂「滿蒙新密約」登上重要版面，同日東京朝日、大坂每日也都譯載了「蒙事之探討」。大公報九日社論提到德王的背景，同月某日北平晨報社評「可注意之內蒙自治問題」也提到「日人佔據熱河以後，把德王等七人用飛機載往長春，加以鼓勵和誘惑，又是一種事實」。後大公報發表陳劍莽所作「內蒙自治問題之檢討」，又談到「觀於內蒙王公七人，於春間曾乘飛機，飛往偽京，個中眞像不待智者而後知」。在單行本著作方面，則新中華叢書邊疆問題二之二十九頁亦徵引十月九日大公報所載德王七人飛長春一節。日人著作則東亞雜誌一九三三年十一月號所載「內蒙獨立運動」，也是幾乎全抄大公報十月九日所載「蒙事之探討」。下文我接着寫道：

——「其實大公、北晨等報所載德王等七人飛長春定約的消息，是北平復生社發出來的；而原稿則是我所寫的。這個消息是王枕華（按：現任監察院委員）告訴我的，我又去找包悅卿、李丹山等蒙古紳士求證，他們也認為有此一說，所以我把它發表了。其後枕華受復生社的囑託，於去百靈廟出席會議之際，為我們證實了自治會議確沒有日人背景，我乃根據王君來信，發出『百靈廟通信第一封』；韓鳳林給我們說明飛長春之德王係德松坪，俗稱『大德』者是，並非『小德』（德穆楚克棟魯普），於是我又發出韓的談話。但大錯鑄成，積重難返，反而沒有重要報紙肯登這後出的正確新聞了。『德王親日』與『內蒙自治顯有背景』的杯弓蛇影，不脛而走。現在我以原稿寫作人的資格，宣佈這段新聞的來源和結果之後，覺得對於德王，對於蒙古同胞眞是萬分抱歉！」

上面敘述了新聞和輿論把德王「逼上梁山」；下面接說情報：

——「中央——行政院和蒙藏委員會處理內蒙自治問題，當然要根據情報了。當時察綏各臺站管理局和察綏兩省政府是中央的情報來源。臺站管理局局長之屬，根本是『吃情報飯』的人，還能談什麼搜集正確情報？他們當然要接受新聞紙的提示，跟着造德王的謠了：例如『某機關某方來電報告：內蒙王公組織自治機關各節，現經調查，此次會議未舉行以先，德王即與日人往返甚密……聞日人為進一步煽惑起見，擬於本月二十五日在多倫召各王公兩度會議，全蒙情形日趨嚴重。』」（二十二年十月四日申報）一個情報單位連文字都寫不通（何謂『擬於本月二十五日在多倫召各王公兩度會議』？既在『擬』中，何以知為『兩度』？）焉能搜集正確情報？

——「當時竟有這樣的笑話——這是德王親口對我說的：『有一回，察哈爾某臺站管理局長（按：原註「名姑不具」；現僅記得此君姓黃）打電報給中央（按係蒙藏委員會），說我（德自稱）反了。他打完電報，再仔細探聽，都沒有反叛的續報：於是他着慌了，馬上跑到綏遠某臺站管理局，對那位局長說：老德反了，你不知道嗎？那位局長也馬上打一個電報給中央，說我反了。中央接着兩個局長從兩個省分打來同一性質的電報，馬上忙碌起來。後來竟又證明不確。』」

——「中央參考新聞，新聞則一致地報導內蒙自治有日本背景；中央根據情報，情報也一致地報告德王親日。自然，中央在制定對策之先，必定先存有一片疑心，以後一定也要疑神疑鬼，總覺得德王別有野心。猜疑之後，繼之以限制；限制之後，繼之以干涉，根本政策既然定錯了，以後當然更錯得一塌糊塗。德王則因此而傷心，青年亦因此而失望。內蒙古問題演變到目前階段，我們的新聞記者和情報販子眞不能不負一大部份責任。」

接着我檢討內政部、蒙藏委員會、教育部、軍分會等機關處理德王自治問題的四項錯誤。這種種情況逼得德王對我說出：「天天喊着『打倒帝國主義』，中央對於蒙古，眞比帝國主義還兇。」（按：已見本文「百靈廟行」）

把德王「逼上梁山」的主要人物，初期是宋哲元，後期是傅作義。原文寫道：

——「德王倡導自治後，察省首先感到與自己的切身利害相關。馮先生的抗日同盟軍正弄得宋哲元心如刀攪，好不容易才算送神回府；接着又來了一個德王，口口聲聲要奪取地盤，這太使人（宋）感到一波未平一波又起了。所以當『九一八』二週年紀念日，新聞記者們去找秦紹文，他首先就發表『德王獨立了，日本人作他的靠山』這個消息。現在回顧起來，當時國際國內的新聞，可以說是處於『察省對抗德王自治的新聞政策』的支配之下。

——「後來蕭振瀛奔走張滂道上，名義上是代表中央宣撫德王；其實是察省對德王辦了一手漂亮的外交：給德王造成一個『南聯（察）西進（綏）』的局面。（按：蒙古自治會議在百靈廟——綏境——召開，以後蒙政會即設於此，都是「蕭老英雄」設計的。）

——「『南聯西進』的結果，當然就和綏遠（傅作義）衝突起來……二十三年上半年起，傅主席製定了『對蒙政策』：『逐德離綏』。」

下面用了四千餘字把「逐德離綏」的全部經過寫出，見本章上文所述關於綏和傅作義和德王之間的五點衝突。結論是：

——「地方壓迫（傅的政策）才是十二日起德王異動的眞正原因。新聞記者之錯發新聞，中央政府之錯定政策，都是地方當局（宋、傅）弄的把戲。

——「地方當局爲了本身利害，儘量造德王的謠，儘量拆德王的臺；中央（蒙藏委員會）則在那裏『准予備案』，件件『追認』。德王的環境太惡劣了，他不能不替自己想辦法。

——「這一次他幹起『蒙古軍政府』來，完全是打算養成勢力，借刀殺人（借日本刀殺傅作義），出一口幾年來的悶氣。」（未完）

六、僞「蒙古軍政府」的登臺（六續）

蒙古軍政府 第四章是「『蒙古軍政府』的性質」，約五千字，「我宣佈了德王許多祕密，證明他現在幹着的事，如果從行爲論的立場來看，無疑的是親日是賣國；如從目的論的立場來看，却又不是親日也不是賣國的。」那些祕密呢？第一件：

——「他對於日本的要求，截至二十三年年底止，都是採取拒絕態度的。二十二年松室孝良屢次請他赴多倫開會，他始終託故沒有前去。二十三年四月蒙政會成立之後，他覺得已經有了新的辦法和力量，更嚴辭拒絕了日本在錫盟設立電臺的要求。二十三年七月，日人大島（？）前往德王府，硬要送給他足够編練兩旅軍隊的器械。這在應付方法上就不能像以前似的簡單了，他才密派陳祕書紹武赴南昌謁蔣，請示一切。蔣先生指示給他的外交方策是『不亢不卑，委蛇應付』，又告訴他不久要來蒙古看看。此後他既不能和日本人斷絕往來，又不能公開對人說明這是秉承蔣先生的旨意；祇好忍辱含垢地交際週旋，對於報紙所造的謠言也就置之不理了。

第二件：

——「二十四年五月，正當河北事件緊急的時候，他突然去到北平謁何（應欽），請示新階段（中央勢力退出華北）開始後的外交政策。他與何先生談了兩次話，何先生並沒有一個原則的指示，更談不到具體的辦法了。最後他對何先生說：『我有一個原則，如果何先生同意，回去我就奉行好了。

』（何說）『好，你有什麼原則？儘管說。』（德說）『我想，在不損失土地人民主權範圍內，要同日本週旋。』（何說）『很好！很好！』他以爲何代委員長都說過『很好很好』的話，自然可以隨時和日本週旋了。

——這是他親口對我所說的外交祕密。他同日本人的往來，可以說時時在奉行着蔣何的密諭，就是日本人也難知道，何況一般情報先生？

第三件：

——「截至二十三年十一月止，日本人對他也很客氣：開會不去，就讓他不去，拒設電臺，就拆下來。但到十一月以後，日本人的態度就突然變化起來。

——「這是什麼緣故？

——「起初，日本人被他所惑，以爲他不久就可以脫離中國，所以對他採取綏進政策。到了十一月，出乎日人意外的是蔣先生飛來綏遠，出乎日人意外的是雲德二王都去謁見，出乎日人意外的是會見結果又十分圓滿：於是他們才曉得德王的向心力還是大於離心力，曉得德王不是理想中的傀儡人物，因而發生前功盡棄之感。十一月以後，日本人就開始利用他和雄王（阿巴嘎旗的扎薩克）之間的小意見（電臺索還問題），挑撥離間，加以擴大，決計製造一個對立勢力來監視他（雄王當時扣留德王槍械五百枝）。當時他正和綏遠爭持着黑沙圖問題，戰事有一觸即發之勢。日本人又舊事重提，要求在德王府設立電臺。他陷入三面夾攻之中。以前他對於日本是閉關的，現在他覺得應當稍稍開放一點，因爲不這樣，不足以中止日本人之扶置雄王分化蒙古，於是他答應了設立電臺。這才是他對日屈伏的第一遭。

第四件：

——「以後，日人對於他日漸加緊進攻了：在德王府公開設立特務機關；在百靈廟也派來中澤和松島；又送給他飛機和汽車……他感到連招架之工都沒有了，何況還手之力？去年秋季蘇尼特鄂博祭後，他才在王府密室和他的顧問敖雲章長談了三個小時，他說：『中央如果出兵，那麼我們幹死了也值得；如果永久屈伏，我們自己有什麼辦法？』他這話表示着什麼含意？在明眼人一聽就可以明白，誰說他眞想親日？（這段話是敖顧問在今年三月十八日夜十一時來社對我密談的。）

——「去年德王和我密談過他和蔣何的關係之後（按：見「百靈廟」(三)），用鄭重的態度說：『我對於中央，是把曹操的話倒轉過來：寧讓中央負我，我決不負中央！』這又是何等赤誠的出自心底的表示？」

上面所舉四證，證明僞「蒙古軍政府」固然是一個僞組織；而其首領德王却不是日本人心目中的眞傀儡。下面我接着寫道：「豈獨他（德王）沒有親日沒有賣國；就是他的體己人他的幹部又何嘗有一人是親日賣國？這些奇怪的答案，讓我慢慢道來」。

——「先說補英達賴。補英達賴是德王第一個體己人。二十三年春天他曾代表錫盟赴長春祝賀傀儡溥儀登臺（這是因爲田中九逼迫索、德二王去，索、德二王不肯去而派他去的）。從行爲論上看，他當是一個親日的先進者了。其實二十三年以後德王對日的態度，和他從長春返來的報告有極密切的關係：傀儡的情態和氣味，很讓補英達賴感到受不了，他把這些情況據實報告德王，德王才得許多重要的參考資料。

——「次爲敖雲章——德王的高等顧問，曾於去年代理祕書長，是一位很有辦法的政略家。他明知內蒙情形複雜，遲早要被日本拿去；却打算把德王從日本手中搶救出來，送到中央。他處理這個重大問題有一套計劃：第一、他帶着日本人派來的保鑣，把自己扮作一個親日者；第二、在小問題上贊助德王對日讓步，而對大問題則毫不假借；第三、他曉得蒙綏關係如不改善，德王終要墮入日本牢籠，他便努力調解兩造的糾紛。關於第二點，今年春天他作了一手得意文章。事情是這樣：日本駐德王府的特務機關長宗浦，假稱關東軍有電到來，逼着德王通電獨立。德王被迫不得已，便拍出一個獨立通電（這就是偽軍佔據察北時哄傳的德王獨立事件）。電到廟（百靈廟）後，敖顧問暗中加以扣留，同時密電德王，告以時機未到，又把電文改動，拍予德王，請他簽字再拍。這樣延宕了五、六天，恰巧關東軍調走宗浦（積極派），代以田中（緩進派），田中根本就不知道有這一回事，自然不再催促，這個電報便胎死腹中，內蒙的局面方得鬼混到本月十二日。敖顧問老成持重，是潛入內部挽救內蒙親日的一個難得的幹材！

——「其三是中央軍政兩校的學生。政校姑以陳紹武爲代表，軍校姑以姚長青爲代表。陳在西公旗對我表示過絕對不會拋棄本黨黨員的立場。我也曾勸他姑作一名老老實實的『漢奸』，保留一條德王軍返中央的路線。姚長青也有過重要的表示，本社經理田君知之甚詳。其餘如陶立濱、鮑國卿、王枕華、王鍾岳、王紹卿、金庭槐夫婦……這都是組織內的同志，他們都贊成我的『保留路線』政策，留在德王內部，準備遲早會有的一天（按指偽蒙反正）。

——「軍政校學生如霍寶書、烏鵬、陳國藩等，現在雖然受着日本善鄰協會的供給在東京留學，但他們是利用機會充實自己。此外，在偽軍裏供職的軍校學生也各自有他們的心事。

——「其四就是純蒙古系的軍官和青年，如郭王和許多青年軍官，都是沒有主見隨梆唱曲的人物；而且知識幼稚，技術落伍，在內蒙政治上沒有支配力量，是不值得注意的。

——「其五，李守信、寶子臣和他們的偽軍，自然會同其他偽軍一樣，『蓄精養銳，得當報國』是他們祕密的共同的存心。

——「從以上的實證，以及偽軍的『辯證法發展』原理對照看來，我們可以相信德王的集團絕對不是一個親日的集團。」

上文所謂「偽軍『辯證法發展』原理」，是一十二年秋一篇拙著的題目。這篇文章曾經齊祕書轉呈立夫先生，經送參謀本部祕密刊行，作爲以後十餘年處理僞軍的指導文獻。原稿早已無存，大意是：一切日本造的僞軍，均起於北伐以後政府對於失意軍閥及其幹部缺乏妥善的安置，致令失業所致。九一八後經日本特務拉攏，編爲僞軍，旨在「以夷制夷」。但這些僞軍的心理，只在利用日本供給的餉械，擴充實力，以便遇機投降國軍，重作軍官；幷非甘作漢奸。因此僞軍不會認眞打國軍。政府應該設法和僞軍祕密聯系，以達到「用日本餉，養中國兵」的目的；並統一指揮，以期抗日戰爭發動後，內應外合。如果更積極一點，似可派遣忠實同志滲入僞組織，掌握兵權，乃至建立「遠東共和國」式的僞政府，俾於有利時機大舉抗日。——以後僞「蒙古軍政府」及其僞軍果然依照上述原理而發展。這留待以後續寫。

現在再接續上文談一談第四章最後的幾段：

——「那麼德王的集團究竟是個什麼性質的集團？也就是說「蒙古軍政府」究竟是個什麼樣的組織？

——「答復這個問題，先讓我徵引兩種文件：

『就會場上各代表對於自治的態度和意嚮說來，大概可以分作兩派：激進派和穩健派。青年王公和青年學生多屬於前一派。他們的意見在使內蒙各盟旗的行政長官組織一個大聯合，一方面抵抗日本的長足西進，一方面反對中央政府分化內蒙的勢力。他們很堅決地要建立一個聯邦制的高度自治政府，軍事外交權由自治政府全權處理，舉凡政治設施、經濟發展、制定法律、建設事業等一概不受中央政府的任何干涉……』（亢仁「回憶錄」第二章）。

——『據陳（紹武）說：中央應准許蒙古爲一邦。』（我的日記）。

從這兩段文獻上看來，可知德王的集團主張建立『蒙古自由邦』並與中國聯邦。所以我們可以下個結論，現在的『蒙古軍政府』——在德王集團上觀地看來——是『蒙古自由邦』建立的第一步。

——「這個『蒙古自由邦』，據德王和日本的『紳士協定』看來，日本須得『仿照蘇聯待遇外蒙古的辦法待遇內蒙』。這是四月二十四日至二十六日，德王在索王府對日本人所提出的要求，並且得到日方同意的。

——「『蒙古軍政府』成立之後，日本人要唆使它幹些什麼呢？這是可以推想到的！就是利用『收復失地』的口號鼓勵德王進佔綏遠；而恰好德王集團也在想着這個問題；這眞『不約而同』了。

——「原來，在這個『紳士協定』沒有成立之前，也就是本月十二日以前，德王集團爲反抗地方當局的分化，爲實現內蒙的統一，曾製定了一個口號，就是『假借外力，統一蒙古』。這個口號在他的勢力範圍之內公開流行着，而且統一了部衆的意志。不過全部口號一共是十六個字，在重要巨頭之間彼此心照不宣的還有八個字，全文是『現在不妨假借外力，統一蒙古，將來再說』（按：「將來再說」即排除外力，與中國爲聯邦）。他們又製定了一個計劃，就是『將來進攻綏遠的時候，先要表示擁護中央，讓這一戰事成爲內戰型式，而不是蒙古叛離中國。』

——「可見『蒙古軍政府』不久要幹的事是『統一蒙古——進攻綏遠』。所以它的重要工作當是積極擴充軍隊。在『紳士協定』裏規定着一個所謂『八個月軍事計劃』，大致包括下列數點：一、八個月內編成僞第二軍；二、短期內製造一個綏東綏北事件，僞第一軍從張北向綏東進展，僞第二軍從百靈廟向武川進展；三、俟德王進佔綏遠省城，即正式宣佈獨立。

下邊是第四章的結論：

——「『蒙古軍政府』成立於日軍利用德王進佔綏遠，而德王也想利用日軍進佔綏遠這種意義之上。

「日軍當然不肯尤許德王眞正成爲一股勢力；德王則計劃着利用日軍的幫助，先統一蒙古，『將來再說』（按即反日）。

——「從客觀的意義上研究起來，『蒙古軍政府』固然是一個不利於我國的組織；但同時也不是一個利於日軍的組織●（包含有先天的反正性）。」

「蒙古軍政府的性質及其對策」第五章「中央的對策」：——

——「所以中央的任務當是把『蒙古軍政府』變爲一個無害於我，而單單不利於日本的組織。

——「不過，這是可能的嗎？我們的答復是：這絕對可能。

——（上略）「依照實地所見的應急辦法，應是蔣先生對於德王集團作一番『精神收容』的工作。詳細內容如下：

一、由蔣先生祕密派員（頂好是桂永淸）赴百，携帶親筆函致德。該函大意應如下：首述自就任行政院長後，發現本院會（蒙藏委員會）過去對蒙對兄（德）稍有誤解，以後當亟謀補救。次述迭接確報，知內蒙情勢危殆，而兄內心擁護中央，表面委蛇應付，苦心孤詣，甚爲欽佩。再次述中央對中日問題自有辦法，絕對不能屈伏，希望兄就地應付（即僞裝降順亦可），保存實力，得當報國，即使內蒙不得已而有畸形組織發生，中央亦決不停發經費及一切補助費；至不能送達時，則代爲祕密存之銀行。最後表示以私人資格月送萬元，作爲兄補助交際費，以表本人對兄絕對信任之意。

二、由蔣先生祕密派員駐蒙，對中央軍政校學生加以『精神收容』（分別送予交際費）。

三、中央應撥予步槍等物（較百靈廟變兵携去者多一倍，函知德王勿再向綏遠索取）。

四、中央應增撥蒙政會經費兩萬元（函知德王勿再向綏遠索取特稅）。

——「以上四項『精神收容』辦法能不能行得通？我們的答復是：絕對可以行得通。第一、德王始終承認蔣先生爲我國唯一領袖，我們從來沒有發現德王對蔣先生有過微詞。二十三年冬蔣先生來綏，給德王的印象極佳，當時曾說：『康熙帝後，中央領袖親身入蒙者，祇有蔣先生一人。』其受感動之深可知。當此德王對前行政院長及蒙藏委員會失望之際，蔣先生直接假以詞色，開誠佈公，其結果必然會很美滿。第二、變兵槍械和特稅，一定是日本資助德王攻佔綏遠的藉口。好在槍械不過三百枝，而特稅每月不過兩萬元，綏遠既不肯給，爲整個國家前途計，中央似可代爲償付。如此則藉口既去，當能緩和進攻。（此事每月需款三萬元，爲日人給德王每月三十萬元的十分之一。）

——「這種『精神收容』辦法如能做到，至少將來德王是能够反正的。這不就把一個『不利於我』的組織變爲一個『不利於日』的組織了麽？」

這份報告至遲於五月二十五日已送平寄京，副本（刪除第五章）寄陝。至於中央怎樣處理我的報告，迄今仍不得而知。（未完）

八、偽「蒙古軍政府」的登台（七續）

寄往陝西的副本，即立刻受到重視。副本裏附一函，略云：「二月廿二日惠書仍囑時將內蒙及德王動態奉告。比來較忙，兼以內蒙政情非片言所能盡，擬抽暇作一具體敍述，以告關心各方面。乃自十二日起，摒絕俗務，愼思詳考，寫成「「蒙古政府」的性質」一文。茲奉上一份，以作參考。本文係密件，不便發表。……大意說明德王非誠心親日；現在異動係有激而發。依××愚見，公爲最關心內蒙及德王之一人，將來在戰略上（東北軍收復失地）似亦應與之聯絡。德王對中央失望，而對公則待救甚亟。可否乘此百靈廟交通未斷，日人對內蒙尙存客氣之際，與德王切取聯絡？惟須以極祕密方式行之。此間德王辦事處仍未撤，處長亢仁爲純粹親中央人物，可以轉達一切也。」

西北剿匪總負責人在接到上函（附副本）後，派劉祕書靜遠（天津人，民社黨，勝利後似當選立法委員）兼程來社，持覆函及雨時先生介紹信囑爲佈署。我把劉祕書安置在歸綏最近代化的綏遠飯店，爲他化裝爲皮毛商人。邀來亢仁同志和他在社晤面，決定密電德王由王府返百靈廟候晤。德王自蒙政會四次全會後，由百靈廟返回他自己的王府，僅一度到嘉卜寺就僞職，便深居不出；百靈廟保安隊譁變以來，他更絕對不返百靈廟。蒙政會由僞蒙軍警備，盛島特務機關控制一切。

電報拍出數日，不見覆電。劉靜遠、亢仁和我自然都很着急。約在一週之後，蒙政會的大卡車來綏，由組織同志于復賡駕駛，在辦事處停車，聲言來買海貨。亢仁不敢詢問尚有何事？于復賡也沒有告訴亢仁何事，只是帶人上街採購魚翅燕窩之類。我當然也很失望。

晚間我於發稿後正準備就寢，復賡同志悄然來社，出示德王手書，大意記得是說「派于處長赴綏迎接劉代表，盼兄護送在城外上車；除兄及于外，不必告知任何人」云云。我見信後很欽佩德王的細心。遂和復賡約定明日十點在色烏素上車。

翌晨赴綏遠飯店喚起靜遠，告以德王派人來迎，為避免被關東軍駐綏遠特務機關和駐百特務機關察覺，請赴郊外上車。我伴同他散步十里到達色烏素，于君駕車適到，為之介見，靜遠遂行。返社，亢仁正在坐候，對德王迄無覆電，表示懸盼，并告訴我來車已開返百靈廟。我只好裝做不知。

一週之後，靜遠忽從張家口搭火車返綏。據說於當日到達百靈廟，次日前往德王府，受到親切的歡迎，呈遞西北剿總負責人致德王的親筆信。盤桓兩日，德王出妻見子，待之如老友。兩日前始携德王親筆信和方物多色，經嘉卜寺赴張家口。靜遠對於兩人親筆信均未過目（全係封口），所能知道的只是德王很防備日本人並對西北剿總負責人十分信賴。他又說：「蒙古曠野，無人無屋，并不具有攻防的價值；國家重視蒙古，只為民族必須團結和政治必須統一而已。」我雖知道他認識未深，也不便有所駁正。

靜遠返綏為取行李，當日便搭車返陝覆命。亢仁同志也來社相告：曾兩度赴飯店看劉秘書，房間未退，人却不知何往。我不便告以真況，只說去逛包頭了。亢仁同志并詢以德王久不覆電，第二步應如何處理？我告以只有等候。

大約在六月十日左右，復賡同志又從百靈廟來綏，到社密告，即將赴平轉陝報聘；并帶到德王送給我的巴克細車馬費三千二百元。這是我在四月以賑災為名退回去的二千元加四至六月的車馬費。我向復庵同志：

——德祕書長有什麼話要你和×先生面談？

復庵說：

——王爺有親筆信給×先生，并要我面詢東北軍什麼時候可以開到百靈廟。此外就是要一個密電本。

復庵同志赴平後，我馳函西北剿總負責人，告以德王和報聘代表于復庵過綏赴陝。于代表係東北講武堂畢業，盼以學生待之。于除携有親筆信之外，並奉諭面詢東北軍何日道經百靈廟反攻東北。這事如何答覆？值得先事研究，總以給予德王一種遠景爲宜。

不久接到陝西覆信，將「答覆」的內容交我負責。

二十日以後，復庵同志返綏。據說：「掛號後立蒙召見，遞上德王親筆信，并代表致候。×××在問候德王老母和夫婦公爺安好後，便問我係講武堂何期畢業？我覺得很是奇怪？×××何以知道我係他的學生？當即留我便飯。隔兩天正式請代表吃酒。散席後邀到公館長談，極爲親切。我提出王爺囑問的問題。×××說：『我總會去百靈廟的，詳情可以詢問趙社長。』辭行時，送聯運頭等臥舖票一張，路費三百元。車票已用，路費未收。現在請你答覆問題。」

那時我已遵照陝西的函囑，寫了一個書面文件，題爲「中日問題的認識」，由欒軒翻成蒙文，預備答覆復庵；并對於德王發給的車馬費想出新的璧還辦法。我對復庵說：

——「×先生日前派員從北平送來『中日問題的認識』密件一份，洋三百元，捷克式二十響連發手槍一打附子彈六千粒。手槍送給德王；三百元送給你，是校長送給學生的，不是送給代表的，盼你不必客氣。文件由你密呈德王，這是他對於問題的答覆。」

「中日問題的認識」共分三段，第一段「日本不足畏」、第二段「中國有辦法」、第三段「內蒙的戰略地位」。第三段如下：

——「我國地大物博，經濟發展的可能性是非常之大的。我國煤礦的儲藏量僅次於美國、蘇聯和加拿大，其中二十三省的儲量計二四八、二八七百萬噸；我國的鐵礦有十一萬萬噸以上；石油至少有三千二百萬萬噸；其他戰略金屬都非常豐富，特別是銻礦、錫礦，差不多是世界上最主要的出產地。

——「我國目前糧食的生產，技術既極幼稚，又受各種人爲的和自然的摧殘，因此已經大減。不過，就照目前生產額而言，全國米的產量約在四萬萬至五萬萬石之間，麥的產量約爲三萬萬石。據統計專家張心一的估計，全國糧食消費還缺少百分之五（日本缺少百分之二十五）。假使我們再能增加生產，那麼戰時糧食是不成問題的。

——「談到金融和財政：我國全國藏有現銀十八萬萬盎斯。這十八萬萬盎斯白銀，大約可值十萬萬美元，合我國法幣三十萬萬元（黃金尚不在內），憑此發行紙幣，至少可以發行六十萬萬元。同時，在抗日戰爭目標之下，再多發行一些鈔票，也不致引起膨脹。

——「我國從去年公佈以中央、中交、中國三行紙幣爲法幣後，事實上金融和英國結成依存關係：故中日戰時，英國爲維持她和我國的匯兌利益，便不能不幫助我們維持法幣信用，并供給大量軍用品，以保持匯兌往來。

——「在這裏我們要特別指出，我國人民抗敵戰費中，應當包括所得稅和遺產稅，尤其是漢奸的財產應當沒收，充作戰費。遺產稅自今年七月一日就要開徵了。

——「至於作戰的軍隊，我們把中央政府現有常備軍和地方政府的武力加在一起，至少爲二百五十萬人。僅中央左近的十五省，一旦戰起，可以動員民團三百七十萬。我國全部軍隊如果動員，較日本全部軍隊多出三倍。

——「談到軍事配備、工事和飛機，第一、目前一切準備都以本年六月底爲期，如果中日戰爭在七月上旬開始，無論軍餉、軍火、給養等任何方面，都能支持六個月。第二、全國分爲華北、淮海、西北、東南、西南、中央六個軍區。總司令是蔣先生。華北區由宋哲元、韓復榘、孫連仲、梁冠英、孫殿英等西北軍編成數軍，以副司令馮先生(玉祥)任總指揮。西北由副司令閻先生任總指揮，由晉綏陝軍編成。淮海區由蔣先生親自任總指揮。現已編成國防特種師二十個師，定額三十六萬，集中安徽、河南、魯南一帶。東北軍則集中陝西、經晉綏入內蒙古而直搗東北。第三、工業方面，僅知淮海區已開工一年有餘，用費二千餘萬，六月底可以完成。其偉大驚人處爲千古戰史上所未有，較上次大戰法國馬其諾堡壘工程尤鉅。全部用洋灰鋼版，交通壕均在地下，可通汽車，有洋井和電燈。第四、飛機僅有八百架，尙在添購中。但此八百架可敵日機一千六百架，因我機均係新式。第五、今春有一批軍火到來，蔣先生大樂，手諭京市慶祝。其中坦克四十二輛，頭高丈許，身長二丈許，前後左右共有鋼砲四門，重機關槍六挺，後有拖車，上爲七生的五大砲一門，機械全新，油黑可愛。

——「至於外交方面，幾年來政府已經有了頗具把握的布置。第一：是花了很多的錢，聯絡日本的文治派，促成『外交一元化』，讓日本文人尅制武人。這一次日本的大政變，日本軍人失去民衆的同情，更意外地促成『外交一元化』。我國也花錢聯絡日本武人，宋哲元和土肥原合作走私販毒，就是聯絡方法之一。第二：日德義三國同盟對於我國最爲不利，所以兩年來我派顏惠慶、劉文島兩大使，專事破壞三國同盟，現已完全成功了，因爲在顏大使運用之下，俄法已經結成不侵犯條約，把德國從東西兩方包圍起來；中義也已經訂立了不侵犯條約。第三：中美兩國都是日本的敵國，在利害上中美必須聯合對日，所以中美攻守同盟一到戰起便可公布。第四、中俄兩國也都是日本的敵國，所以中俄不侵犯條約大體已經商好，祇等顏大使回來商酌細目問題。據中委劉健羣說：『大概中日戰起，或今年中日會議開不圓滿的時候，就能公布。』

「最後我們要特別注意：未來戰爭的勝負，主要的絕不是由你有幾條槍，我有幾架飛機來決定的；社會和民族的團結纔是戰爭勝負的先決條件。我國一旦發動抗日戰爭，全國人民一定能够站在一條線上，一心一德對日作戰。就是共產黨也會由中央領導收編來作戰。反之，日人的侵略戰爭，却和我們絕不相同：他們發動而且贊助侵略的只是少數軍閥和資本家，至於一般人民不但厭惡侵略戰爭，而且會從日本內部反對這種戰爭。近兩年來日本農村佃業衝突和都市勞動糾紛的激增，最近全國總選舉時政友會的慘敗，和無產階級政黨的勝利，這些都是使日本在未來戰爭中失敗的基本因素。何況我國在抗日戰爭過程中，一定能够獲得英、美、蘇的援助和同情呢？因此可以說：中日戰爭的勝利一定是在我們手裏的！中國是有辦法的！」

這一節應用了「虛者實之」的原理，但「中日戰爭的勝利一定是在我們手裏」一個信念是當年我們所堅信而應屢次三番向蒙古王公們解說的。關於軍事方面則純屬子虛，因爲本件雖用蒙文，也不應稍稍觸及國防機密，懂蒙文的漢奸不可不防。

第三節「內蒙的戰略地位」擇要列下：

「上邊說明了日本必失敗，中國有辦法的道理。下邊再談談內蒙的地位。

「蒙古俗分爲東蒙、西蒙、外蒙。外蒙四部加上烏梁海在蘇俄手裏。總理却巴山本是蒙古革命軍的幹部，參加國民革命，信仰三主義，大約也是國民黨員，於蒙古革命軍改編後赴蘇俄留學，才加入了共產黨。他受過中國教育，深知中、蒙一家的道理。聞祕密派有代表駐京，由中委恩克巴蒙負責聯絡。中日戰起，蘇俄必助中國，外蒙古政府當然不會例外。

「東蒙在日本手中，表面上是僞『滿』的一署，實際上散漫無章。自從凌陞不甘日人虐待，乞援於却巴山，被日人槍決以後，各盟旗王公人人自危，紛紛密派代表入京，由中央黨部蒙古黨務科負責聯絡。一旦日本失利，東蒙必會歸向中央。東蒙只是日本的一項支出而不是收入。

——「西蒙自從熱河失守多倫淪陷以來，日人勢力雖然到達百靈廟、大廟、商都一線，并在此線以東編練漢軍四個師加三個旅，蒙籍軍一個軍加兩個師，實行『以華制華』，希望中國打中國人；但我們想信這些偽軍長師長團長都是利用日人，擴大自己武力，企圖在中日大戰一起，高舉青天白日滿地紅的國旗，反正歸來，一心抗日。

——「據德籍顧問某中將說：中日戰爭一旦爆發，蘇俄的軍火將經恰克圖、庫倫、百靈廟或烏里雅蘇臺，運達綏遠，同時外蒙精銳騎兵也將攻擊滂江、嘉卜寺、商都，以肅清察北，東進多倫；而我東北軍騎兵將和外蒙騎兵會師多倫，共同攻擊朝陽、錦州，再和馮副總司令大會師，直搗偽『滿』。這時百靈廟、大廟、商都一線的漢軍必將率先響應東北軍。

——「在上述戰略態勢之下，錫林格勒盟、烏蘭察布盟東部、察哈爾十一旗羣（達密凌蘇龍旗在外）恐將遭到兵災。這就要看索王、沙王怎樣設法轉禍為福了。」

上文在今天說來純係一篇「心戰」文字，主要立意是藉着外蒙、東蒙的向心情況，暗示德王也應該向心。那時他充任傀儡雖係「委蛇應付」；但心中也卻真有自外生成的打算。我很怕他弄假成真。最後一段則動以利害；但我只提索王、沙王，而不提他（德王）的名字，以免太露痕跡。

關於外蒙卻巴山一段，除他未曾派來代表以外，其向心表現，竟於抗戰勝利後全部證實。這裏值得註明一番。卻巴山大約是達里岡崖（在察哈爾西北部，直屬於蒙藏委員會，現經毛匪割予外蒙）的青年。白雲梯領導蒙古革命軍的時候，他是下級軍官，和今天偽「蒙古人民政府」的偽「主席」雲澤階級相等。該軍瓦解後，白海風、雲澤等人先赴俄國留學；卻巴山則重回北京蒙藏學校續讀半年。時為民國十四年下半年，當時我在該校代理中國歷史一課。卻巴山魁梧奇偉，左鼻翼上生有黝黑巨痣，象之功課爲全班冠軍，我們這些老師對他都有好感。漸漸知道他曾參加國民革命，立有戰功，大家更對他刮目相看。十五年春，西北軍撤出北京，張作霖僭號大元帥，搜捕「南軍」（國民黨），却巴山從此便失踪了。大家都以爲他業已犧牲；後來才知道他也到蘇俄去了。十年之後，由外蒙逃來的迪魯瓦活佛來社轉京，無意中談到却巴山已成爲外蒙古的「副總理」，係額木耳「總理」手下的第一掌權人。我不覺心中竊喜，曾多方設法把本社的蒙文稿帶往庫倫，並發表若干蒙文回憶，擬取聯絡；但毫無所得。抗戰期間，他成外蒙「總理」。三十四年八月日本投降，僞「興安總署」首領博王徬徨無主，親往庫倫聯絡却巴山，并派馬鳴周來平聯絡熊式輝（東北行轅主任），預備如不見諒中央，便將投靠外蒙。却巴山設盛宴招待，當着俄國人的面歡迎博王率領東蒙和外蒙合併；然後邀博王赴私邸晚宴。博王到達客廳後，却巴山在紙上用蒙文寫道：「屋中不談話，」然後延請博王坐在庭前，告訴他說：「我方才所說的話（指歡迎東蒙和外蒙合併）不算。你快回到老中國去；像我在此，不知那一天便會被槍斃的！」博王於第二天便辭別庫倫，返回東蒙。我們從却巴山的話中可以看出他對故國的向心，也可聽出傀儡的哀鳴。却巴山果於三十九年被史太林毒死於莫斯科。（未完）

南歌子

國難何時已，悲懷不得休，一番風雨一番愁，逝者如斯白了少年頭。　願效雞鳴舞，難堪馬齒憂，斷霞昨又映西樓，爲問斷霞能否到神州？

——編者

八、偽「蒙古軍政府」的發台（八續）

第三節「內蒙的戰略地位」接續寫道：

——「按：蒙古是整個的、一體的，本來沒有外蒙、內蒙的分別，更沒有東蒙、西蒙的畛域。蒙古人是中國的殖民，蒙古話是中國的言語，蒙古地方是中國的領土，在歷史、字典、約法上都紀載得明明白白。蘇俄攫取去外蒙古，戰後必須索還；日本侵佔了東蒙古，戰後更須收回。那時蒙古完璧歸趙，重行統一，實行自治，興辦教育，改善民生，定將走上富足康樂的大道；而蒙地亦不再設縣，蒙地也不再升科；愛國抗日的王公總管也不得褫奪封號；蒙政會應成為王公，青年及人民行使自治權的最高機構。」

這一節也是根據「心戰」原則對於王公、青年提出「遠景」，告以蒙古應該統一，外蒙、東蒙應該收回，蒙古應該自治，蒙地不再設縣，蒙地不再開墾，蒙政會仍應恢復完整（不分察、綏）；而主要是提出保存王公制度的先決條件為「愛國抗日」四字，意思是說「愛國抗日的王公總管不得褫奪封號」，但非「愛國抗日的王公」即賣國親日的王公可就要褫奪封號了。本文前面幾點意見是德王和偽「蒙古軍政府」中人所最愛聽的；而後面褫奪封號則是王公們所最懼怕的。

我把這個蒙文文件交給于處長，并爲他說明大意（他不懂蒙文），要求他以組織同志的工作立塲，積極而秘密地從事宣傳。一打手槍也交他存去。這是端典人韓德申在天津替我買來的，每打二千八百元，在蒙古地方爲從來沒有見過的新式手槍。我想德王一定會很喜歡它，而且在何代委員長一貫不把槍械發交蒙古的政策之下，如果有人肯把槍枝送給德王，也可以冲淡他對於中央人物的反感；主要地是要在不拘形式下退回德王送給我的車馬費，因爲當時他已是僞「蒙古軍政府」的僞「總裁」了。

不久，我接到×先生航信，記得是說：「接德王電，致謝弟贈送手槍一打等語。查此間回報德王禮品中並無手槍一項。盼兄查明原委賜覆爲禱」云云。我當卽覆一快信：

——「七月四日惠函敬悉。手槍一打係××附送者。蓋因去年十月承公函介赴百靈廟拜訪德王後，蒙聘爲巴克細（顧問），月送車馬費四百元。前者于處長赴陝報聘過綏時，帶下三千二百元。××以爲在德王就任僞『總裁』後，此款似不能受；而爲保持聯絡又無法璧還，以絕其內向之路。乃購買手槍，藉以了此人情。期其親日失敗，幡然歸來，可以自衛，可以殺敵耳。現德王旣已函謝我公，便做爲××代公送禮，似亦無所不可。且當何公決策『不給德王槍械』，使其加深對政府失望之際，吾人贈以少數手槍，旣不資以作亂，又足以表示信託，當爲公所心許也。……」

據二十六年春天雨時先生告訴我：「一次×先生提起你，替他送給德王手槍，他說你『會花錢，也知道什麼錢花不得』。這是怎麼個經過？」我又向趙先生詳述一番。

不久，關懷卿同學由德王府經百靈廟來綏，告訴我德王對上述「中日問題的認識」的反應。懷卿是我在大學的前期同學，數年來過從甚密。他爲最早鼓吹德王領導西蒙王公靑年團結抗日的一位志士。時任百靈廟蒙政會的財務處長。他說：

——「德王給我一個蒙文稿子，讓我表示意見。我問他：『稿子係什麽人寫的？』他說：『是一位中央軍事大員寫的。』我的蒙文本來半通不通，看了半天，僅能懂得全篇的大概意思。這裡有東北軍將要開到蒙古，收復多倫一段。我問德王：『如果東北軍開到蒙古，我們蒙古軍應該怎辦？』德王說：『李子忠本來是東北軍，我想他還要回東北軍裡去，我要准他前往；第二軍如果幸而如期編成，我要准包悅卿帶隊協助東北軍作戰。』我問德王：『這個稿件，您給李軍長和包師長看過麽？』德王說：『不能給他們看。』我說：『您不信賴他們？』德王說：『不！我十分信賴他們；只是他們的嘴不穩，一定會亂傳開來，豈不誤了大事？』稿件裡也提到蒙古前途問題，我問德王：『這裡說中日戰後，內外蒙古應該統一自治，由蒙政會爲最高機關，這樣我們大有作爲，再也不怕傅作義作祟了！』德王大樂。」

我在聽過關同學的私人談話後，確知「中日問題的認識」已發生了策反作用。我也曾問過懷卿：「德王所說『中央軍事大員』是誰？」他說：「我以爲是蔣委員長。」我說：「蔣委員長怎會寫蒙文？」懷卿說：「那當然是秘書們翻譯的了。」

由上述對話裡我們證實僞「蒙古軍政府」及其「總裁」德王「固然是一個不利於我國的組織；但同時也不是一個利於日軍的組織」（見二六段一二八頁）。這一個由日軍每月浪費三十萬銀元導演的僞「政府」，在成立不足三月之內，就預定協同國軍抗日作戰，實在應是土肥原、松室孝良大出意外的事了。

但我知道德王性情篤厚，缺乏機警，決策常須兩三天的時間，不能當機立斷，而且手下沒有一位優良的參謀人才；至於李子忠（即僞「蒙古軍第一軍長李守信」）的智能不過等於一個營長，利祿薰心，迷於烟（　雅片　）色，實在無法應付非常的局面。爲了期待僞「蒙古軍政府」眞能成爲第二個「遠東共和國」，我應該替德王和李守信每人介紹一位機要參謀，以便行動。我首先想到李海山將軍洽是是最適當的人選之一，而且由懷卿引進於德王，也正是最適當的媒介。

當懷卿離綏赴平的下午，我便搭乘快車也趕到北平。次日一大早便去看李海山。

關於李海山，在本書第二章「東土默的幼苗」裡，我曾寫到日本特務之父川島浪速和川島芳子（金璧輝）引誘李將軍的經過，可以參看。李將軍原是達爾罕旗的統領，掌握着全旗的軍權，也指揮着全盟的軍隊。九一八以後，李將軍拒絕川島父女的遊說，間道赴平，受北平綏靖主任張學良之命，任蒙邊騎兵第一路中將司令，領導哲盟蒙古義勇軍，和日軍松井旅團苦戰經年。最後雖得保衛達爾罕王家小和自己一妻一女安居北平，但全部家財都被日軍所俘獲。李將軍只靠北平軍分會一份少將薪餉維持生活。馮玉祥組織「抗日同盟軍」，曾任李將軍為察哈爾省寶昌警備司令。他和德王的認識便始於寶昌任內，德王是馮所委任的蒙古同盟軍第四軍軍長。李將軍所帶來的東蒙古騎兵，在抗日同盟軍由方振武率領叛變而進攻北平時，其中漢籍軍被北平軍分會改編，蒙籍軍便寄編於德王的烏滂警備隊之內。二十四年三月，他加入我所組織的義救同盟（東北義勇軍救國軍將領同盟），名列十一，我們稱他為「蒙古十一哥」。東北力行社成立，我介紹他直接入黨，屬於我這一組。

我會到他以後，告以德王已於五月十二日組織偽「蒙古軍政府」，大力擴充軍隊，李守信任偽「第一軍軍長」，包悅卿預定任偽「第二軍軍長」。徵詢他可否到德王處走一趟。他很直率地答道：

——「你老弟不是抗日的，怎麼勸我去跟親日的漢奸來往？」

——「德王不是漢奸，他幹偽『蒙古軍政府』的『總裁』，是要利用日本餉，訓練蒙古兵，統一蒙古；說不定一旦勢力養成，也可以抗日的。他對你很為敬重，以老前輩看待。你也正閒着沒事，看他一趟又有何妨？說不定弄個師長司令當一當，只要兵權在手，你不是隨時可以抗日麼？」

——「中央會把我當做漢奸，先派特務把我打死！像張敬堯一樣！」

——「眞漢奸是會被打死的；如果到僞組織裡去工作，不單不會被打死，而且中央會特別獎勵的！」

——「你老弟拿證據來！」

——「證據？我不早就給你了麼。那就是黨證。請你拿出看看，不是『特字第××××號』麼？這個『特字』就是證據，它能担保你去做任何革命救國抗日的工作，包括當漢奸當共產黨在內，絕對不會挨打。」

——「我不信！」

——「你不信我，應當相信梅先生。你不是由他監誓，對着　總理宣誓過麼？現在我告訴你，從那一天起，你只要向我提出計劃，由我報告梅先生轉呈中央備案，你便願意怎做就怎做。呂三十一哥就是經過這道手續，當了僞旅長的。」

——「你是說呂存義？他當僞旅長是中央備案的？」

——「當然！否則，再有三個『呂二小』也會被特務打光了的。我帶你去看看呂三十一嫂，好不好？」

他對於這一提議很感興趣，我們便同車去看呂太太。他親自看到呂太太呂二太太，和孩子們都平平安安地住在北平。我又帶他去看存義的代表王四十一兄全一，詢明存義在察北十分得意，已經編成兩個團加一個營，槍械都從日本人手中領到。家屬生活仍以軍委會每月的少將薪餉爲基本。

過了一天，我又去看海山。他表示可以赴德王處工作；但要我先陪他到南京去看梅先生。我們便於七月下旬抵京，受到梅先生、齊先生的盛大歡宴，並由齊先生介紹他拜訪了陳先生。他口述擬到僞「蒙古軍政府」工作的計劃，邀得陳先生的首肯。

返平以後，我找到懷卿，談話重點，係請他建議德王，起用留平蒙籍將領，切實建軍，以待將來。並爲列舉劉繼廣、劉錫齡等數人；只是不談海山。懷卿頗以爲然。隔了幾天，請由海山出名設宴（我付款），歡迎懷卿。大家也不談正題。懷卿在蒙古同鄉中是晚輩，欽敬海山的道德功業和經驗，并得悉海山在寶昌和德王的交情，心中暗許。大約九月初旬，就自動介紹海山到德王府晤談，受聘爲高等軍事顧問，月送車馬費三百元。海山返平前，迂道赴綏，報告經過，爲之轉呈備案。這是次年七七事變後海山奉六本營第六部（陳立夫先生任部長）密令常川駐在德王組織的張本。一個工作新細胞便這樣在僞組織裡培養起來。

這一年的五月到九月之間，蒙文社稿的基本命題是僞「外蒙古人民共和國」、僞「滿洲國」和歷史上僞「齊」僞「楚」的分析批判，及「遠東共和國」的介紹，總結論是傀儡人物絕無良好下場；除了像哲布尊丹巴取消「獨立」，石重貴舉旗反遼，或如「遠東共和國」遠在成立之初就逐步布署革命反日，俟事機成熟便毅然起義，任何一個傀儡無不身死、名裂、誤人、誤國。截至百靈廟戰爭以前，本社蒙文社稿都能準時陳列在僞蒙王公的案頭。

關於黨務工作，邊力社原設百靈廟、德王府、南壕塹、歸綏四個小組，在本書「黨的建設」章曾加敘述。截至僞「蒙古軍政府」成立爲止，記得只發展完成了十二三個二級小組。爲了積極促成爲蒙組織的「變質」，從六月份起，加強二級及三四級小組的「變質」，而偏重在百靈廟、德王府及增設嘉卜寺小組的工作。由樹森同志親自巡迴三處，分別主持單人談話，並擺香堂。對有機會託辭來綏的同志，便資助旅費，由我再行主持單人談話。所謂單人談話，就是個別訓練。在思想上要求深埋苦幹；在工作上要求發展組織——特別着眼吸收僞軍幹部成爲本黨黨員，要求深入宣傳，而不必提供情報，不必進行戰術性的策反。對於擺香堂，原爲吸收黨員的一種手段；從樹森北去，依據實際情況，修正爲純幫會的工作。因爲當時的蒙古各界人士多數不能合於入黨的資格，却對二十一輩的老師極表歡迎。尤其李守信的僞軍裡最高的香頭僅是二十四輩，比起平綏沿線的二十三輩都低。所以秘密得知二十一輩的田老師入蒙，就日夕接受頂禮而不暇了。樹森往返了兩個月，便收了三十多位徒弟，并爲二十四輩徒孫數位開了山門。當時本黨主持北方幫會的師兄趙老前人上理下民新修海底，已把三民主義反日反共列入專欵，並經本社印成蒙文，不虞被日本人看被。

為了這份工作，本社的支出增加幾乎一倍。我沒有要求陳、徐兩先生予以追加。開始是動用一部基金的月利，二十八年以後另行開闢了財源。

從以上的敘述看來，僞「蒙古軍政府」是在日閥侵略、軍閥壓迫、蒙人離心、中央失策的情形下粉墨登場了；但傀儡德王却存心「不負中央」，本黨同志也都能默守崗位，深埋苦幹；本社則設計了一套「遠東共和國」的藍圖，並在平沙大漠上塡土壘石，期望在一個不遠的將來，用日本軍閥所築的陷阱來捕獲日本軍閥。（本節完，全文未完）

醉裡挑燈看劍，夢回吹角連營；八百里分麾下炙，五十絃翻塞外聲，沙場秋點兵。馬作的盧飛快，弓如霹靂絃驚。了欲君王天下事，贏得生前身後名，可憐白髮生。

——辛棄疾破陣子

領袖訓詞

今後反共戰爭最重要的問題，一切的一切，都在於實踐，如果說是說，聽是聽，不能見諸行動，那無論什麼確切的指示，什麼新穎的理論，都要落空，不能發生一點效果。既不能救國家，也不能救自己。所以當前最重要的一件事，就是要展開實踐運動。

四大諾言

思想上：死心塌地効忠領袖。

工作上：埋頭苦幹，追求成果。

言行上：誠懇實在，堂堂正正。

生活上：刻苦儉樸，清清白白。